복 있는 사람

오직 여호와의 율법을 즐거워하여 그 율법을 주야로 묵상하는 자로다.
저는 시냇가에 심은 나무가 시절을 좇아 과실을 맺으며 그 잎사귀가
마르지 아니함 같으니 그 행사가 다 형통하리로다.   (시편 1:2-3)

조나단 에드워즈의 말씀 사역

Douglas A. Sweeney

Jonathan Edwards and the Ministry of the Word

조나단 에드워즈의 말씀 사역

더글러스 스위니 지음 | 김철규 옮김

복 있는 사람

조나단 에드워즈의 말씀 사역

2011년 11월 30일 초판 1쇄 발행
2014년 10월 15일 초판 2쇄 발행
지은이 더글러스 스위니
옮긴이 김철규
펴낸이 박종현
도서출판 복 있는 사람
서울특별시 마포구 연남동 246-21
Tel 723-7183 | Fax 723-7184
blesspjh@hanmail.net
영업 마케팅 723-7734
등록 1998년 1월 19일 제1-2280호

ISBN 978-89-6360-068-0

Jonathan Edwards and the Ministry of the Word
by Douglas A. Sweeney

Copyright © 2009 by Douglas A. Sweeney
Originally Published in English under the title
Jonathan Edwards and the Ministry of the Word
Published by InterVarsity Press
P.O. Box 1400, Downers Grove, IL 60515, U.S.A.
All right reserved.

Translated and printed by the permission of InterVarsity Press
Korean Copyright © 2011 by The Blessed People Publishing Co., Seoul, Korea.

이 책의 한국어판 저작권은 알맹2 에이전시를 통해 InterVarsity Press와 독점 계약한 도서출판 복 있는 사람이 소유합니다. 저작권법에 의하여 한국 내에서 보호를 받는 저작물이므로 무단 전재와 복제를 금합니다.

말씀의 사역자들인
테리 브로임과 빌 쉴즈 목사님에게

차례

추천의 글　9
조나단 에드워즈 연보　12
에드워즈의 가족들　16
지도로 보는 에드워즈의 세계　19
머리말　21

서론 | 에드워즈의 세계와 하나님의 말씀　25
1장 | 자신을 하나님 앞에 드리기를 힘쓰라　39
2장 | 말씀을 전파하라　65
3장 | 성경을 연구하라　97
4장 | 영들을 분별하라　123
5장 | 네 마음을 다하여　165
6장 | 물이 바다를 덮음 같이　187
7장 | 오직 주의 말씀은 세세토록 있도다　211

주　229
찾아보기　275

추천의 글

이 책의 저자인 더글러스 스위니 교수로부터 한국어판 추천의 글을 써 달라는 부탁을 받았을 때, 마침 이 책을 원서로 읽은 지 얼마 지나지 않은 시점이었기 때문에 처음 받았던 생생한 감동이 다시금 밀려왔습니다.

기독교 역사에 있어서 조나단 에드워즈만큼 다방면으로 연구되고 있는 인물도 흔치 않습니다. 그는 신학자이자 철학자였고, 교육사상가이자 역사학자였으며, 문학가, 변증가, 과학자였습니다. 그러나 우리는 지극히 평범한 사실을 간과한 채 이 위대한 인물을 생각해 왔습니다. 무엇보다도 그는 "하나님의 말씀의 종the minister of the word of God"이었습니다. 이 책은 "말씀의 종"으로서의 조나단 에드워즈의 진면목을 정확한 역사적 사실에 근거해 새롭게 그려 내고 있습니다. 저는 존 오웬, 장 칼뱅, 아우구스티누스와 함께 조나단 에드워즈를 가장 위대한 스승의 한 사람으로 여겨 왔습니다. 또한 그의 저작들을 오랜 세월 가까이 두고 진지하게 탐독해 왔습니다.

저는 이 책 「조나단 에드워즈의 말씀 사역」을 읽는 동안, 에드워즈에 대한 단순한 사실들로부터 오늘날의 신학생과 목회자에게 매우 중요한 실천적인 지침들을 이끌어 내는 저자의 통찰에 깊은 감동을 받았습니다. 특히 한국의 독자들에게도 널리 소개된 바 있는 뉴잉글랜드의 1차 대각성운동 당시에 있었던 영적 부흥의 역사가 어떻게 에드워즈의 말씀 사역과 밀접한 연관을 가지고 있었는지를 잘 보여주고 있는 부분이 큰 감동으로 다가왔습니다. 그의 모습은 날이 갈수록 왜소해져 가는 조국교회의 강단을 섬기고 있는 설교자들에게 복음 사역의 본질이 무엇이어야 하는지를 여실히 보여주기 때문입니다.

이 책을 통해 저자는 오늘날의 신학생이나 목회자들에게 조나단 에드워즈의 사역을 그대로 모방하자고 제안하지 않습니다. 오히려 우리의 세계에 대해 감사하고 사랑하는 마음으로 에드워즈가 말씀 사역을 통해 유산으로 남겨 준 풍성한 지혜를 우리 시대에 적용해야 한다고 말합니다.

조나단 에드워즈의 신학과 학문과 사상의 세계는 히말라야 산맥과 같습니다. 그리고 하나님과 세상과 인간에 대한 그의 모든 학문적 지식과 사상의 산맥 위에는 "하나님의 말씀"이라는 에베레스트 산이 우뚝 솟아 있습니다. 이 책을 통해, 후기근대주의 사상에 도전받고 있는 조국교회의 목회자들과 신학생들과 모든 독자들이 조나단 에드워즈에 대한 학문적 이해를 넓힐 뿐만 아니라 커다란 영적 각성을 경험하는 계기가 되기를 마음을 다해 기도합니다.

2011년 11월
열린교회 김남준 목사

조나단 에드워즈 연보[1]

1703년 10월 5일	코네티컷 주 이스트윈저에서 목회자의 아들로 태어나다.
1709년	아버지 티모시 에드워즈와 더불어 대학 진학을 위한 라틴어 학습을 시작하다(곧 헬라어와 히브리어 수업이 추가되다).
1712년	이스트윈저에서 각성운동이 시작되다. 에드워즈, 기도처를 세우다.
1716년 9월	웨더스필드에 있는 예일대학(당시는 코네티컷대학)에 입학해 그의 이종사촌 일라이셔 윌리엄스의 지도 아래 본격적인 대학 수업을 시작하다.
1720년 5월	예일대학의 뉴헤이븐 캠퍼스에서 학사학위 과정을 마치다.
1720년 9월	예일대학 졸업식에서 졸업생 대표로 연설하다. 이후 석사 과정을 시작하다.
1721년 5-6월	회심을 경험하다.
1722년 8월	뉴욕 시 맨해튼의 장로교회에서 목회를 시작하다.
1722년	'결심문', '영적 일기', 「묵상글 모음」 등의 저술을 시작하다.
1723년 9월	예일대학 졸업식에서 '오직 믿음으로 인한 칭의'에 관한 졸

	업 논문을 발표하다(석사학위를 받다).
1723년 11월	코네티컷 주 볼튼에 소재한 회중교회로부터 받은 청빙을 수락하다.
1724년 1월	'성경 주해'를 저술하기 시작하다.
1724년 5월	예일 대학에서 교수로 임명되다.
1726년 8월	매사추세츠 주 노샘프턴에서 시역하던 외조부 솔로몬 스토다드를 돕기 위해 부목사로 청빙받다.
1727년 2월 15일	에드워즈, 목사 안수를 받다.
1727년 7월 28일	사라 피어폰트와 결혼하다.
1729년 2월 11일	외조부 스토다드가 세상을 떠나고 에드워드가 노샘프턴 교회의 담임목사가 되다.
1730년 10월	「여백 성경」의 저술을 시작하다.
1731년 7월 8일	보스턴에서 '인간의 의존을 통해 영광 받으시는 하나님'이라는 제목으로 설교하다(이 설교문은 같은 해 출판되었다).
1733년 8월	'신적이고 초자연적인 빛'을 노샘프턴 교회에서 설교하다(이 설교문은 1734년 출판되었다).
1734년 12월	코네티컷 강의 골짜기를 따라 부흥의 물결이 퍼져 나가다.
1737년 3월 13일	노샘프턴 교회의 난간이 예배 중 무너지다.
1737년 12월 25일	1년 이상 공사가 지속된 새로운 예배당을 헌당하다.
1737년	「놀라운 부흥과 회심 이야기」의 초판이 출판되다.
1739년 7월 22일	노샘프턴 교회가 습관적으로 술에 취해 있던 아비가일 브리지먼을 출교하다.
1740년 10월 17-19일	조지 윗필드가 노샘프턴에서 설교하다.

1741년 7월 8일	엔필드에서 '진노하시는 하나님의 손 안에 있는 죄인'을 설교하다(이 설교문은 같은 해 출판되었다).
1741년 여름	뉴잉글랜드의 대각성운동이 절정에 달하다.
1741년 8월 24일	사라 클랩에 대해 거짓 증언을 한 이유로 해나 포머로이가 노샘프턴 교회에서 출교되다.
1741년 9월	예일대학 졸업식에서 '하나님의 성령의 역사의 두드러진 표증들'을 연설하다(이 논문은 같은 해 출판되었다).
1742년 1-2월	초청 설교자 새뮤얼 부얼이 노샘프턴 교회에서 말씀을 전하다. 에드워즈의 아내 사라 에드워즈가 강력한 영적 황홀경을 체험하다.
1742년 3월 16일	노샘프턴 교회가 하나님 앞에서 회중 언약을 갱신하다.
1743년	「뉴잉글랜드의 신앙 부흥에 대한 몇 가지 생각」이 출판되다.
1743년 6월 12일	새뮤얼 댕크스가 간음죄로 노샘프턴 교회에서 출교되다.
1744년 봄	'불온서적' 사건이 일어나다.
1746년	「신앙감정론」이 출판되다.
1747년 5월	데이비드 브레이너드가 노샘프턴으로 오다.
1747년 10월 9일	브레이너드가 노샘프턴의 교구 사택에서 죽다.
1747년 가을	브레이너드의 전기를 저술하기 시작하다.
1747년	「기도합주회」가 출판되다.
1748년 2월 14일	딸 제루샤 에드워즈가 죽다.
1748년 8월	일라이셔 홀리가 간음죄로 노샘프턴 교회에서 출교되다.
1749년	「데이비드 브레이너드 생애와 일기」가 출판되다.
1749년	「성찬 참여 자격에 대한 겸허한 연구」가 출판되다.

1750년 6월 22일	노샘프턴 교회에서 해임되다.
1751년 2월 22일	스톡브리지의 인디언 선교에 부름받다.
1751년 8월 8일	스톡브리지 교회에 부임하다.
1752년	「오류를 바로잡고 진리를 옹호함」이 출판되다.
1754년 2월	스톡브리지 마을의 다른 백인 거주민들과 계속되던 갈등에서 에드워즈가 완전한 주도권을 쥐게 되다.
1754년	「의지의 자유」가 출판되다.
1757년 9월 24일	사위 애론 버가 죽다.
1757년 9월 29일	뉴저지대학(프린스턴대학) 이사회가 에드워즈를 학장직에 초빙하다.
1758년 2월 16일	뉴저지대학의 3대 학장으로 취임하다.
1758년 2월 23일	천연두 예방접종을 받다.
1758년 3월 22일	쉰네 살의 나이로 세상을 떠나다.
1758년	논문 「원죄론」이 출판되다.
1765년	두 개의 논문 「하나님의 천지창조의 목적」과 「참된 미덕의 본질」이 출판되다.

에드워즈의 가족들[2]

에드워즈의 부모

티모시 에드워즈 목사(1669-1758년)

에스더 스토다드 에드워즈(1672-1770년): 솔로몬 스토다드 목사(매사추세츠 주 노샘프턴)의 딸

에드워즈의 누이들

에스더(1695-1766년): 새뮤얼 홉킨스 목사(매사추세츠 주 스프링필드)와 1727년에 결혼

엘리자베스(1697-1733년): 자베즈 헌팅턴과 1724년에 결혼

앤(1699-1790년): 존 엘스워스와 1734년에 결혼

메리(1701-1776년): 결혼하지 않고 노샘프턴에 있는 외조부 스토다드를 돌보다가, 후에는 이스트윈저에 있는 연로한 부모를 돌봄

유니스(1705-1788년): 사이먼 배커스 목사(코네티컷 주 뉴잉턴)와 1729년에 결혼

아비가일(1707-1764년): 윌리엄 멧캘프 목사(코네티컷 주 레버넌)와 1737년에 결혼

제루샤(1710-1729년): 십대로 세상을 떠남

해나(1713-1773년): 세스 웨트모어와 1746년에 결혼

루시(1715-1736년): 20대 초반에 세상을 떠남

마사(1718-1794년): 모지즈 터틀 목사(매사추세츠 주 그랜빌)와 1746년에 결혼

에드워즈의 아내

사라 피어폰트 에드워즈(1710-1758년): 제임스 피어폰트 목사(코네티컷 주 뉴헤이븐)의 딸

에드워즈의 자녀들

사라(1728-1805년): 엘리후 파슨스와 1750년에 결혼

제루샤(1730-1748년): 십대로 세상을 떠남

에스더(1732-1753년) 애론 버 목사(매사추세츠 주와 뉴저지 주의 많은 교회들에서 사역했으며 후에 프린스턴대학의 학장으로 일했다)와 1752년에 결혼

메리(1734-1807년): 티모시 드와이트와 1750년에 결혼(이 둘 사이에서 태어난 같은 이름의 티모시 드와이트는 후에 예일대학의 학장이 된다)

루시(1736-1786년): 자릴 우드브리지와 1764년에 결혼

티모시(1738-1813년): 매사추세츠 주 버크셔카운티의 상인이자 판사

수재너(1740-1813년): 엘리이져 포터와 1761년에 결혼

유니스(1743-1822년): 토머스 폴록과 1764년에 결혼

조나단 주니어(1745-1801년): 코네티컷 주에서 목회, 뉴욕 유니언대학의

학장이자 신학자

엘리자베스(1747-1762년): 십대로 세상을 떠남

피어폰트(1750-1826년): 변호사, 독립전쟁 영웅, 정치가, 국회의원, 뉴헤이븐의 판사

에드워즈의 노예들

비너스: 1731년 6월 7일 로드아일랜드 뉴포트에서 매입(이 매매에 대한 영수증이 존 스미스와 해리 스타우트, 케네스 민케마가 편집한 「조나단 에드워즈 독본」에 실려 있다)

리아: 1736년 세례를 받은 그녀는 (성경의 이름으로 불림에 따라) 비너스와 동일 인물일 가능성이 있다.

로즈 비니와 조아브 비니: 에드워즈는 1751년 그들의 결혼을 주례했다. 이 부부는 에드워즈가 프린스턴대학으로 떠난 뒤에도 스톡브리지에 남아 있었다. 로즈는 1771년 스톡브리지 교회의 회원이 되었으며, 조아브가 죽은 뒤 솔터라는 사람과 재혼했다. 스티븐 웨스트 목사(에드워즈의 스톡브리지 사역을 뒤이은)는 로즈의 영적 경험들에 대한 책을 그녀의 이름을 밝히지 않고 출판했는데, 이는 케네스 민케마의 '조나단 에드워즈의 노예제도에 대한 변론'(2002년)에도 실려 있다.

타이터스: 로즈의 아들

조지프와 수: 1759년에 매매됨

지도로 보는 에드워즈의 세계

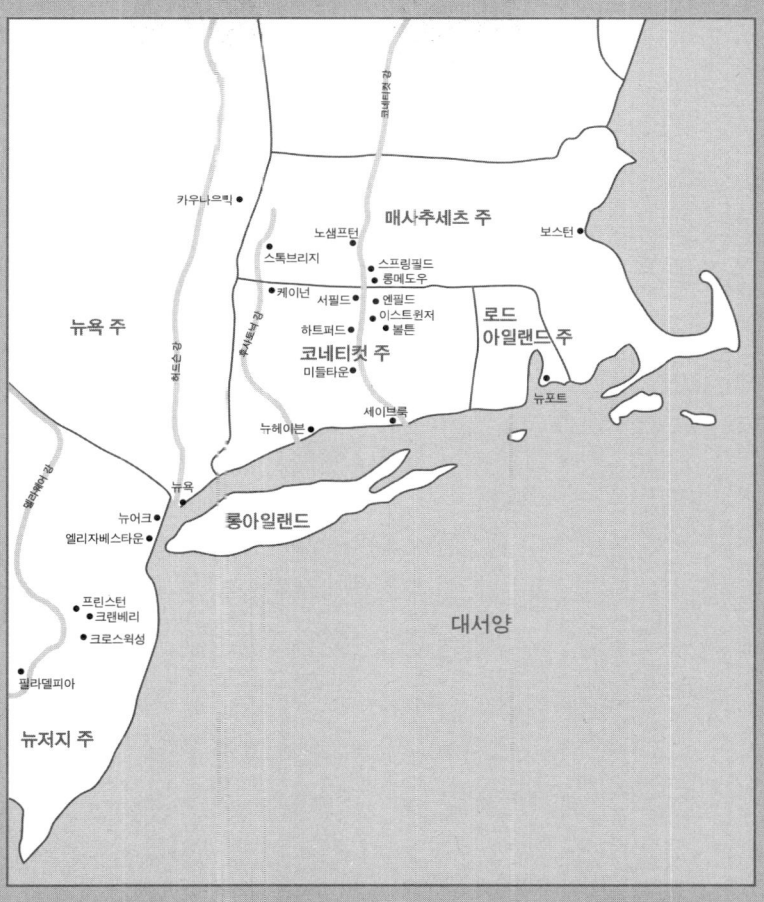

머리말

조나단 에드워즈(1703-1758년)는 복음주의 역사에 있어 가장 영향력 있는 사상가다. 그는 교구목사로, 선교사로, 또 대학교수로 일했으며, 젊은 목사들을 훈련시키고 많은 책들을 저술했다. 쉰네 살의 나이로 세상을 떠나기까지, 그는 근대 선교 사역과 말씀 사역의 영향력을 보다 멀리, 그리고 폭넓게 일으켜 나가는 데 핵심적인 기여를 했으며 미국 신학을 선구적으로 이끌어 간 목회자였다. 에드워즈의 저서들은 남극 대륙을 제외한 세계 모든 대륙에서 탐독되고 있으며, 그의 책은 결코 절판된 적이 없다. 특별히 오늘날의 젊은 세대들은 세미나와 컨퍼런스를 통해 그에 대한 연구의 기치를 드높이고 있다.

그에 관한 수백 권의 책과 논문들이 저술되었으며 박사학위 논문들의 숫자는 언급할 필요조차 없다.[1] 에드워즈는 여전히 우리의 지나온 과거에 대한 연구의 최우선순위에 자리하고 있다. 많은 연구자들은 그를 그리스도인의 신앙과 사상, 사역의 모델로 삼아 계속해서 새로운 논의들을 이끌어 내지만, 그럼에도 불구하고 에드워즈를 우리와 같은 그리스도인으로 묘사하는 데 초점을 맞춘 책들은 별로 없는 상황이다.

따라서 이 책은 이 부분에 초점을 맞추어 저술되었다. 나는 복음주의 운동의 이 위대한 선조에 대해 관심을 갖는 목회자와 신학생, 또 일반인들을 위해 간결하며 읽기 쉬운, 그러면서도 필수적인 모든 정보들을 담아낸 책을 선사하고자 이 책을 기획했다.

나는 이 책 대부분의 장들에서 에드워즈의 삶과 사역에 관한 풍부한 이야기를 담아낼 수 있도록 저술했다(1, 2, 4, 6장, 그리고 7장의 일부). 또한 나는 그 이야기들이 에드워즈가 살아간 세계와 그 세계의 심오한 성경적 구조 속에서 진행될 수 있도록 구성했다. 이를 통해 이 책을 읽는 독자들의 마음속에 에드워즈의 삶이 보다 생생하게 그려지고, 독자들과 그의 삶의 거리가 얼마나 떨어져 있는지에 대해 독자들이 이해할 수 있게 되기를 바란다(에드워즈와 독자 간의 거리감에 대해서는 '서론'에서 다루겠다). 나는 또한 이 책의 두 장에서 에드워즈가 가장 중요시했던 두 가지 논제, 곧 그의 성경 연구(3장)와 신학적 열정(5장)에 대해 초점을 맞추어 저술했다. 결론에서는 에드워즈가 남긴 유산들의 의미에 대해 살펴보고 그로부터 우리가 배울 수 있는 교훈들에 관한 제안들로 마무리지었다(7장).

나는 에드워즈와 그의 시대에 관한 전문가로서, 그에 대한 이 책이 명백하고 간결하며 설득력 있게 제시될 수 있도록 각고의 노력을 기울였다. 나는 학문의 세계 밖에 있음에도 불구하고 에드워즈에 대한 이 책의 내용이 뚜렷하게 제시될 수 있도록 도와준 친구들에게 본 지면을 빌어 감사의 뜻을 전하고 싶다. 그들의 이름은 다음과 같다. 스티브 패리쉬 목사, 브라이언 패론 목사, 스티브 매튜슨 목사, 벤 피스, 리니 피스, 목사에서 교수로 변신한 그레그 샤프 박사, 그레그 스트랜드 목사, 윌머 스위니. 그리고 트리니티 복음주의 신학교의 많은 학생들에게도 감사의 뜻을 전한다.

또한 에드워즈의 사역에 관해 끊임없이 강의해 온 나를 이해하고 인내해 준 많은 교회들에게 감사의 마음을 전한다. 이 교회들은 부지불식간에 이 책의 저술을 도와준 셈이다. 일리노이 주 린덴허스트의 성 마가 르터교회, 시카고의 무디교회, 위네트카의 위네트카 성경교회, 알링턴 하이츠의 알링턴 하이츠 복음주의 자유교회, 그레이스레이크의 크로스로드교회, 버논힐의 레이크뷰 장로교회, 리버티빌의 리버티빌 복음주의 자유교회, 링컨셔의 링컨셔교회, 워키건의 성 바울 루터교회, 코네티컷 주 베슬리헴의 제일 예수교회, 테네시 주 내쉬빌의 제일 루터교회, 캘리포니아 주 랭커스터의 랭커스터 복음주의 자유교회 등에 감사의 마음을 전한다.

더불어 대학과 출판사에서 일하는 다음의 사람들에게 마음 가득한 감사를 전한다. 그들은 바로 미국 IVP 담당 편집자인 게리 데도, 이 책의 모든 부분을 세심하게 읽어 준 스캇 머네치, 에드워즈에 관한 뛰어난 학자인 켄 민케마, 트리니티의 탁월한 사서 재키 포인터, 에드워즈와 성경을 사랑하는 네덜란드 학자 월터 로스, 그리고 나와 종종 의기투합하는 동료 로버트 야브로다.

또한 바이네케 희귀도서 및 사본 도서관과 내게 '조나단 에드워즈 펠로십 Jonathan Edwards Fellowship'을 수여해 준 예일대학에 감사의 마음을 전하며, 내 연구를 끊임없이 뒷받침해 준 예일대학의 '조나단 에드워즈 센터 Jonathan Edwards Center' 담당자들에게도 감사를 전한다.

마지막으로 일리노이 주 린덴허스트의 성 마가 루터교회의 테리 브로임과 빌 쉴즈 목사님께 영원한 감사의 말씀을 드린다. 그들은 에드워즈가 남긴 사역의 유산을 가장 잘 체화한 사역자들이다. 사랑과 감사의 마음으로 나는 이 책을 그들에게 헌정하는 바이다.

서론 | 에드워즈의 세계와 하나님의 말씀

하나님의 말씀은 살아 있고 활력이 있어 좌우에 날선 어떤 검보다도 예리하여 혼과 영과 및 관절과 골수를 찔러 쪼개기까지 하며 또 마음의 생각과 뜻을 판단하나니. (히브리서 4:12)

신학대학원 강단에서 조나단 에드워즈에 관해 가르치면 가르칠수록 더욱 확연히 깨닫게 되는 것은, 어느 누구도 그의 사역을 그대로 모방할 수 없다는 것이다. 물론 나로서는 시도해 본 적도 없다. 내 학생들을 에드워즈의 복제인간clones으로 만들어, 그의 시대처럼 가발을 쓰고서 많은 요구사항들이 담긴 긴 설교를 하게 하며, 복잡한 성경 신학과 설교의 상세한 적용점을 청중들에게 이해시키고, 파워포인트를 사용해 찬송가를 부르는 것 등의 일을 상상하는 것은 그 자체만으로도 어리석은 일이다. 그러나 내가 인정할 수밖에 없는 것은 에드워즈가 보여준 하나님의 실체에 대한 헌신, 성경의 신성에 대한 가르침, 성경이 삶에서 갖는 중요성 등에 대한 그의 헌신이 너무나도 설득력 있다는 사실이다. 이것은 또한 강한 전염성을 갖는다. 나처럼 에드워즈 연구에 몰두하고 있는 많은 신학생들은, 그가 했던 것처럼 사역하고 있지 못하다는 사실에 많은 죄책감을 느끼기도 한다.

우리가 사는 세상은 에드워즈가 살던 18세기 뉴잉글랜드와는 많은 차이가 있다. 물론 적어도 많은 미국인들이 교회에 나가 예배에 참석하며 성경을 읽고 있다는 점은 다르지 않다. 바나 그룹Barna Group의 연구에 의하면, 2004년 설문에 응답한 개신교인들 중 59퍼센트가 지난 한 주간 성경책을 읽었으며, 2005년 응답자 중 88퍼센트는 지난 며칠 동안 성경을 읽은 적이 있다고 대답했다. 갤럽 여론 조사 역시 미국인들의 성경에 대한 진지한 태도를 확인해 준다. 2004년 11월에 조사한 설문에 의하면, 응답자의 34퍼센트가 "성경이 실제 하나님의 말씀이라고 생각한다"고 답했다. 나머지 48퍼센트는 성경이 "영감된 하나님의 말씀"이라고 대답했으며, 단지 15퍼센트만이 성경은 "신화와 전설로 이루어진 고대 문서"라고 응답했다.[1]

오늘날 그리스도인들이 갖고 있는 성경의 권위와 위치에 대한 명백한 신뢰에도 불구하고, 성경의 내용에 대해 할리우드 영화나 대중음악, 스포츠보다 많이 알고 있는 사람들은 많지 않다. 이러한 현상은 위에서 제시한 통계가 조사된 미국에서조차 마찬가지여서, 미국 대부분의 그리스도인들은 성경에 대한 기본적인 이해조차 갖고 있지 못한 상황이다. 교회에서 성경을 가르쳐 본 사람이라면 잘 알겠지만, 십계명을 순서대로 말할 수 있는 사람이나 열두 제자의 이름, 바울의 서신서, 혹은 정경에 포함되는 책들의 이름을 알고 있는 사람의 수는 얼마 되지 않는다. 또한 오늘날 성경의 기본교리를 알고 있는 사람을 만나기는 쉽지 않은 일이다. 여러분 주변의 그리스도인들 가운데 얼마나 많은 이들이 예수 그리스도의 신성과 인성에 대해, 성령의 사역에 대해, 교회의 본질에 대해 말할 수 있다고 생각하는가? 신학대학원의 1학년 재학생조차 이런 문제들에 대해 답변하기가 쉽지 않을 것이다. 사실 수없이 많은 바쁜 일정과 주의를 산만하게 하는 것들로 가득 찬 우리의 문화 속에 살면서 하나님과 그분의 말씀에 집중한다는 것은, 웬만한 끈질김 없이는 거의 불가능할 정도다.[2]

이어지는 장들에서 보게 되겠지만, 에드워즈의 세계는 사실 완벽함과는 거리가 멀었다. 사실 지금 우리가 살고 있는 세계가 그의 세계보다 훨씬 평등하고 풍요로우며 기독교적이다. 그럼에도 불구하고 에드워즈는 산업화 이전의 청교도 문명 속에서, 적어도 겉으로 보이는 모습 그 이상으로, 말씀 사역의 통로가 되는 사역자의 표본적 삶을 보여주었다.

에드워즈는 영국 종교개혁의 진행 과정을 용납할 수 없어 대서양을 건너온 청교도들이 백여 년 전 세운 뉴잉글랜드(미국 동북부의 여섯 개 주)의 작은 마을에서 평생을 살았다. 대서양을 건너오기 이전 아직 영국에 있던 청교도 선조들은,[3] 진실한 대화의 중요성을 인정했을 뿐만 아니라 성경 교육과 과감한 예배 개혁을 통해 영국 국교회의 영적 순결을 회복하고자 했다. 그러나 그 땅에서 행해지는 수많은 박해를 더 이상 감당할 수 없었던 많은 이들이 "신세계" 미국으로 건너왔고, 여기서 그들은 그들의 믿음을 실제화할 수 있는 "성경적 정부"를 세우게 된다. 그들의 소망은 영국에 남아 있는 사랑하는 사람들에게 매력적인 본보기가 될 수 있는 교회와 사회를 건설해 영국 내 모든 국교회가 개혁되도록 자극하는 것이었다. 자신들의 삶의 목표는 산상수훈(마 5-7장)에서 표현된, 모든 사람이 볼 수 있는 "산 위의 동네"와 "세상의 빛"이 되는 것임을 그들은 자주 이야기했다. 그러나 이들은 결국 영국 국교회의 주도권을 획득하는 데 실패했으며, 이후 뉴잉글랜드로 이주해, 비록 불완전하지만 그들의 종교적 열정을 구체화할 수 있었던 뉴잉글랜드 식의 삶을 새로운 회중들과 함께 열어 나가게 된다.

나는 에드워즈의 세계의 치밀함 속으로 여러분을 초대하면서, 여러분의 마음의 눈과 코, 귀가 열려 역사 속 사건들의 다양한 국면과 그것들이 에드워즈의 말씀 사역에서 갖는 의미들을 발견해 나가기를 바란다. 먼저 우리가 고려할 것은 그 당시 인구 통계인데, 에드워즈가 태어난 1703년 뉴잉글랜드 지역은 10만 명 이하의 영국 이주민들로 구성되어 있었다. 그가 세상을 떠난 1758년 무렵 인구가 급격히 증가하기는 했지만 여전히 45만 명 정도에 불과했다. 에드워즈 사역의 절정기였던 대각성운동 당시(1740년) 미국에서 가장 큰 도시들인 보스턴, 뉴욕, 필라델피아의 인구는 각각 1만에서 1만 5천 명에 불과했고, 당시 북미 내 영국 식민지의 총인구는 90만 명 정도였다. 에드워즈가 살던 노샘프턴의 인구는 1만 4천여 명에 불과했다. 에드워즈가 살던 시대의 뉴잉글랜드 전체 인구가 오늘날 일리노이 주의 네이퍼빌 인구보다 적었다는 것은 특기할 만하다. 당시 보스턴, 뉴욕, 필라델피아의 총인구는 오늘날 가장 큰 스포츠 경기장의 관중 수보다 적다. 또한 당시 북미 내 영국 식민지의 총인구는 오늘날 캘리포니아 산호세의 인구보다 적었다.

에드워즈가 살던 시대의 작은 마을에 만일 여러분이 방문한다면 당시 주민들의 삶에 흐르는 고요함에 놀라게 될 것이다. 물론 몇몇 소음들, 예를 들면, 사람들의 말소리나 각종 도구를 다루는 소리, 규칙적으로 울리는 말발굽 소리, 소와 양의 낮은 울음소리들이 들릴 것이다. 그러나 자동차와 중장비들이 내는 엔진 소리는 들을 수 없다. 핸드벨과 소라나팔conch shell, 드럼 소리로 시작되는 마을 행사의 발표는 들겠지만 비행기와 기차, 자동차와 트럭의 소리는 들을 수 없다. 물론 산업 장비들이 규칙적으로 내는 활기찬 소리와 경적 소리, 기적 소리와 울부짖는 소리도 들을 수 없다. 뉴잉글랜드의 마을들에서 들을 수 있는 가장 큰 소리는 아마도 교회지기가 울리는 교회 종소리일 것이다.[4]

마을의 녹지대를 지날 때쯤에는 동물들의 배설물 냄새가 코를 찌를 것이다. (초기 뉴잉글랜드에서 마을 내 녹지대는 동물들의 목초지였다.) 하지만 곧 이 냄새에 익숙해져 조심스럽게 발걸음을 옮길 무렵, 여러분의 시선은 초지 내에 자리 잡고 있는 가장 중요한 건물인 교회, 곧 청교도들이 "회합 장소meeting house"로 불렸던 건물을 마주하게 될 것이다. 이 건물은 물론 인상적이지는 않다. 사실 영국의 신고딕 양식 교회들이 이보다 훨씬 아름답다. 영국의 그와 같은 교회들을 방문해 본 사람이라면 잘 알겠지만, 훤하게 트인 실내와 십자형의 회중석은, 하늘을 향해 솟아 있는 아치형의 거대한 천장과 아름답게 장식된 성단소chancel 중앙의 제단으로 자연스럽게 이어진다. 이 아름다운 공간 속에서 드려지는 예배가 절정에 이르렀을 때, 예배자들은 경건한 마음으로 예배당 앞으로 걸어 나가 회중석과 성단소 경계의 난간 앞에 무릎 꿇고, 사제를 대면해 예수 그리스도의 성체를 받게 된다.

반면 뉴잉글랜드의 예배당에 걸어 들어가는 것은 거의 헛간에 들어가는 것과 비슷한 느낌이다. 에드워즈 당시 많은 교회들은 회중석에 방석을 놓고 아치형 창문과 종탑과 첨탑을 설치해 예배당을 꾸미곤 했다. 그러나 오늘날 우리가 보게 되는 하얗게 칠해진 벽면을 가진, 신고전주의 양식의 사진집에나 나올 법한 교회들은 19세기 사람들이 우리에게 남긴, 그들 나름의 과거에 대한 향수의 산물이다.5 식민지 시대의 뉴잉글랜드 예배당들은 대부분 페인트칠도 되어 있지 않은 채, 건물 주변이 물막이 판자로 둘러싸여 있는 아주 단순한 형태였다. 이 지역 교인들이 예배당에 들어서면서 마주치게 되는 것은 영국의 그것처럼 하늘을 향해 솟아 있는 천장이나 아름답게 장식된 제단이 아니었다. 천장은 아주 낮았으며 교인들은 쉽게 성찬식을 경험할 수 없었다. 어쩌다 성찬식을 거행하게 되어도 그들이 사용한 것은 휴대용 식탁이었다.

청교도 예배당에서 가장 중요한 곳은 바로 강단이었다. 그들의 삶에 있어 가장 중요하게 여긴 성경의 지혜가 쏟아져 나오는 곳이었기에, 당시 사람들은 그곳을 "그 설교단the desk"이라고 불렀다. 이 책의 2장에서 다루겠지만, 청교도들의 예배는 성경에서 시작해 성경으로 끝을 맺었다. 시각적이고 음악적인 요소는 예배순서에 거의 포함되지 않았다. 청교도들이 예배당을 회합 장소로 불렀다는 사실은 영국과 뉴잉글랜드 간의 차이를 잘 보여주는 단면이다. 청교도들은 말씀에 대한 집중을 흩트릴 수 있는 십자가나 스테인드글라스 등 모든 형태의 "조각된 우상들"을 예배당 내에 허용하지 않았다.

그들은 시편을 악기 없이 무반주로 불렀으며 악기와 찬송가의 사용을 배격했다.[6] (나중에 보겠지만 찬송가 사용을 선호했던 에드워즈와 같은 이들은 지역 내 전통주의자들의 저항을 불러일으켰다.) 목회자들은 장식된 제의를 벗고 학자들이 입는 가운을 입곤 했는데, 이는 목회자의 소명이 의식을 주관하는 제사장이 아닌 말씀을 가르치는 목회 사역자임을 상징적으로 보여주는 것이다. 요약하자면, 청교도들은 사람들의 모든 관심이 하나님의 말씀에 집중될 수 있도록 그들의 마을과 예배당, 예배순서 하나하나를 세심하게 구성했다.[7]

뉴잉글랜드의 청교도들은 가톨릭적 요소가 가미된 달력의 사용을 배격했지만, 성경적 사고에 기초한 시간 개념을 갖고 있었다. 사실 청교도들은 삶의 계획이 주일을 중심으로 짜여질 수 있도록 영국 국교회가 기념하는 수백 개의 성일을 전혀 기념하지 않았다. 청교도들에게 있어 주일은 안식일이자 예배의 날이며, 휴식을 취하고 말씀을 묵상하는 날이었다. 부활을 기념하는 주일은 영국 국교회 달력을 가득 채우는 수많은 기념일들보다 더욱 중요한 날이기 때문이다. 실제로 영원히 거룩하게 지켜질 이날의 의미는 하나님께서 천지를 창조하신 후 가지신 일곱째 날의 휴식, 그리고 고대 이스라엘이 지켜 나갔던 안식일의 의미와 결부된다. 대부분의 청교도들에 있어, 그리스도인들의 안식일은 새 예루살렘에서 영원히 누리게 될 모든 성도들의 안식을 상징했다.[8]

1752년까지 뉴잉글랜드에서는 율리우스 카이사르가 기원전 46년에 도입해 이후 초기 중세 시대에 기독교적으로 개정된 율리우스력의 사용이 병행되었다. 이 달력은 천사장 가브리엘이 나사렛의 동정녀 마리아에게 성령으로 말미암은 예수 그리스도의 잉태를 알린 날을 기념하는 3월 25일을 한 해의 첫날로 삼는다.⁹ 기독교 전통에 따르면, 이 사건은 성탄절보다 9개월이 앞선다.* 첫날의 상징적인 의미 때문에 많은 그리스도인들이 이날을 창조의 첫날로 기념해야 한다고 주장했다(그렇게 되면 하나님의 창조와 구속을 동시에 기념할 수 있게 된다). 이후 대략 525년부터 러시아의 수도사였던 디오니시우스 엑시구스('소 디오니시우스'로 불림)가 예수의 탄생 이래로 지나간 해들을 계산해 이른바 '아노 도미니 *anno Domini*'(A.D., "우리 주님의 해")라는 접두어를 붙여 율리우스력을 수정해 나가게 되는데, 문제는 예수님의 탄생일을 계산하는 데 실수를 저질렀다는 것이다. 율리우스력을 따르는 이들에게 이 실수는 1752년까지 계속 영향을 미쳤으며, 이후 그레고리력을 채택하자 비로소 한 해의 첫날을 1월 1일로 수정하게 된다. 그럼에도 불구하고 뉴잉글랜드의 청교도들은 예수님 이전과 예수님 이후를 나타내는 B.C.(before Christ)와 A.D.를 지속적으로 사용했으며 그들의 전통대로 계속해서 주일을 안식일로 지켜 나갔다.¹⁰

또한 청교도들은 성경의 원칙에 따라 법을 제정했으며 시민사회 역시 성경의 가르침대로 건설되어져 갔다. 성경적 정부 사상은 에드워즈가 사역하던 시대에는 어느 정도 자유주의화되었다고 할 수 있으나, 여전히 사람들은 대중 앞에서의 간증 없이 교회에 입교할 수 없었고 입교인의 자격 없이는 선거권과 피선거권을 가질 수

---

* 서양에서는 임신기간을 보통 9개월로 이야기하며 사실 이것이 정확하다. 우리의 개념에서는 만 9개월이라 말할 수 있겠다—옮긴이.

없었다. 입법자들과 치안판사들은 하나님의 종으로 간주되었으며, 입법과 법 집행 활동은 성경의 원칙에 입각해 이루어졌다. 십계명을 위반하는 죄들은, 간음이나 남녀가 옷을 바꿔 입는 죄와 더불어, 법적인 처벌이 가능한 범죄로 인정되었다. 교회 출석은 산모, 전쟁 중의 군인, 노인과 환자를 제외한 모든 이들에게 의무적이었다. 교회 사역을 지원하기 위한 지방세의 납부 역시 의무였다. 초기 매사추세츠 주에서는 아이들에게 책을 읽을 수 있도록 가르쳐야 했는데, 이것은 주로 성경을 읽게 하기 위한 것이었다. 또한 오십 가구가 넘는 마을은 읽기 교사를 고용해야 했으며 백 가구가 넘는 마을은 소년들이 대학 진학을 위해 라틴어를 배우는 중등학교grammar school를 설립해야 했다.[11] 아이들에게 영어를 가르치지 않는 부모들은 벌금형에 처해졌다. 또한 가족들에게 교리문답을 가르치지 않는 가장도 처벌 대상이었다.

종합하면, 에드워즈 시대 이전의 뉴잉글랜드 청교도들은 가장 성경적이고 교육 수준이 높은 사회를 일구어 냈다. 이들에게는 텔레비전도, 인터넷도, 휴대폰이나 비디오 게임도 없었다. 전등도, 가스등도, 이런 것들을 밝힐 만한 전력도 없었으니 그들의 밤하늘은 어둠 자체였다.[12] 저녁 시간에 사람들은 촛불 아래 모여 책을 읽거나 대화의 꽃을 피웠으며, 화롯불 곁에 둘러앉아 하루 중 가장 중요했던 일들을 되새기는 일이 고작이었다. 더불어 낮 시간에는 굶지 않기 위해 고된 일을 하면서도, 그 와중에 성경을 묵상하고 자신들이 삶에서 대면하는 믿음의 도전들에 대해 고민하는 인생을 살아갔다. 「톰 아저씨의 오두막 Uncle Tom's Cabin」의 작가이자 19세기 가장 유명했던 목회자의 딸인 헤리엇 비처 스토 Harriet Beecher Stowe 는 이렇게 말했다. "뉴잉글랜드 청교도의 삶에 대해 피상적인 사고나 깊이 없는 감정을 논하는 것은 불가능하다. 그들을 움직이게 하는 근본 원리에 대해 이해하고자 하는 사람은 반드시 그 근원의 깊은 곳까지 내려가 봐야 한다."[13]

뉴잉글랜드 초기 청교도들의 특징적인 영성에 대해서는 다른 증언들도 전해 내려오고 있으나 스토의 역사 소설들—「목회자의 구애 The Minister's Wooing」(1859년), 「옛마을 사람들 Oldtown Folks」(1869년), 「포가넉 사람들 Poganuc People」(1878년)—은 당시의 모습을 보다 생생하게 전해 준다. 다음은 스토의 첫 작품이자 가장 뛰어난 소설에서 그녀가 전하는 당시의 설교에 관한 증언이다.

> 쟁기질과 호미질을 하고 있는 모든 농부들, 베틀과 물레, 빨래통 앞에서 일하고 있는 모든 여자와 소녀들에게 지역 내 유명한 설교는 항상 대화의 주제였다. 가장 풀기 어려운 신비에 대한 생각과 대화로 가득 차 있던 뉴잉글랜드는 그야말로 하나의 거대한 사고의 바다였다. 이들 남녀에게 있어 어떤 이론이나 추측도 단순히 이론과 추측에 그칠 수 없었다. 이런 모든 것들은 가장 현실적이고 필수적인 문제였으며, 그들의 실제 삶에 가장 강렬한 진지함을 가져오는 토양이었다.[14]

「월간 애틀랜틱 The Atlantic Monthly」지에 기고하기 위해 집으로 가던 스토의 손에는 다음과 같은 메모가 들려 있었다. "이처럼 사변적인 질문들이 평범한 사람들의 마음을 흥분시킬 뿐만 아니라 강렬하게 사로잡을 수 있는 곳은, 스코틀랜드를 제외하고, 뉴잉글랜드 외에 지구상 다른 어느 곳에도 없을 것이다. 모든 남녀와 아이들까지도 어느 정도는 신학자들이었으니 말이다."[15]

그렇다면 에드워즈의 세계는 분명히 우리의 그것과는 큰 차이가 있다고 하겠다. 그 세계의 목회자들은 신학자들이었다. 또한 신학자들은 동시에 목회자로 일했다. 사람들은 목회자들이 그들 시간의 많은 부분을 말씀을 깊이 있고 세부적으로 연구해 설교를 준비하는 데 사용하리라 기대했다. 그들은 그들의 설교자들이 겉만 번지르르하게 심리치료나 일삼으며 상업적 태도로 설교에 임하거나, 설교자에 대한 청중의 개인적인 접근이 가능하다고 생각하지 않았다. 그들은 문자 그대로, 말씀에 집중했다. 많은 이들이 성경에 대해 잘 알고 있었으며, 그들의 삶을 말씀에 의존할 수밖에 없다고 믿었다.

따라서 오늘날 에드워즈의 사역을 그대로 모방하는 것이 불가능하다는 사실은 별로 놀랄 일이 아니다. 그렇게 하려고 시도했던 이들이 실패와 절망을 경험했어야 했다는 사실 역시 놀랄 만한 일이 아니다. 그 세계는, 그들의 교회 사역이 그러했던 것처럼, 수없이 많은 칭찬거리로 가득 차 있었다. 그렇다고 오늘날의 우리가 너무 주눅들 필요는 없다. 그들의 삶이 우리의 그것보다 낫다고 단정지을 수만도 없다. 그들의 삶은 장점도 많이 있었지만, 우리의 그것처럼, 눈에 띄는 단점들도 많이 있었다. 때로 그들의 삶은 폭력과 공포, 깊은 슬픔으로 점철되어야 했다. 우리의 지도자들처럼 그들의 지도자들도 영적인 무기력에 좌절해야 했고, 그들 역시 다른 시대를 살아간 이들의 삶이 더 낫다고 생각하기도 했으며, 그들 역시 그들의 시대에 다가오는 도전들을 이겨 나갈 지혜를 얻기 위해 다른 시대를 연구하기도 했다.

1752년 7월 7일, 에드워즈가 그의 스코틀랜드인 친구 존 어스킨 John Erskine 목사에게 보낸 편지에는 다음과 같은 푸념이 적혀 있다. "현재 그리스도인의 세계는 특기할 만한 시대를 지나고 있다네. 아마도 이런 시대는 이전에 결코 없었으리라 생각되네. 우리를 둘러싼 모든 것들이 너무 빠르게 추락하고 있지 않은가. 내가 볼 때 진리와 기독교의 근본과 실천이, 원래 있어야 할 자리에서 너무도 빠르게 이탈하고 있네. 위기가 멀지 않은 것 같네."[16] 사실 이런 걱정은 우리가 처음 듣는 이야기가 아니다. 교회사에 있어 이런 목소리를 낸 이들은 문자 그대로 시대와 장소를 불문하고 수천 명에 이른다. 확신하건대, 에드워즈는 그가 살아갔던 시대가 믿음의 황금기였다고 여기지 않았음이 분명하다. 그는 영국식의 교회와 정치의 결합이, 영적인 불감증과 이름뿐인 기독교와 걷잡을 수 없는 위선을 키우는 데 기여했다고 염려했다. 또한 그는 유럽 전역에서 일어나던 계몽주의의 "영적인 배신" 현상을 크게 두려워했다.[17] 과연 그는 멸망의 어두운 전망들을 가장 심각하게 알리는 데 성공했으니, 오늘날의 비관적 기독교 지도자들을 떠올리게 하는 일이다.

에드워즈로부터 오늘을 사는 지혜를 배우고자 하는 이들이 해야 할 일은, 타임머신을 타고 그의 세계로 가는 것이 아니라, 우리 자신의 세계를 감사하고 사랑하는 마음으로 보다 의미 있게 여기며, 그가 남겨 준 지혜들을 우리 시대에 적용하는 것이다. 우리의 관심을 하나님의 뜻쏨에 집중시키고 교회 사역을 발전시켜 나가며 믿음을 보다 굳건히 하기 위해 오늘날 우리가 할 수 있는 일은 어떤 것들이 있겠는가? 그리스도인들로 하여금 일상의 관심을 성경적이고 신학적인 차원으로 올려놓기 위해 우리는 무엇을 할 것인가? 이러한 질문들에 대한 대답은 에드워즈의 삶과 사역에 대해 먼저 정리한 뒤 다시 다루도록 하겠다. 나는 에드워즈의 교훈을 삶에 적용하기 원하는 독자들을 위해 일곱 가지 교훈을 제시하며 이 책을 마무리지을 것이다. 내가 바라는 것은 여러분이 이 전기를 읽으며 하나님께서 오늘날 우리에게 무엇을 가르치고자 하시는지를 분별해 나가는 것이다.[18]

에드워즈는, 인디언 선교사로 짧지만 강렬한 인생을 살았던 그의 후배이자 친구에 대해 쓴 베스트셀러 「데이비드 브레이너드 생애와 일기 *The Diary and Journal of David Brainerd*」(1749년)에서 다음과 같이 말한다.

하나님께서 우리를 사용하실 때, 우리의 진실된 믿음과 그 열매를 세상에 보여줄 수 있는 방법은 두 가지가 있다. 하나는 교리와 가르침이며 다른 하나는 그것의 예증例證과 본보기다. 이 두 가지 방법의 다양한 예들은 성경에서 쉽게 찾아볼 수 있다.…… 하나님은 그분의 섭리 아래 우리가 이 두 가지 방법을 사용해 인류에게 빛을 비추기를 원하시며, 또한 그리스도인들의 책무를 모든 시대 속에서 드러내기 원하신다. 때때로 그분은 탁월한 교사들을 세우셔서 그 말씀의 연구로 얻게 된 진리를 증거하시며, 인간의 오류를 바로잡고 세상의 어둠과 악함을 대적하신다. 또한 시대와 시대 속에 탁월한 이들을 세우셔서 하나님 말씀 속에 드러난 믿음의 본을 환히 보여주신다. 이 모든 예증들의 목적은 사람들에게 당신의 거룩한 섭리를 드러내고자 하심이다. 이 모든 본보기들은 우리로 성경의 교리와 가르침에 주의를 기울이게 할 뿐만 아니라, 그것을 확신시키고 강조하는 데 큰 역할을 한다.[19]

브레이너드의 삶을 사용하셨던 하나님께서 조나단 에드워즈에 관한 이 책을 사용하셔서, 그리스도인들의 관심이 하나님의 말씀에 집중되고, 또한 이를 통해 복음과 말씀의 사역이 온 세계에 퍼져 나갈 수 있도록 나와 함께 기도할 것을 독자 여러분에게 부탁드린다.

1장 | 자신을 하나님 앞에 드리기를 힘쓰라

너는 진리의 말씀을 옳게 분별하며 부끄러울 것이 없는 일꾼으로 인정된 자로 자신을 하나님 앞에 드리기를 힘쓰라. 망령되고 헛된 말을 버리라. 그들은 경건하지 아니함에 점점 나아가나니. (디모데후서 2:15-16)

조나단 에드워즈는 1703년 10월 5일, 아버지 티모시 에드워즈 Timothy Edwards 목사와 목회자의 딸인 어머니 에스더 스토다드 에드워즈Esther Stoddard Edwards 사이에서 다섯 번째 자녀이자 유일한 아들로 태어났다. 에드워즈에게는 손위에 누이 넷(에스더, 엘리자베스, 앤, 메리)과 손아래 누이 여섯(유니스, 아비가일, 제루샤, 해나, 루시, 그리고 에드워즈가 대학에 있을 때 태어난 막내 마사)이 있었다. 에드워즈 가문의 자녀들은 18세기의 기준으로 보면 모두 키가 컸는데, 아버지 티모시는 딸들의 키를 다 합하면 18미터에 이른다고 자랑하곤 했다. 에드워즈의 손위 누이들은 그를 무척이나 아꼈는데, 마을의 처녀들도 에드워즈를 아끼기는 마찬가지였다. 이들 모두는 에드워즈가 목회자가 되리라 굳게 믿었다.[1]

과연 에드워즈는 저명한 목회자 가정의 아들로서의 특권과 무거운 책임감 속에서 자랐다. 그의 아버지와 할아버지는 모두 역량 있는 목회자였으며, 어머니의 아버지인 솔로몬 스토다드Solomon Stoddard(1643-1729년)는 지역 내에서 특별히 영향력 있는 목회자로 인생의 대부분(1670-1729년)을 매사추세츠 노샘프턴 교회의 목회를 위해 헌신한 사람이었다. 마을 사람들은 그를 "교황"이라고 부르기도 했으니 그의 영향력을 짐작할 만하다. 코네티컷 강을 따라 점점이 퍼져 있는 서부 뉴잉글랜드 마을의 주민들에게 스토다드는 "강의 신river gods"이라고 불릴 만큼 그 명성이 자자했다. 4장에서 살펴보겠지만 스토다드의 영향력은 에드워즈의 목회에 오랫동안 강력한 영향력을 끼쳤다.

에드워즈는 코네티컷의 이스트윈저(현재 명칭은 사우스윈저)에 위치한 교구 사택에서 성장했다. 이 사택에서 그의 부모는 60년 이상을 살았다. 그의 아버지 티모시는 청교도식의 탁월한 설교자로 유명했으며, 지역 내 대학 교육에 많은 기여를 한 것으로도 널리 알려져 있었다. 사실 티모시는 사택의 거실을 학교로 꾸며 놓고 지역 내 소년들이 교실로 사용할 수 있도록 책걸상을 구비해 놓았다(부인 에드워즈 여사가 이에 대해 어떻게 생각했을지는 상상하기 힘들다).[2] 식민지 시대의 뉴잉글랜드에서는 오직 소년들만 대학에 입학할 수 있었다. 이 아이들의 대부분은 상류층의 십대 소년들로 대개 목회자가 되기 위해 준비하고 있었다.[3] 하버드대학과 예일대학에 입학하기 위해서는 이들 학교 교과 과정의 기초인 고전 라틴어, 신약성경 헬라어, 히브리어 시험을 치러야 했다. 중등학교는 이런 소년들의 대학 입시를 도와주기 위한 목적으로 설립되었다. 중등학교에서는 주로 대학 졸업자들이 학생들을 가르쳤지만, 종종 목회자들도 교회의

미래를 준비하는 차원에서 소년들을 가르치기도 했다.

조나단은 여섯 살 때부터 라틴어를 공부하기 시작했고, 열두 살에는 헬라어와 약간의 히브리어를 읽을 수 있었다. 특별히 그의 영적 민감성이 누구에게나 두드러지게 나타났기 때문에 아홉 살 때부터 그는 장래의 지역 내 영적 지도자로 촉망받기 시작했다. 에드워즈가 사위 애론 버Aaron Burr에게 써 보낸 「신앙고백Personal Narrative」에 의하면, 1712년부터 1713년 사이에 있었던 이스트윈저의 각성운동이 '신앙'과 '구원'의 문제들에 대한 그의 깊은 고민을 불러일으킨 것으로 묘사되어 있다.

> 나는 비밀리에 매일 다섯 번씩 기도하기 시작했고, 다른 친구들과 신앙적인 문제에 관해 대화하며 많은 시간을 보냈다. 아이들과 정기적으로 만나 함께 기도하는 시간도 가졌다. 나는 이런 신앙 생활에서 무엇인지는 잘 모르겠지만 어떤 기쁨을 경험했고, 내 마음은 늘 그것에 집중되어 있었다. 그 안에서 스스로를 의롭게 여기는 기쁨과 신앙적 의무들을 감내하며 느끼는 즐거움은 형언할 수 없었다. 나는 학교 친구들 몇몇과 함께 비밀스럽고 후미진 늪지대 한쪽 구석에 움막을 만들어 놓고 이곳을 기도를 위한 장소로 사용했다. 이 외에도 숲 속에 나 혼자만을 위한 은밀한 장소를 만들고 그곳에서 큰 감동을 누리기도 했다. 말씀 묵상과 기도에 빠져 있을 때의 내 마음은 스스로 생각해도 늘 생기 있고 감정적이었다.

그러나 훗날 과거를 되돌아보던 에드워즈는 이런 활동들이 구원을 이루는 행위가 될 수 없다는 것을 깨닫게 된다. 장로교 목사이자 프린스턴대학의 학장을 지낸 애론 버에게 에드워즈는 다음과 같이 말한 바 있다. "시간이 흐름에 따라 내 안에 있던 확신과 열정은 녹아내리기 시작했다. 이전에 가졌던 모든 열정과 기쁨을 잃어버리게 되었고, 혼자만의 비밀스런 기도의 시간도 중단되었다. 나는 지속적인 기도의 생활조차 유지하지 못했다. 개가 그 토한 것을 다시 먹는다는 말처럼, 나는 죄의 길로 다시 발걸음을 옮기게 되었다."[4]

에드워즈가 성장의 모든 과정을 미래 목회를 위한 준비 과정으로 여겼음은 분명하다. 그는 선천적으로 영민했을 뿐 아니라 늘 진지한 학문적 자세를 잃지 않았으며, 사람들에게도 영적인 영재로 여겨졌다. 그러나 가장 중요한 것은, 그가 견고한 목회자의 가정에서 태어나 자랐다는 것이다. 18세기 초의 부모들은 자녀들이 그들의 뜻대로 직업을 정하도록 허락하지 않았다. 사과가 사과나무 근처에 떨어질 수밖에 없듯이, 당시의 아이들은 오늘날 서구 사회의 아이들이 갖는 미래에 대한 선택권을 가질 수 없었다. 조나단 역시 여기에서 예외일 수 없었다. 그가 목회자로 성장해 나갈 것으로 가족들이 기대하는 것은 당연한 일이었다. 이런 기대에 부응하여 조나단은 그의 마음과 생각을 잘 지켜 나갔다. 아버지와 조부를 따라 조나단이 목회자의 길을 가리라는 사람들의 기대도 당연했지만, 그는 자신이 그 일에 합당한 사람으로 성장해 나가는 것이 가장 중요함을 잊지 않았다. 조나단 에드워즈는 말씀 사역자로서의 가장 중요한 자질은 성령으로 변화된 삶에 있음을 강조한 바 있다.

예일대학으로

에드워즈는 1716년 9월, 자신의 생일이 한 달 남은 열두 살의 나이로 예일대학에 진학했다. 에드워즈가 대학에 입학하기 위해 집을 떠날 당시 예일대학은 많은 변화의 소용돌이 속에 빠져 있었다. 1701년에 코네티컷대학으로 출범한 예일대학은 1716년에는 세 지역에서 수업을 열고 있었다(뉴헤이븐, 세이브룩, 웨더스필드). 조나단은 다른 수십 명의 학생들과 함께 하트퍼드 근교에 있는 웨더스필드에서 그의 이종사촌인 일라이셔 윌리엄스Elisha Williams의 지도 아래 공부를 시작하게 되었다. 윌리엄스는 하버드대학 출신으로 당시 20대 초반이었다. 식민지 시대의 뉴잉글랜드에서는 젊은 청년들이 주로 대학에서 교수로 일하는 경우가 많았는데, 대개는 목회를 준비하기 위한 과정이었다. 당시의 대학 교육은 독서, 암기, 작문, 암송 등의 교과 과정이 주된 교육 방법이었다. 교수들의 역할은 오늘날처럼 긴 시간 활기차게 진행되는 즉흥적 강의를 이끌어 나가는 것이 아니라 학생들을 감독하고 개개인이 각자의 속도에 맞게 공부해 나갈 수 있도록 돕는 것이었다. 윌리엄스는 곧 코네티컷 뉴잉턴에 있는 교회의 목회자로 청빙받아 갔다가 1726년에 예일대학의 학장으로 돌아왔다. 윌리엄스는 조나단의 인생에 수년간 많은 영향을 끼치게 되며, 후에 정치 지도자와 전쟁 영웅으로 생을 마감하게 된다.

1718년 가을, 코네티컷대학의 이사회는 대학의 모든 시설을 뉴헤이븐으로 집중시키는 계획을 세운다. 학교 강국은 뉴헤이븐에 웅장한 건물을 세운 뒤 영국의 거액 기부자 엘리후 예일Elihu Yale의 이름을 따서 학교 이름을 예일로 바꾼다. 모든 학생들의 기숙사 생활도 의무화되었다. 웨더스필드에 있는 캠퍼스가 없어지지는 않았지만, 이사회의 결정에 따르기로 방침을 정하고 남쪽에 위치한 뉴헤이븐으로 옮겨 갔다. 조나단은 당시 스물한 살의 나이에 교수로 일하고 있던 새뮤얼 존슨Samuel Johnson의 문하로 들어가게 된다. 그러나 이들 학생들은 뉴헤이븐으로 옮기자마자 존슨의 알미니안적 교리에 깊이 실망했으며 이에 따라 웨더스필드의 윌리엄스에게로 다시 돌아가게 되었다(청교도 정신의 단호한 추종자였던 에드워즈와 그의 학우들은 확고한 칼뱅주의자들이었다).[5] 이에 분노한 예일대학 이사들은 존슨 교수의 신학 사상을 조사한 뒤 해임했으며, 훨씬 나이가 많고 안수받은 목회자인 티모시 커틀러Timothy Cutler를 새 대학 학장으로 임명하게 된다. 당시 서른다섯 살이던 커틀러는 10년째 지역 내 회중교회 목사로 사역하고 있었다. 새뮤얼 존슨도 웨스트 헤이븐에 있는 교회를 맡아 그 지역을 떠나지 않고 있었다. 앞으로도 설명하겠지만, 그는 후에 성공회(영국 국교회)로 개종해 1754년 성공회왕립대학(현재의 컬럼비아대학)을 설립하게 된다.[6] 그러나 이 사건으로 인해 새뮤얼 존슨은 예일대학을 떠나게 되었으며 뉴헤이븐으로 이주했던 학생들은 다시 웨더스필드로 돌아오게 된다. 곧 학교는 다시 안정을 되찾았다. 1720년 9월, 에드워즈는 학사학위를 수여받았다. 에드워즈는 수석으로 졸업해 예일대학의 새로운 건물에서 라틴어로 졸업생 대표 연설을 했다.[7]

에드워즈가 수여받은 문학사학위는 그가 받은 교육이 폭넓은 것이었음을 잘 말해 준다. 당시 예일대학의 학문적 중심에는 신학이 자리하고 있었다. 신학은 당시 순수 학문의 꽃이었다. 학부 학생들은 교내 채플과 교회 봉사활동에 참여할 뿐단 아니라 일주일에 이틀은 성경을 공부했으며 칼뱅주의 교리와 근대적 신학 방법론들을 철저히 훈련받았다. 당시 핵심적인 신학 교재는 청교도 신학자 윌리엄 에임스William Ames의 걸작 「신학의 정수Medulla Theologiae」 (1627년)와 스위스의 개혁주의 목회자이자 신학자인 요하네스 볼레비우스Johannes Wollebius의 「기독교 신학 입문Compendium Theologiae Christianae」(1626년)이었다.[8] 물론 다양한 신학 교재들 역시 캠퍼스 내에 널리 유통되고 있었는데, 그중 40여 권의 장서는 예일대학에서 본래 소유했던 도서들이다. 1714년 여름에는 매사추세츠 주와 코네티컷 주의 대표로 영국 런던에 파견되어 있던 제러마이어 더머Jeremiah Dummer에 의해 수집된 800여 권의 도서들이 예일 세이브룩 캠퍼스에 도착했다. 더머 컬렉션은 아이작 뉴턴과 존 로크, 대니얼 디포, 피에르 벨, 헨리 모어, 존 틸럿슨을 비롯한 많은 계몽주의 사상가들의 책도 포함하고 있었다. 이 책들은 1718년과 1719년 사이에 뉴헤이븐으로 이송되었는데 이후 에드워즈는 이 책들에 흠뻑 빠져 지내게 된다.[9]

사실 에드워즈가 이후 2년간 석사학위를 위해 뉴헤이븐에 더 머문 이유는 바로 이 책들 때문이었다. 식민지 시절 미국에는 학부 이후 신학을 계속해서 공부할 수 있는 근대적 의미의 신학대학원이 없었기 때문에 학문과 교회 사역에 소명을 가지고 있던 청년들은 졸업 이후에도 대학에 남아서 개인 연구를 계속하는 것이 일반적이었다.

이들이 섬기던 교회의 회중들은 그들의 사역자들이 견고한 신학을 토대로 교회를 이끌어 나가기를 기대했다. 당시 사람들은 목회자들을 각 지역에서 가장 똑똑한 사람들이라고 생각했는데 이는 틀린 말이 아니었다. 목회자들은 지역 내에서 벌어지는 각종 사건들과 문화적 흐름에 대해 뉴잉글랜드 지역의 좁은 범위를 뛰어넘는 넓은 견해를 제공해 줄 수 있는 지식인들이었던 것이다. 교구 주민들은 지적 능력과 세상을 바라보는 견해와 심오한 성경적 세계관에 있어 목회자에게 의존했던 것이다. 겨우 열여섯 살의 나이에 학사학위를 받은 에드워즈가 곧바로 사역에 뛰어들지 않았던 것은 그런 의미에서 지혜로운 일이었다.

에드워즈가 예일대학에서 더 머물며 보낸 시간들은 또한 하나님과의 관계를 더욱 깊게 하는 계기가 되었다. 당시 대학생들은 각종 학업 및 종교적 의무 때문에 매일 정신없이 보내야 했다. 반면 대학원은 좀 더 여유가 있었다. 대학원생들은 일상의 부담에서 벗어나 한숨 돌릴 수 있는 여유를 갖는 것이 가능했다. 에드워즈는 바로 이러한 유연성과 그가 숨쉬고 성장할 수 있는 공간을 필요로 했다. 대학원 이전 에드워즈의 삶은 각종 기대와 의무로 점철되어 있었고, 그럼에도 불구하고 그는 주변 사람들을 실망시키는 법이 없었다. 그런 그의 모습은 그의 아버지와 어머니에게 큰 영예요 자랑이었다. 하지만 에드워즈는 하나님과 긴밀한 시간을 보낼 만한 기회가 없었고, 그가 부모로부터 물려받은 확고한 신앙에 기초해서 그리스도인으로서의 삶을 제대로 살아갈 수 있도록 전적으로 헌신할 만한 기회도 아직 없었다. 에드워즈는 기독교의 기본교리에 대해

한 번도 반대하는 입장을 취한 일이 없다.[10] 교회에서 세례받고 경건한 가정에서 자라난 에드워즈는 늘 그에게 주어진 종교적 삶을 충실히 살아 나갔다. 하지만 그는 기독교가 단순히 종교 이상임을 잘 알고 있었다. 또한 그는 청교도들이 실험적 신학, 경험적 믿음, 진정한 종교라고 부르는, 그리고 우리가 참된 기독교라고 부르는 그 무언가를 찾기를 바랐다. 훗날 에드워즈는 그의 설교에서 다음과 같이 말했다.

하나님께서 거룩하시며 은혜롭다고 말하는 것과 그 거룩함과 은혜에는 사랑스러움과 아름다움이 존재한다고 말하는 것 사이에는 차이가 있습니다. 이것은 꿀이 달다고 이성적으로 판단하는 것과 그 단맛을 느끼는 각각 사이에 차이가 있는 것과 마찬가지 이치라고 하겠습니다. 꿀이 달다는 것을 지식적으로 알고 있지만 직접 맛본 적은 없는 사람이 있을 수 있는데, 이는 꿀이 달다는 것을 알고 있어야만 그 맛을 느낄 때 달다고 표현할 수 있는 것과 마찬가지입니다. 또한 어떤 사람에 대해 그 사람이 아름답다고 듣는 것과 그 아름다움을 느끼는 것 사이에도 차이가 있습니다. 전자는 다른 이들의 말을 통해 알게 될 수 있는 것이지만 후자는 그 모습을 직접 봐야만 얻어질 수 있는 것입니다. 다시 말해, 추상적 사고와 이성적 판단을 통해 어떤 사물의 탁월함을 이해하는 것과 그 사물의 아름다움과 달콤함을 직접 느끼는 것 사이에는 매우 큰 차이가 있습니다. 전자는 오직 머리에만 그치는 것이요 후자는 마음까지도 관여하는 것입니다.[11]

에드워즈는 다윗왕이 그랬던 것처럼 "하나님의 선하심을 맛보아 알기"를 원했다(시 34:8). 그는 자신이 섬기던 하나님을 실재적으로 경험하기 원했던 것이다.

회심, 영적 성장과 첫 사역

1721년 봄, 에드워즈는 그가 오랫동안 원했던 것을 갖게 된다. 다음의 「신앙고백」에서 보게 될 내용처럼, 그해 5월 혹은 6월에 그의 인생을 영원히 바꿔 놓은 일이 일어나게 된다. 에드워즈는 그 일이 언제 일어났는지에 대해서 구체적으로 언급하고 있지 않다. 앞으로 4장에서 보겠지만, 그는 그 시기에 대해 말할 이유도 없으며 또한 그것이 가능하지도 않다고 여겼다. 그럼에도 불구하고 그는 이 경험이 그의 인생을 바꾸어 놓았음을 믿었다. 그에게 이 일은 영적이며 초자연적인 일이었다. 이 일은 그에게 하나님의 실재에 대한 새롭고도 영적인 감각을 부여했다. 이 일은 에드워즈가 디모데전서 1:17을 묵상하던 중에 일어난 일로, 조금 길지만 그의 생생한 증언을 잘 담아낸 그의 「신앙고백」 일부를 여기에 인용한다. "영원하신 왕 곧 썩지 아니하고 보이지 아니하고 홀로 하나이신 하나님께 존귀와 영광이 영원무궁하도록 있을지어다. 아멘."

이 말씀을 읽을 때 내 영혼에 문득 찾아온 것은 이전에는 결코 경험할 수 없었던 새로운 느낌, 거룩한 하나님의 영광스러움이었다. 지금까지 성경의 어떤 말씀도 이 말씀처럼 가슴 깊이 다가온 적은 없었다. 이 말씀을 묵상하며 나는 그분이 얼마나 위대한 존재이신지 생각했다. 또한 내가 천국에서 이 하나님을 누리며 그분께 사로잡히고 영원히 삼킴을 받는다면 얼마나 행복할까 생각했다. 이 말씀이 내게 계속해서 말씀하심에 따라 나 역시 계속해서 기쁨을 되뇌었고, 그분을 누리기 위해 기도의 자리로 나아갔다. 그리고 내가 하나님으로 인해 기뻐하는 사람이 되게 해달라고 기도했다. 내 기도 시간은 이전과 사뭇 달라졌다. 지금의 내 기도 속에는 새로운 열정이 있다. 하지만 이 경험은 결코 내 생각 속에, 곧 시간 속에서만 이루어진 것이 아니었다. 그 안에는 영적인 어떤 것, 구속하는 본질을 가진 어떤 것이 있었다.

이때를 즈음해서 나는 그리스도에 관해, 구속에 관해, 그리고 그분을 통한 영광스러운 구원에 관해 새로운 인식과 두려움들을 갖게 되었다. 때때로 이런 일들에 대한 내적이고 달콤한 느낌이 마음에서 일어났다. 또한 내 영혼 속에는 그것들에 관한 가슴 벅찬 즐거움으로 가득 차게 되었다. 내 마음은 그리스도에 관해 읽고 묵상하는 일에 완전히 빠져들었다. 그분의 탁월함과 아름다움, 사랑스러운 구원의 길, 값없이 주어지는 은혜…… 나는 내적 감격에 사로잡혀 종종 깊은 묵상에 빠져들곤 했다. 이 세상의 모든 염려에서 벗어나 고요하고 감미로운 영혼의 세계로 젖어드는 것이라고 말하는 것 외에는, 이 기쁨을 어떻게 표현할 수 있을지 모르겠다. 산이나 들에 홀로 나아가 비전과 상상의 세계 속에서 그리스도와 달콤한 대화를 속삭일 때는 하나님의 인자하심 속에 깊이 사로잡히는 기분이었다. 이렇게 그 아름다운 신성을 느낄 때, 내 마음은 감미롭게 불타올랐다. 표현할 수 없을 정도로 아름답게 타오르는 내 영혼의 열정이여![12]

마침내 에드워즈는 영혼의 세계를 "맛보게" 된다. 꿀처럼 달콤한 하나님의 은혜를 맛보게 된 것이다. 비록 에드워즈는 이후 그의 회심과 자신이 소유한 영성의 깊이에 대해 의심하기도 하지만, 이때가 자신의 영혼이 새롭게 거듭나는 시기였음은 항상 인정했다.[13]

1722년 8월, 에드워즈는 뉴욕 시에 있는 장로교회에서 그의 첫 사역을 시작한다. 이 교회는 현재의 윌리엄 가와 월 가 사이에 있었으며 세계무역센터가 있던 그라운드 제로Ground Zero에서 가깝다.[14] 한 교회의 분리로 인해 세워진 이 교회는 아주 작았다. 모교회인 제일 장로교회는 스코틀랜드와 영국의 분리주의자들에 의해 3년 전에 세워진 교회였다(18세기 초까지 뉴욕 주의 공식 종교는 성공회였다). 1722년, 담임목사였던 제임스 앤더슨James Anderson의 사역에 만족할 수 없었던 영국 출신 교인들이 모교회를 떠나기로 하고, 아직 십대였던 에드워즈를 청빙하게 된다. 하지만 분리한 지 1년이 채 못되어 앤더슨이 사임하자 이 작은 교회는 다시 모교회와 합하게 되는데, 여기에는 에드워즈의 사역이 긍정적으로 작용했다. 이 작은 교회의 회중들은 비록 짧고 평탄치 못한 시간을 보내야 했지만, 청빙한 에드워즈를 후대했으며 그가 사역자로 성장할 수 있는 기회를 제공해 주었다. 모든 면에서 그의 첫 사역은 축복이라고 말할 수밖에 없는 것이었다.

에드워즈가 뉴욕 시로 이주할 당시 도시의 인구는 약 7,100명 정도밖에 되지 않았고,[15] 대부분의 시민들은 맨해튼에 모여 살고 있었다. 당시 거주와 사업 용도로 맨해튼에 지어져 있던 건물은 2,000여 개에 불과했다.[16] 하지만 맨해튼에는 두 개의 성공회 교구와 두 개의 네덜란드 개혁교회 교구, 그리고 독일 루터교, 모라비안, 퀘이커 교회 등 거의 20여 개나 되는 교회들이 자리 잡고 있었다. 그렇지만 한 세기 뒤 뉴욕의 모습에 비하면 당시의 뉴욕은 초라하기 그지없었다. 사실 20세기 초까지만 해도 뉴욕은 '빅 애플Big Apple'(뉴욕의 속칭)이 아니었다. 물론 온갖 종류의 사람들이 대서양을 오가기 위해 이용했던 분주한 항구 도시였음은 분명하다.

에드워즈는 영국에서 얼마 전에 이민 와서 에드워즈의 교회에 출석하던 수재너 스미스 여사Mrs. Susanna Smith와 그녀의 아들 존 스미스John Smith와 함께 뉴욕에서 배에 올랐다. 여행 중 에드워즈는 이 모자와 함께 "풍부하고 감미로운 종교적 담론"을 즐길 수 있었으며 이후 나이가 비슷했던 존 스미스와 절친한 사이가 된다(스미스는 당시 스무 살이었고 에드워즈는 열아홉이었다). 이 둘은 종종 하나님에 관한 이야기를 나누기 위해 함께 산책하곤 했다. 에드워즈는 이를 두고 "우리의 대화는 하나님의 나라가 이 땅에 하루속히 임하기를 바라는 가운데 훗날 하나님께서 당신의 교회를 위해 이루실 영광스러운 일들에 관한 것들이었다"라고 회고한다. 에드워즈는 또한 자신보다 예일대학(뉴헤이븐에 위치한)을 1년 일찍 졸업한 존의 형 윌리엄도 잘 알고 있었다.[17]

에드워즈의 독회 기간은 그로 하여금 학문 연구와 영적 성장을 위한 시간을 가능하게 해주었다. 십대의 나이, 독신의 몸으로 작은 교회의 담임목사가 된 에드워즈는 기도와 영적 묵상을 위해 오랜 시간 숲 속을 산책하곤 했다. 허드슨 강 근처에 앉아 하나님을 묵상하는 것이 그의 즐거움이었다. 훗날 에드워즈는 애론 버에게 다음과 같이 말했다.

> 뉴욕에 머무는 동안 나는 하나님과 거룩을 향한 갈망이 마음속에서 더욱 커졌다. 또한 순수하고 겸손하고 거룩하며 천국을 향해 정진하게 하는 기독교의 진리가 더욱 친밀하게 다가왔다. 나는 모든 면에서 온전한 그리스도인이 되기 위한 열정으로 불타오르곤 했다. 그리스도의 복된 형상을 닮고 싶었다. 모든 면에서 순결하고 달콤하고 복된 복음의 규례를 따르는 삶을 살게 되기를 간절히 바랐다. 이런 일들에서 더욱 자라고자 하는 간절한 열망으로 나는 그것들을 더욱 절실하고 간절하게 추구했다.[18]

에드워즈의 영적 일기는 뉴욕에서 시작되었으며, 그의 유명한 '결심문Resolutions'의 반 이상을 뉴욕에서 쓰게 된다. 에드워즈의 '일기'는 그리스도인으로 다시 태어나 성장해 가는 자신의 경험을 담은 글로, 1722년 12월 18일부터 1735년 6월 11일까지 148개의 일기가 담겨 있다. 에드워즈는 자신이 성화 과정 속에서 겪었던 각고의 노력들을 자신의 일기 속에 비밀스럽게 기록해 놓았다. 여기에는 이른바 "수많은 영적 침체", "끔찍한 죄악들", "하나님께 의지하기 원하는 갈망", 그리고 심지어 "대화를 나누는 데 충분한 시간을 들이지 않은 잘못"의 모습들까지 담겨 있다. 사실 에드워즈의 일기는 그가 일기를 기록하는 과정 속에서 어떻게 성장해 왔는지를 잘 보여주고 있다. 그럼에도 불구하고 일기의 마지막 부분에는 자신의 만성적 죄성과 석사학위를 끝내 갈 때쯤 가졌던 영적 쇠퇴에 대해 다음과 같이 고백하고 있다. "지난 3년간 내 영적 생활은 이전에 갖고 있던 영적 민감함을 잃어버린 채, 끊임없는 침체로 이어져 왔다." 대부분의 다른 그리스도인들처럼 에드워즈도 신앙 생활의 허와 실, 높고 낮음을 골고루 경험해 왔던 것이다. 그러나 그가 다른 이들과 달랐던 것은 자신의 영적 침체에 대해 민감하게, 또한 직접적으로 반응했다는 것이다. 그는 이런 경험들을 영적 생활의 건강을 재는 척도로 사용했다.[19]

에드워즈의 '결심문'은 젊은 시절 그가 가졌던 진지함을 보여주는 근거로 제시되어 왔다. 에드워즈의 회심 이후부터 석사학위를 수여받을 때까지의 기간 동안 작성된 이 결심문은 그가 아직 십대였을 당시 하나님 앞에서 가졌던 70여 개의 결심들을 담고 있다. 후에 에드워즈는 이 기간 동안 그가 가졌던 "지나친 교만함"들을 깨닫게 되었고 이것들이 자신의 "영적 생활에 큰 해악"이었음을 고백하게 된다. 그리하여 자신에게 "그때 내가 알게 된 것과는 달리, 삶의 모든 면에서 치명적인 연약함과 무기력함으로 인해 나는 더 이상 교훈을 얻을 수 없게 되었고, 셀 수 없이 많은 비밀스런 부패와 교만들이 마음속에 자리하고 있었음"을 깨닫게 된다.[20]

그러나 '결심문'은 여전히 그 내용의 진실함과 간절함으로 인해 많은 이들에게 감동을 준다. 이 글은 에드워즈의 열정적 성품뿐만 아니라 성령 안에서 경험한 그의 새로운 삶에 대해서도 잘 보여주고 있다.

1. 때에 관계없이 나는 하나님의 영광을 위해 최선을 다하기로 결심한다. 내게 주어진 의무를 다하는 것은 물론이요 인류 전체의 유익을 위한 일들 모두에 힘을 다해 노력할 것이다. 이를 실행하면서 부딪히게 될 어떤 어려움도 나는 견뎌 낼 것이다.
3. 언제든 내가 이 결심들을 실행함에 실패하거나 둔감해질 때, 그것을 깨닫는 바로 그 순간 나는 회개할 것을 결심한다.
4. 내 영혼에 관한 것이든 육체에 관한 것이든, 하나님의 영광을 위하는 목표 외에 다른 어떤 것을 더하지도 덜하지도 않을 것을 결심한다.
5. 삶의 한순간도 낭비하지 않고 모든 시간을 가장 유익하게 살아 낼 것을 결심한다.
6. 삶이 끝날 때까지 내 힘을 다해 살아갈 것을 결심한다.

오랜 기간 그리스도인으로 살아온 이들에게 이 '결심문'이 얼마나 호소력을 가질지에 대해서는 의문이다. 그러나 예수 그리스도의 제자들, 특히 젊은 제자들의 마음을 울려서 도전하기에는 충분할 것으로 생각한다.

7. 행하기를 두려워해야 하는 일이라면, 내 인생의 마지막 순간일지라도 하지 않기로 결심한다.
8. 내가 가장 추한 죄를 범한 죄인인 것처럼, 그 죄를 반복해 지은 것처럼, 다른 이들과 같이 모든 연약함과 실패를 경험한 것처럼 여기며 말하고 행동하기로 결심한다. 이런 실패의 경험들이 주는 것

은 부끄러움뿐이요, 결국 내 죄와 그 비참함을 다시 고백해야 하는 일만 남아 있을 뿐이다.

9. 내가 죽는 순간과 때때로 겪게 되는 다른 이들의 죽음을 늘 깊이 생각하기로 결심한다.

11. 하나님과 영혼에 관해 해결해야 할 명제가 생길 때, 상황이 허락하는 한 미루지 않고 즉시 해결해 나가기로 결심한다.

12. 자만과 허영에 만족하고 즐거워하는 자신을 발견할 때, 즉시 이를 내던져 버리기로 결심한다.[21]

에드워즈가 가졌던 삶의 핵심적인 명제는 이제 분명해졌다. 회심의 시기로부터 뉴욕에서의 목회 기간에 이르기까지, 에드워즈는 자신의 마음을 살피며 하나님을 온전히 섬기는 데 헌신하게 된 것이다.

그는 또한 학자로서의 중요한 자질들을 키워 나갔다. 에드워즈의 전기를 가장 처음 저술한 그의 제자 새뮤얼 홉킨스Samuel Hopkins는 다음과 같이 말했다. "에드워즈는 항상 손에 펜을 쥐고 생각하는 사람이었다. 꽃마다 찾아다니며 바쁘게 움직이는 꿀벌처럼 지식의 창고를 가득 채워 가는 사람이었다. 그는 벌이 꿀을 즐기는 것처럼 지식의 샘을 즐겨 찾는 사람이었다."[22] 뉴욕에서 시작된 그의 적극적인 학문 연구를 고려할 때, 이 표현은 아주 적절하다고 하겠다. 이로 인해 에드워즈는 훗날 많은 저술작업들을 활발하게 해나갈 수 있도록 토대가 되어 준 견고한 학문의 기초를 쌓게 되었다.

컴퓨터가 발명되기 훨씬 전이었기에 에드워즈는 자신이 주의 깊게 작성한 참고문헌들과 메모들을 방대한 분량의 노트에 기록하며 자신의 책상 위에 정리해 나갔다.[23] 이러한 기록들 가운데 대표적인 것이 1,400개에 이르는 묵상들을 담은 신학적 「묵상글 모음 The Miscellanies」이다. 뉴욕에서 시작된 저술작업의 산물로, 그 길이는 다양하고 그 내용은 에드워즈가 매일매일 직면했던 문제들에 관한 것이었다. 물론 「여백 성경 The Blank Bible」, '성경 주해 Notes on Scripture', '독서 카탈로그 Catalogue', '마음 The Mind', '요한계시록 주해 Notes on the Apocalypse' 등 다양한 저술들 또한 존재한다. 그는 또한 기독교 교리, 자연 과학, 형이상학 및 미학에 관한 소책자들도 많이 저술했다. 이것들 가운데 몇몇은 이후 좀 더 자세하게 언급할 것이다. 이런 모든 저술들은 그가 서른 살이 되기 전에 시작된 것들이다. 에드워즈의 저술작업에 대해 언급하는 것은 평생의 신학적 사역을 준비하기 위해 일찍이 그가 가졌던 결단들을 강조하기 위함이다.

1723년 4월, 에드워즈는 배를 타고 뉴욕을 떠나게 된다. 그가 목회하던 작은 교회가 모교회인 제일 장로교회와 다시 합쳐지게 됨에 따라 에드워즈는 고향인 코네티컷으로 돌아가게 된 것이다. 하지만 그는 아직 석사학위 과정의 마지막 관문인 '졸업 토론 master's quaestio'을 마치지 못한 상태였다. 그럼에도 불구하고 물길을 따라 이스트윈저의 고향집으로 돌아간 그는 다음과 같이 고백한다. "내게 많은 기쁨과 행복을 주었던 교회와 도시를 떠나는 내 마음은 깊은 심연 속으로 가라앉는 것과 같았다.…… 배에 올라서 그곳을 떠나면서 그 모습이 완전히 사라질 때까지 그 도시를 바라보았다. 그 모습이 내게 계속적으로 끼칠 영향을 생각하니, 그것이 사라지고

난 뒤에도 나는 달콤 씁쓰레함에 오랫동안 사로잡혀 있었다."²⁴ 친구들로부터 떠나가는 것이 힘든 것은 분명했지만, 삶이란 곧 앞으로 나아가는 여정임을 에드워즈는 알고 있었다. 사실 그가 뉴욕으로 떠나 있는 기간 동안 예일대학에서는 많은 변화들이 있었다. 커틀러 학장은 회중교회를 떠난 것과 뉴잉글런드에서 훗날 "엄청난 배교 행위"라 불리게 된 일들에 대한 책임을 지고 학장직에서 물러나야 했다.

9월에 있었던 졸업식에서 커틀러는 그의 설교를 영국 국교회의 기도문으로 마무리지었고 이에 대해 회중들로 하여금 "아멘"이라 화답하게 함으로써 참석한 모든 이들을 깜짝 놀라게 했다. 오늘날 이런 일은 전혀 문제가 되지 않을 수 있는데, 사실 많은 기독교 지도자들이 이렇게 하고 있다. 더군다나 이 기도문은 성경에 기초한 것이었다.²⁵ 그러나 1722년 당시 각 교단들 간의 분쟁을 고려한다면 이는 심각한 일이 아닐 수 없었다. 물론 청교도운동이 영국 국교회의 개혁을 위한 운동에서 발전했고 뉴잉글랜드의 초기 청교도들은 영국 국교회에 속해 있었지만, 영국의 내전 종식 이후 청교도주의는 영국 내에서 금지되었다. 이에 따라 뉴잉글랜드의 회중교회 지도자들은 새로운 정체성을 필요로 하게 되었는데, 이는 영국 성공회가 점진적으로 취해가던 로마 가톨릭과 알기니안주의적 경향에 대한 반대에서 그 모습을 확인할 수 있다. 즉 영국 국교회의 신학적 경향에 대한 반대를 통해 청교도들은 그들의 신학적 정체성을 확립해 나갈 수 있었던 것이다. 따라서 뉴잉글랜드의 청교도들은 식민지 내에서 영국 국교회의 확산을 반대하는 입장이었고 국교회의 교리와 의식은 비판의 대상이 될 수밖에 없었다. 따라서 예일대학의 학장이자 선임교수이며 새뮤얼 존슨의 지도교수였던 대니얼 브라운과 지역 교역자(제러드 엘리엇, 존 하트, 제임스 웨트모어, 새뮤얼 휘틀시)들은 모두 영국 국교회를 떠났을 뿐만 아니라 이를 공식적으로 발표했고, 예일의 더머 컬렉션에도 이를 포함시킬 만큼 뉴잉글랜드 교회에 큰 반향을 불러일으켰다.

예일대학의 학장들은 대개 '졸업 토론'의 문제 출제를 책임지고 있었다. 그러나 1723년 당시 예일대학의 학장 자리는 아직 공석이었고 따라서 에드워즈에게 졸업 토론의 문제를 누가 출제했는지는 알 수가 없다. 그러나 다행히 에드워즈에게 주어진 문제와 그가 어떻게 대답했는지에 대한 기록은 상세히 남아 있다. 학자들은 아마도 커틀러와 그 동료들이 끼친 영향에 대한 문제를 에드워즈 스스로 제시했으리라고 본다. 예일대학의 졸업식은 지역 내 목회자들이 모이는 기회였다. 졸업생들은 토론을 통해 자신들의 라틴어 실력을 과시했으며, 이 언어에 대한 지식이 있는 사람들만이 토론의 묘미를 즐길 수 있었다. 에드워즈는 이를 잘 알고 있었고, 이를 통해 영국 국교회에 대한 공개적 비판의 기회가 주어질 수 있다는 것도 잘 인지하고 있었다. 따라서 그의 논제가 강력한 칼뱅주의적 뉘앙스를 풍기게 된 것은 결코 우연이 아니다. "죄인이 하나님 앞에서 의롭다 하심을 인정받게 되는 것은 예수 그리스도에 대한 믿음을 통해 얻게 되는 칭의 외에는 없다."[26]

사실 에드워즈의 졸업 토론은 그의 신학적 천재성을 제대로 보여주는 경우는 아니었다. 토론의 내용에는 지나치게 학문적이고 지

루한 내용들이 많았다. 하지만 오직 믿음에 의한 칭의라는 그의 칼뱅주의적 변론은 그가 개혁주의 신학자임을 보여주는 기회가 되었다. 그는 "오늘날 우리가 염두에 두고 있는 과제는 신학적으로 매우 중요하다.…… 그것은 신교도들에게 개혁주의적 전통을 가르치는 것이며 그리스도인들에게 기독교를 가르치는 일이다"라고 선언했다. 그는 또한 "죄인이 하나님 앞에 의롭다 칭함받는 것은 전적이든 부분적이든 인간의 공로로 되는 것이 아니요, 오직 그리스도께서 하신 일을 믿음으로 받아들이기만 하면 되는 것"임을 변론했다. 더불어 그는 "그리스도는 영생의 부분적 성취자가 아니요 완전한 구주이심"과 "죄인은 결코 그 자신의 구속자나 중재자가 될 수 없음"을 단언했다. 요약하면, 에드워즈는 "개혁주의 신앙의 순수성"을 지키기 위해 용감히 싸웠으며, 예수 그리스도의 대속함 없이 "회개와 개혁을 통해 죄인 스스로 의롭게 될 수 있다"라고 주장하는 이들의 주장을 확고히 반박했다. 개혁주의 교리의 진리를 수호해 나가는 데 있어 어떠한 두려움도 없이 용감하게 반응했던 그의 태도는 예일 대학에서의 생활이 그의 신앙을 약화시키지 않았다는 것을 잘 보여준다.[27]

졸업 토론 직후 에드워즈는 아버지의 도움으로 하트퍼드에서 동쪽으로 24킬로미터 떨어진 볼튼에서 목회를 시작할 수 있었다. 에드워즈의 고향집에서 가깝고 좋은 목회지였던 볼튼의 교회는 개척된 지 얼마 되지 않은 회중교회였다. 볼튼 역시 시로 승격된 지 3년밖에 되지 않은 시점이었다. 이제 막 스무 살이 되어 가던 에드워즈는 이 교회의 첫 목사로 사역하게 되었다. 에드워즈는 이 교회에서 수개월 간 사역했으며 1723년 11월 11일에는 장기 사역자로 청빙받게 된다. 그러나 알 수 없는 이유로 이 교회는 에드워즈에게 목사 안수를 주지 않았다. 아마도 담임목사를 모시기에는 이 교회의 재정이 충분하지 않았던 것으로 보인다. 당시 이 교회는 예배당을 짓기는 했지만 사택은 짓지 못한 상태였다. 그래서 에드워즈는 다음 해 5월 예일대학으로부터 개인교수로 초빙받았을 때 이 교회를 떠나게 된다. 이후 그는 자신의 동급생이었던 토머스 화이트 Thomas White가 이 교회의 안수목사로 일할 수 있도록 주선했다. 토머스 화이트는 교회의 설립 기념일이 가깝던 1725년 10월 25에 목사 안수를 받았다.

예일대학에서의 교수 생활

에드워즈가 뉴헤이븐으로 돌아왔을 때 예일대학에는 약 40여 명의 학생이 등록되어 있었다. 에드워즈보다 몇 살 어린 로버트 트리트 Robert Treat가 에드워즈와 함께 개인교수로 임명되었으며, 학장 자리는 아직 공석으로 그 누구에게든 가능성이 열려 있는 상태였다. 커틀러 학장의 역할을 대신할 사람이 없던 이 시기에 예일대학의 이사들은 에드워즈가 수업과 공백 상태에 빠진 행정을 정상화시켜 주기를 기대했다.
　언제나 양심적인 그리스도인이었던 에드워즈는 이러한 기대에 부응하기 위해 최선을 다해 일했다. 사람들을 만나는 것조차 멀리하면서까지 일에 매달렸고, 1725년 9월에는 급기야 병에 걸리기에 이른다. 사실 18세기 뉴잉글랜드의 학자들은 수없이 많은 병들에 시달려야 했다. 하루 종일 앉아 있는 경우가 예사였던 이들은 종종 늦은 밤까지 촛불을 켜고 연구에 매달리곤 했다. 근대 의학이 발달하기 전이었기에 과도한 양의 염분을 포함한 육류를 많이 섭취했던 이들의 건강이 어떠했을지는 가늠하기 어렵지 않다. 시력은 심하게 손상되기 일쑤였고 편두통과 고열, 오한 등은 이들이 흔히 겪는 고통이었다. 에드워즈는 평생 동안 이런 질병들에 시달려야 했다. 앞으로 언급하겠지만 에드워즈는 지나친 스트레스로 인해 자주 몸져눕곤 했다. 훗날 뉴저지대학(현재의 프린스턴대학)으로부터 학장직을 제안받았을 때 그는 이렇게 말했다. "저는 여러모로 건강이 좋지 못합니다. 체액이 부족해 맑지 못하고 그래서 늘 의욕이 저하되어 있습니다. 때로는 몸이 아이처럼 아프기도 하고 말과 행동이 우스울 정도로 부적절해질 때도 있습니다."[28] 그의 건강 상태를 묘사하는 데 사용한 이런 중세시대의 표현 방식은 특이하다. 하지만 자신의 건강 상태에 대해 에드워즈가 과장하는 것은 전혀 아니었다. 예일대학에 돌아온 지 얼마 되지 않아 에드워즈는 결국 몸져눕게 되었다. 이후 남아 있는 생애의 모든 날 동안 에드워즈는 지속적으로 질병과 싸워야 했다.[29]

"1725년 9월, 뉴헤이븐에서 나는 병석에 눕게 되었다. 그간 많이 아팠기 때문에 원저로 돌아가고자 했지만 더 이상 한 발자국도 움직일 수가 없어 느스빌리지에서 발이 묶였다. 거기서 약 3개월을 병석에 누워 있었다."[30] 병약해진 그는 원저에 있던 그의 어머니 곁으로 돌아가고자 했다. 그러나 예일대학에서 북쪽으로 몇 마일 떨어져 있는 노스헤이븐에서 더 이상 여행을 지속할 수 없음을 깨닫게 된다. 그 마을에 거주하던 친구 아이작 스타일즈Isaac Stiles의 집에서 갑작스레 쓰러지게 된 것이다.[31] 에드워즈의 어머니는 이 소식을 듣고 급히 그를 찾아왔다. 고통이 겨우 가라앉고서야 에드워즈는 고향집에 도착할 수 있었으나, 잠시 요양을 취한 뒤 다시 겨울학기를 위해 예일대학으로 돌아가게 된다. 그러나 이듬해인 1726년 봄에 다시 몸져눕게 되어 집으로 돌아갔다가 오랜 기간의 휴식을 취한 후 그해 여름이 되어서야 학교로 돌아올 수 있었다.

이 기간 동안 에드워즈는 다시 목회에 대한 열정을 불태우며 글래스턴베리(하트퍼드 근처의 마을)에서 설교하게 된다. 그는 또한 그해 졸업식 즈음까지 예일대학의 개인교수로서 계속 학생들을 가르쳤다. 그해 말에 사촌 일라이셔 윌리엄스가 예일대학의 새로운 학장으로 임명되면서 에드워즈는 자신의 미래에 대해 선택권을 갖게 되었다. 8월 29일에는 외조부 솔로몬 스토다드 목사가 사역하던 노샘프턴의 교회로부터 연로한 그의 외할아버지를 도와 사역해 달라는 청빙을 받고 이주를 준비하게 된다. 교수로서의 그의 생활은 육체적으로나 영적으로 큰 시험의 기간이었다. 그의 '일기'에는 이제 막 교수 생활을 시작한 그의 느낌들이 잘 기록되어 있다. "이번 주는 절망과 두려움, 좌절과 수많은 염려, 마음을 흐트러지게 만드는 갖가지 생각들로 가득 차 있던 시간이었다. 교수로 부름받아 여기 뉴헤이븐에 와 있지만, 아직 나는 세상의 온갖 염려와 근심으로 가득 차 있다."[32] 이런 에드워즈에게 예일대학에서의 2년은 결코 쉽지 않은 시간이었음이 분명하다.

에드워즈가 노샘프턴의 목회지로 갈 무렵 그의 외할아버지 스토다드의 나이는 여든셋이었다. 스토다드 목사는 노샘프턴에서 반세기 동안 사역했다. 그러나 1725년, 마을 주민들은 마침내 그를 도울 부목사를 청빙하기로 결정한다. 그리하여 명문가 출신으로 하버드대학을 졸업한 이즈리얼 촌시Israel Chauncy를 첫 부교역자로 청빙했으나 심각한 우울증으로 바로 사직하게 된다.[33] 이후 노샘프턴의 사람들은 스토다드의 손자가 부목사로 부임하기를 손꼽아 기다리고 있었다. 그해 봄 에드워즈가 이 교회에서 설교한 적이 있기 때문에 그의 명성은 마을 주민들 사이에 이미 자자했다. 그가 오랜 기간 아프지 않았다면 이 교회에 훨씬 일찍 부임했을 것이었다. 에드워즈는 뉴잉글랜드의 목회자 사회에서 가장 유망한 차세대 목사로 주목받고 있었다. 노샘프턴의 주민들은 그가 집안의 명성을 이어나가 주기를 기대했다.

에드워즈는 1726년 도보로 이 마을에 도착했다. 그해 11월 에드워즈는 공식적으로 목회자로 임명되었으며, 이듬해인 1727년 2월 15일부터 시작해 이후 23년을 노샘프턴에서 사역하게 된다. 물론 에드워즈는 사역을 위한 만반의 준비를 갖추고 있었다. 스토다드를 도와 목회를 시작하던 해 그의 나이는 스물세 살밖에 되지 않았지만, 이미 다른 두 교회에서 사역하며 6년간의 설교 경험을 가진 당시 미국 최고의 젊은 신학자였다. 그는 열심히 일했고 그의 모든 힘을 다해 주님을 사랑했다. 머지않아 에드워즈는 어떻게 교회를 사랑해야 하는지도 배우게 된다.

2장 | 말씀을 전파하라

하나님 앞과 살아 있는 자와 죽은 자를 심판하실 그리스도 예수 앞에서 그가 나타나실 것과 그의 나라를 두고 엄히 명하노니 너는 말씀을 전파하라. 때를 얻든지 못 얻든지 항상 힘쓰라. 범사에 오래 참음과 가르침으로 경책하며 경계하며 권하라. 때가 이르리니 사람이 바른 교훈을 받지 아니하며 귀가 가려워서 자기의 사욕을 따를 스승을 많이 두고 또 그 귀를 진리에서 돌이켜 허탄한 이야기를 따르리라. 그러나 너는 모든 일에 신중하여 고난을 받으며 전도자의 일을 하며 네 직무를 다하라. (디모데후서 4:1-5)

에드워즈가 노샘프턴에 정착할 당시 그가 외조부 내외인 솔로몬, 에스더 스토다드와 한 집에서 거주했음은 거의 확실하다. 젊은 에드워즈는 당시 미혼이었으며 지역 교구민들과 친밀한 관계를 아직 형성하지 못한 상태였다. 그에게 충분한 재정적 여유가 없었다는 것 또한 분명하다. 언덕 위에 위치한 스토다드의 집은 노샘프턴 주민들의 사회 생활의 중심지였던 교회와 매우 가까운 거리에 있었다. 마을의 농장들은 지형 및 문화의 중심인 교회를 축으로 코네티컷 강을 향해 완만히 뻗어 있었다. 그러나 집들은 다닥다닥 붙어 있었는데, 이는 교회와 가까이 있는 것이 영적으로나 상업적으로 중요할 뿐만 아니라 적으로부터의 침입에 대비하기 위해서도 물리적 근접성이 중요했기 때문이다. 에드워즈가 정착한 지 10년 후에 정확히 묘사했던 것처럼 노샘프턴은 "이 나라에 존재하는 그 정도 규모의 수많은 마을 가운데 그 어떤 마을보다도 서로 밀집해 있었는데, 이는 한때의 영적 부패뿐만 아니라 이후 연이어 일어난 대각성 운동이 신속하게 마을로 퍼져 나갈 수 있었던 중요한 물리적 이유가 되었다."[1]

1726년 노샘프턴의 인구는 1,100명이 채 되지 않았다. 1730년대 중반 이 도시의 인구는 1,300명까지 증가했으며 그중 620명이 성찬식에 참여할 수 있었다. 영적 대각성운동이 일어나던 1740년대 초반에는 거의 700명에 이르는 사람들이 에드워즈와 함께 정기적으로 예배를 드렸다. 조지 윗필드George Whitefield의 설교를 듣기 위해 모여든 사람들의 숫자는 1,000명이 넘었다. 주일예배에 참석하는 것은 모든 이들에게 의무적이었지만, 서론에서 밝힌 것처럼 갓난아기를 돌보는 엄마들이나 임무를 수행 중인 군인들, 병자와 장애인들에게는 예외였다. 이 도시의 인구 증가는 당시 정황을 고려할 때 이례적인 일이었다. 에드워즈가 목회하던 교회의 크기는 오늘날의 기준에 비하면 작은 편이지만, 하나님께서 이렇게 이례적인 일들을 행하셨다는 것은 놀라운 일이 아닐 수 없다.[2]

에드워즈, 연로한 외조부를 돕다

에드워즈는 학자들이 입는 가운과 파우더를 뿌린 가발을 쓰고 일주일에 두 번씩 노샘프턴 교회의 강단에 올랐다. 에드워즈의 외조부인 스토다드 목사는 비록 나이는 많았지만 몸과 마음이 모두 건강한 상태였다. 손자가 목회를 안정적으로 이어받아 사역한 지 상당한 시간이 흐른 뒤에도 스토다드 목사는 자신의 자리를 잘 지켜 냈다.³ 노샘프턴의 주민들은 일주일에 세 번 전체 예배를 드렸는데, 주일 예배는 두 번이었고, 주중 한 날 오후에는 이른바 "강의"라고 불리던 예배를 드렸다(이 예배는 주로 수요일에 드려졌다). 1726년 후반부터 스토다드 목사의 건강이 악화된 1728년 후반까지 에드워즈는 일주일에 한 번 주일 설교를 담당하고 주중 "강의"를 이끌었으며, 그가 스물다섯 살이 되던 해에는 이미 바쁘던 그의 일정에 매주 한 차례의 설교가 추가되었다.

당시 주일 예배는 대개 성경 구절을 사용한 예배에의 부름으로 시작해 합심기도로 이어졌으며, 다시 대표자가 본문 말씀을 읽는 순서로 진행되었다. 뉴잉글랜드의 청교도들은 회중에게 봉독되는 말씀의 중요성을 상기하는 의미에서 느헤미야 8장을 본보기로 삼아 낭독했다. 유대인들이 예루살렘의 바깥 성벽을 준공한 뒤 봉독되는 말씀을 들으려 서서 수시간을 보냈던 것처럼, 뉴잉글랜드인들은 예배를 드릴 때마다 여러 장에 이르는 성경 말씀을 서서 들으며 이를 또한 노래로 불렀다. 그럼 여기서 느헤미야 8장에 묘사된 성경 봉독과 이를 듣는 이스라엘 백성들의 태도를 살펴보자.

이스라엘 자손이 자기들의 성읍에 거주하였더니 일곱째 달에 이르러 모든 백성이 일제히 수문 앞 광장에 모여 학사 에스라에게 여호와께서 이스라엘에게 명령하신 모세의 율법책을 가져오기를 청하매 일곱째 달 초하루에 제사장 에스라가 율법책을 가지고 회중 앞 곧 남자나 여자나 알아들을 만한 모든 사람 앞에 이르러 수문 앞 광장에서 새벽부터 정오까지 남자나 여자나 알아들을 만한 모든 사람 앞에서 읽으매 뭇 백성이 그 율법책에 귀를 기울였는데 그 때에 학사 에스라가 특별히 지은 나무 강단에 서고…… 에스라가 모든 백성 위에 서서 그들 목전에 책을 펴니 책을 펼 때에 모든 백성이 일어서니라. 에스라가 위대하신 하나님 여호와를 송축하매 모든 백성이 손을 들고 아멘 아멘 하고 응답하고 몸을 굽혀 얼굴을 땅에 대고 여호와께 경배하니라.…… 하나님의 율법책을 낭독하고 그 뜻을 해석하여 백성에게 그 낭독하는 것을 다 깨닫게 하니 백성이 율법의 말씀을 듣고 다 우는지라. 총독 느헤미야와 제사장 겸 학사 에스라와 백성을 가르치는 레위 사람들이 모든 백성에게 이르기를 오늘은 너희 하나님 여호와의 성일이니 슬퍼하지 말며 울지 말라 하고(느 8:1-9).

구약성경을 적어도 한 장 이상 읽은 뒤 목회자가 그 뜻을 해석하고 이어서 신약성경의 가르침이 뒤따랐는데, 매주 이런 식으로 순서가 반복되었다. 성도들의 시편 찬양은 목회기도와 중보기도로 이어졌다. 다음 순서는 한 시간에서 두 시간에 이르는 긴 주해설교였고[4] 설교가 끝난 뒤에는 종종 30분 정도 계속된 또 한번의 대중기도와 시편 찬양, 축도로 이어졌다. 뉴잉글랜드에서 예배의 중심은 역시 말씀이었던 것이다![5]

에드워즈는 스토다드와 일하는 기간 동안 이를 잘 지켜 나갔다. 노샘프턴 교회의 부목사로 일하던 첫해 겨울에는 이런 예배의 흐름이 그의 남은 생애 동안 이어져야 한다고 확신하게 된다. 마침내 2월

15일에 스물세 살의 에드워즈는 스토다드와 지역 내 다른 목회자들에 의해 진행된 예배에서 목사 안수를 받게 된다. 인근 햇필드에서 목회하고 있던 그의 이모부 윌리엄 윌리엄스William Williams(스토다드의 사위이자 에드워즈의 사촌 일라이셔 윌리엇스의 아버지)가 목사 안수예배의 설교를 맡았다. 이 설교문은 손실되었지만 본문 말씀이 고린도후서 4:7의 말씀("우리가 이 보배를 질그릇에 가졌으니 이는 심히 큰 능력은 하나님께 있고 우리에게 있지 아니함을 알게 하려 함이라")이었다고 전해진다. 윌리엄은 능력 있는 대중 설교자로 널리 알려져 있었다.

 에드워즈 역시 자신의 안수예배 때 설교했는데, 이 설교문은 현재 일부만 전해지고 있다. 에드워즈는 그가 뉴욕에서 설교했던, 하나님을 간절히 찾는 삶에 대한 주제를 짧게 줄여서 설교했는데, 이 설교문은 그의 사역에 관한 중요한 단서를 제공해 준다. 그는 담대히 말씀을 전했다. "우리 앞에 놓여진 하나님의 임재와 그 선하심, 그 축복을 맛볼 수 있도록 우리 자신을 정결하게 해야 합니다. 하나님의 방법과 원칙에 따른 말씀의 역사가 성공할 수 있는지의 여부는 그분의 축복 여하에 달려 있습니다." 에드워즈는 훗날 이 주제에 관해 그의 기교와 열정을 더욱 발전시켰을 뿐만 아니라 이 설교문의 기준이 되는 문구로 표현하게 된다.

 그러므로 이제 우리 모두가 진정으로 하나님을 찾아야 합니다. 그리하면 하나님께서 그 얼굴을 드사 빛을 비추시며 우리는 그의 인정과 호의를 얻게 될 것이요, 하나님께서는 우리 가운데 거하시게 될 것입니다. 그 옛날 주님께서 그리하셨던 것처럼, 여기 하나님의 집 성전 가운데 거하시는 그분을 보게 하실 것입니다. 복음은 많은 영혼들을 주님께로 돌아오게 할 것이며 그들을 거룩하게 할 것입니다. 그러므로 우리의 부주의함이나 게으름으로 하나님의 영을 우리 가운데서 소멸하는 일이 없도록 합시다. 하나님께서 우리 가운데 임재하시도록, 우리를 향하신 그분의 축복의 명령이 임할 때까지 그분의 얼굴을 구해야 합니다.[6]

에드워즈는 안수예배 후에도 그가 이전에 하던 일들을 계속해 나갔다. 그는 햄프셔카운티 회중교회 목회자 협의회에 가입해 친구들도 사귀고, 지역 내 다른 목회자들과 책을 교환해 읽기도 했으며, 목회에 관한 대화들을 즐길 수 있는 기회도 갖게 된다.[7] 그는 새로운 설교문들을 작성하고 성장해 나가는 그의 교구 성도들과도 교제하면서, 그의 앞에 놓여진 엄청난 사명을 감당하기 위해 열정적으로 기도했다. 그럼으로써 그는 목회라는 가파른 언덕길에 성장의 텃밭을 일구어 나갔다. 물론 에드워즈가 목회와 학문 외의 다른 것들에 대해 전혀 문외한이었다는 식의 오해가 있어서는 안될 것이다. 이를 증명이나 하듯 에드워즈는 1727년 봄, 예일대학에서 만난 한 여인과 사랑에 빠지게 된다.

사랑, 결혼, 그리고 가정

사라 피어폰트Sarah Pierpont는 목회자의 딸로 에드워즈보다 일곱 살 연하였다. 에드워즈가 그녀를 처음 보았을 때는 로맨틱한 감정을 느끼기에 아직 너무 어린 나이였을 것이다. 1714년 젊은 나이로 세상을 떠난 사라의 아버지 제임스James Pierpont는 뉴헤이븐에 있는 제일 회중교회를 30여 년간 섬긴 목회자였으며, 예일대학의 창립자이기도 했다. 에드워즈가 사라에게 언제 처음 말을 걸었는지 알 수는 없지만 그가 그녀를 매우 깊이 사랑하게 되었음은 분명하다. 아마도 이 일은 에드워즈가 개인교수로 일하고 있던 당시 시작된 것으로 짐작된다. 에드워즈가 그녀를 향한 마음으로 작성한 기나긴 헌시는 후대에 잘 알려져 있다.

온 세상을 창조하시고 통치하시는 하나님께서 지극히 사랑하시는 한 여인이 여기 뉴헤이븐에 있다고 합니다. 이 놀라운 창조주께서는 그녀의 마음을 달콤한 기쁨으로 가득 채우셨고 그녀는 그분을 생각하는 일 외에 다른 어떤 일에도 관심하지 않습니다. 그녀의 관심사는 온통 하나님이 계신 그곳으로 돌아가는 일입니다. 그곳에서 그녀는 하나님과 함께하며 그분의 사랑과 기쁨으로 가득 찬 삶을 영영토록 누리게 될 것입니다. 그러므로 그녀에게 세상의 전부를 준다고 해도, 그 부유와 보화 전부를 안겨 준다고 해도 그녀는 마음을 돌리지 않을 것이며, 어떠한 고통과 아픔에도 그녀의 마음은 한결같을 것입니다. 그녀의 마음은 놀라울 만큼 달콤한 생각으로 가득 차 있으며, 그녀의 사랑은 한결같이 순수할 따름입니다. 그녀의 생각과 행동은 정의롭고 사려 깊으며, 아무도 그녀가 죄를 짓도록 설득할 수 없을 정도로 그녀의 마음은 올곧습니다. 세상을 다 준다 해도 오

로지 하나님만을 향한 그녀의 마음을 돌이킬 수는 없습니다. 하나님
께서 그녀에게 당신을 나타내신 이후, 그녀에게 그분은 놀라운 감미
로움이자 고요함이며, 선함의 극치입니다. 때때로 아름답게 노래하
며 이리저리 거니는 그녀를 보는 누구도 그 기쁨의 근원이 무엇인지
는 알 수 없습니다. 홀로 들판과 산을 거니는 그녀 곁에는 보이지 않
는 누군가가 늘 함께 있는 듯합니다.[8]

목회자의 자녀였던 이 두 사람은 같은 영혼을 소유한 사람들이었
다. 조나단은 사라의 아름다움을 사랑했지만 그녀의 영혼에 가득
찬 하나님에 대한 사랑이 아름다움의 이유라고 말하곤 했다. 이 둘
이 서로 첫눈에 반한 사이였다고 말하는 것은 오늘날의 독자들에게
뭔가 오해를 불러일으킬지 모르겠다. 그러나 이 두 사람은 서로에
게서 드러나는 하나님의 형상과 영광을 발견하고 사랑에 빠지게 되
었다고 고백한다.

에드워즈와 사라는 1727년 7월 28일 금요일에 뉴헤이븐에서 결
혼식을 올렸다. 사랑하는 가족들에게 이별을 고한 사라는 에드워즈
를 따라 노샘프턴의 새 교구로 이주해 훗날 킹스트리트로 불리게 되
는 거리에서 살게 된다. 조나단이 정착한 이후 수입은 1년에 100파
운드였고 해마다 물가에 따라 상향조정되었으며, 6만여 평의 경작
지와 300파운드어치의 정부공여농지*를 받았다. 1728년 3월 에드
워즈는 교구에 추가로 80파운드의 사례비를 더 지급해 줄 것을 요청

---

*homestead, 개척지 정착을 장려하기 위해 식민지 정부가 개척민에게 지급하던 땅으로
땅 주인의 거주권을 보호하기 위해 압류나 부채상환을 위한 매도가 금지된 땅—옮긴이.

했다. 1729년 여름에는 노샘프턴의 주민들이 그들에게 큰 헛간을 지어 주었다. 또한 스토다드 목사가 세상을 떠난 이후에는 이전보다 두 배의 사례비를 받게 된다. 이후 에드워즈의 가족은 경제적으로 여유롭게 살아갈 수 있었다.[9]

남아 있는 모든 자료들로 미루어 보건대, 에드워즈의 가정은 사랑과 활기로 가득 차 있었다. 많은 이들이 에드워즈가 하루 열세 시간씩 서재에서 보냈다는 새뮤얼 홉킨스의 말에 지나치게 연연해하는데, 사실 이는 에드워즈의 일상 생활에 대한 옳지 않은 묘사라고 할 수 있다.[10] 많은 이들이 홉킨스의 말만 듣고 에드워즈가 가족에 대해 둔감한 은둔형 지식인이었다고 생각하지만, 에드워즈의 가정을 잘 알고 있었던 사람들에게 이 말은 잘못 전해진 사실이다. 조지 윗필드는 에드워즈와 사라에 대해 "내가 만나 본 사람들 가운데 가장 금슬이 좋은 부부"였다고 묘사한다.[11] 에드워즈의 결혼 생활은 그의 많은 동시대인들(이를테면 윗필드나 웨슬리)의 그것보다 훨씬 강한 결속력을 드러내 보여주었다.[12] 또한 정서적으로 다른 가정들보다 훨씬 더 따뜻한 가정이었음도 분명하다.

에드워즈 부부는 가족과 친구들을 늘 그들의 서재에서 만나곤 했다. 물론 그는 혼자 앉아 연구하기를 좋아하는 지식인이었지 사람들을 자주 방문하는 사람은 아니었다.[13] 그러나 그는 매주 분주한 일정 중에도 교구 내 친척들과 친구와 수많은 방문객들을 만나고 그들과 대화하는 데 많은 시간을 투자했다. 또한 에드워즈와 그의 아내는 유명인사와 친척들, 그리고 새뮤얼 홉킨스와 같이 열정적인 목회 견습생 등 많은 손님들을 접대했는데, 그들 가운데 어떤 이들은 수개월을 함께 지내기도 했다. 물론 이런 모든 일들은 그의 순수한 호의에서 비롯된 것이었다. 목회자이자 신학자인 레오나드 스위트Leonard Sweet는 에드워즈의 집을 다음과 같이 묘사했다. "끊임없이 저택을 찾아오는 손님들은 에드워즈의 집이 개인 사제가 아닌 영적 수양관인 듯한 느낌을 갖게 했다."[14]

그럼에도 불구하고 에드워즈는 아내와의 사랑을 키워 나가는 개인적인 시간들을 놓치지 않았다. 이 부부에게 열한 명의 자녀가 있었다는 사실이 이를 증명해 준다.[15] 게다가 에드워즈는 그의 아내 사라에게 사려 깊고 사랑 많은 남편이었다. 에드워즈의 죽음에 대해서는 뒤에서 다루겠지만, 먼 곳에서 죽음을 맞이하며 딸 루시의 입을 통해 아내 사라에게 그가 남긴 말은 여기에 인용할 필요가 있다. 이것은 새뮤얼 홉킨스가 남긴 기록이다. "어머니 사라에게 내 지극한 사랑을 전해 주렴. 오래도록 지속된 우리의 특별한 만남과 사랑은 영원히 지속될 영적인 것이라고 말이야."[16] 에드워즈 부부의 결혼 생활은 분명 "특별한" 것이었으며, 그의 마지막 말이 증언하듯 이 부부의 친밀성과 애정은 하나님의 은혜와 자비, 사랑에 기초한 특별한 것이었다.[17]

에드워즈의 삶의 태도에 대한 홉킨스의 기록은 에드워즈와 그 가족들이 살아갔을 삶에 대해 우리가 마음속에 그리는 그림의 빈자리들을 채워 줄 것이다. "에드워즈는 일반적으로 새벽 네 시에서 다섯 시 사이에 일어나 하루를 시작했다. 그는 계절에 맞춰 가족들이 모두 아침 일찍 일어나도록 했으며, 하루를 시작하기 전에 함께 기도하는 시간을 가졌다. 겨울에는 촛불을 밝혀 놓고 가족들에게 성경을 한 장씩 읽어 주었으며 아이들의 나이와 지적 능력에 맞춰 성경에 관한 질문들을 했다. 그러고는 성경에 대해 가장 적절한 방식으로 설명해 주는 했다. 그는 아이들이 그를 존경하고 사랑하는 것 못지않게 아이들에 대해 각별했으며 믿음의 자녀들로 철저히 교육시켰다. 에드워즈는 그의 서재에서 개인적으로 아이들을 가르치는 시간을 종종 가졌는데, 이때 그의 주된 관심사는 아이들의 영혼에 관한 것이었다. 아이들에게 「웨스트민스터 소요리문답」을 가르치는 것으로 보냈던 토요일 저녁 시간은, 단순히 소요리문답을 외우는 것만이 아니라 각각의 교리들을 잘 이해하고 있는지를 질문과 대답을 통해 확인하고 설명하는 과정이었다. 이런 교육과 훈련은 주일예배를 위한 준비가 되어 아이들로 하여금 시편을 노래하며 기도하게 하는 과정들로 이어졌다."[18]

에드워즈를 잘 모르는 주변 사람들은 에드워즈가 뻣뻣하고 비사교적인 사람이라고 종종 알고 있었다. 이에 대해 홉킨스는 "에드워즈가 잘 모르는 사람들에게 말을 아낀 것은 사실이지만, 그를 잘 아는 이들에게 그가 뻣뻣하다거나 비사교적이라는 평가는 전혀 근거 없는 것"이라고 말했다. 에드워즈를 잘 아는 이들은 그가 늘 "쉽게 다가갈 수 있고 친절하고 겸손하며, 말이 적지만 호의적이며 자유로운 사람"이었다고 평가한다. 절친한 이들과 있을 때의 에드워즈는 누구보다 개방적이고 자유로운 사람이었으며, 모든 상황에서 사교적이었을 뿐만 아니라 그와 이해관계가 없는 사람과도 어울릴 수 있는 사람이었다.[19]

서재에서 연구에 몰두할 때나 사람들과 교류할 때가 아니면 에드워즈는 곧잘 말을 타고 시골길로 한참을 달리곤 했다. 사람들과 함께 있을 때가 아니면 저녁 식사 후 종종 말을 타고 삼사 킬로미터를 달려서는 말에서 내려 한동안 산책을 했다. 산책을 하면서 미리 준비한 펜과 잉크로 종이에 정리한 생각들을 적곤 했으며, 추위 때문에 이렇게 할 수 없는 겨울에는 매일 30분 이상 장작을 패곤 했다.[20]

결코 자랑한 적은 없지만 가난한 사람들을 돕는 일 또한 에드워즈가 즐겨 하는 일이었다. 그는 드러내 놓고 하는 것이든 아무도 모르게 개인적으로 하는 것이든, 가난하고 어려운 상황에 처한 이들을 돕도록 적극 장려했다. 그리스도인들의 삶에 있어 자선이 얼마나 부족한지를 그는 종종 지적했다. 또한 그는 모든 교회들이 정기적으로 공공의 부를 축적해 가난하거나 도움이 필요한 이들을 적시에 돕는 일이 중요함을 가르쳤다. 물론 이를 가르치기만 한 것은 아니다. 그의 학생들은 에드워즈의 많은 선행들이 철저히 숨겨졌기 때문에 예수 그리스도의 재림 때나 이 일들이 드러날 것이라고 말했다. 그의 선행들이 모두 알려진다면 시대를 대변하는 자선사업이라 불릴 것이다.[21]

생계에 있어 에드워즈는 그리 도움이 되는 사람은 아니었다. 그는 가족들에게 필요한 물건과 음식 일체를 아내에게 의존했다. 그는 가축들을 위한 겨울 양식이 언제 누구의 손에 의해 거둬들여지는지, 그가 몇 마리의 젖소를 갖고 있는지, 끼니때마다 먹을 양식이 있는지 등에 대해 잘 알지 못했다.[22]

에드워즈에 관한 다음의 사실들을 다루는 것은 에드워즈를 사랑하는 학자로서 고통스럽고 부끄러운 일이다. 에드워즈의 가족이 그

큰 집을 관리하고 열한 명의 자녀들을 양육하며 6만 평에 이르는 땅을 경작하면서도 높은 수준의 생활을 유지할 수 있었던 것은 집에서 부리는 여러 명의 노예들이 있었기 때문이었다. 1731년 6월부터 시작해서 에드워즈는 노예 매매에 참여하게 된다. 에드워즈는 뉴포트 경매장에서 80파운드의 가격에 당시 열네 살이던 비너스라는 흑인 소녀를 사들이게 된다.[23] 1736년에는 리아라 불린 노예를 소유하고 있었으며, 이후 수년간 그와 아내 사라는 적어도 다섯 명의 노예들을 추가로 사들였다. 조아브 비니와 로즈 비니(에드워즈는 1751년에 이들을 결혼시켰다), 로즈의 아들 타이터스, 또 하나의 흑인 부부 조지프와 수(이들은 1759년 에드워즈 부부가 세상을 떠난 뒤 바로 매매되었다)가 그들이다. 이들 가운데 가장 많이 알려진 노예는 로즈 비니로, 후에 자유를 얻은 뒤 로즈 비니 솔터가 되었으며 1771년에는 스톡브리지 교회의 교인이 되었다. 로즈는 또한 이 교회의 목사이자 에드워즈의 충실한 계승자였던 스티븐 웨스트Stephen West의 영적 자서전에 소개되었다.[24]

스티븐 웨스트와 같은 에드워즈의 계승자들은 노예 무역을 중단시키는 데 기여했다. 에드워즈는 일생의 대부분 동안 한두 명의 노예를 소유했으며, 심지어 노예 소유의 권리를 그의 편지를 통해 주장한 적도 있다.[25] 그러나 그의 "이해관계를 초월한 박애"의 교리는 훗날 기독교 노예제도 철폐운동의 기틀을 마련하는 신학적 기초가 된다. 에드워즈의 후계자 가운데 한 사람인 새뮤얼 홉킨스는 노예제도 철폐에 관한 담론들이 논란을 불러일으키기 훨씬 전부터 노예들의 해방을 주장했다(그가 사역했던 곳이자 노예 무역의 중심지였던 로드아일랜드 주의 뉴포트가 노예 해방을 위한 그의 활동 무대였다). 에드워즈의 아들인 조나단 에드워즈 주니어Jonathan Edwards Jr.도 노예제도 철폐운동에 가담해 노예제도에 관한 에드워즈의 입장을 대변하게 된다.[26]

그럼에도 불구하고 당시의 많은 동시대인들처럼 에드워즈가 노예를 소유했다는 것은 부인할 수 없는 사실이다. 심지어 조지 윗필드도 예외는 아니었다. 이 부분은 명백히 인정해야 하는 부분이다. 에드워즈도 치욕스러운 국가적인 범죄의 공범이었음은 부인할 수 없다. 오늘날 그리스도인들은 이 부분에 대해 분명히 짚고 넘어가야 한다. 입바른 말로 적당히 넘어가서는 안되는 부분인 것이다. 에드워즈가 노예를 소유했었다는 사실은 우리의 위대한 그리스도인조차 인간의 죄된 본성을 가지고 있었음을 여실히 보여준다. 이런 모습은 우리가 사람들을 지나치게 과대평가해서는 안된다는 사실과 겸손의 중요성을 상기시켜 준다. 에드워즈가 죄된 인간의 본성을 가지고 있었다고 인정한다면 나와 대부분의 우리 그리스도인들은 얼마나 더 비참한 상태인가! 이런 인간의 연약함을 보면서 우리가 할 수 있는 유일한 일은 소망 가운데 겸손히 기도하는 일밖에 없으리라! 그렇게 할 수 없다면 우리는 실패자일 뿐이다. 보잘것없는 우리 인생의 시야는 굽었으며, 자신의 선함을 자랑하는 우리의 연약함은 그 안타까움이 비길 데 없다![27]

이렇게 말하는 것이 참으로 안타깝지만, 에드워즈의 가정사와 사역에 있어 노예들의 기여가 상당했음은 부인할 수 없다. 노예 노동은 에드워즈가 그의 부르심에 순종해 말씀과 기도, 저술작업에 몰두할 수 있도록 해준 중요한 자원이었다. 에드워즈의 아내 사라의 저 유명한 기독교 영성도 노예들의 노동이 뒷받침해 주지 않았다면 성장하기 힘들었을 것이라 말하지 않을 수 없다.

사라는 당시 그리스도인들의 복음주의적 역할 모델이었으며 생생한 믿음의 증언자였다. 노예 주인이라는 그녀의 죄성에도 불구하고—그러나 바로 이 죄 때문에—그녀는 자신의 시간의 대부분을 하나님을 사랑하는 일에 드릴 수 있었다. 에드워즈는 자주 진실된 경건함의 본보기로 여성들의 모습을 제시하곤 했는데, 그의 대표적인 저술인 「놀라운 부흥과 회심 이야기」*A Faithful Narrative*」(1737년)를 들 수 있다.[28] 그러나 에드워즈가 믿음의 본보기로 제시한 많은 이들 가운데 어느 누구도 그의 아내 사라만큼 에드워즈의 사역에 영향력을 끼치지는 못했다.

에드워즈는 그의 또 다른 대표적 저술이라 할 수 있는 「뉴잉글랜드의 신앙 부흥에 대한 몇 가지 생각*Some Thoughts Concerning the Present Revival of Religion in New-England*」(1743년)에서 아내 사라의 영적인 환희를 묘사하며, 그녀의 열정적이고 복음주의적인 믿음을 칭찬했다. 사라는 하나님을 향한 깊은 헌신의 모습을 많이 보여주었다. 특히 영적 대각성의 바람이 불어오던 당시, 그녀가 경험했던 성령의 강력한 체험은 에드워즈가 기록을 부탁한 특별한 체험이었다. 에드워즈는 위에 언급한 책에 이 내용을 담고 있는데, 이후 다른 학자들이 사라에 대해 언급할 때 그녀의 영성과 믿음을 칭찬하는 근거로 종종 인용되고 있다.

에드워즈는 그녀가 경험한 형언할 수 없는 빛과 사랑, 달콤한 위안과 영혼의 안식에 대해 기록했다.

> 그녀는 하루 대여섯 시간씩, 아무런 방해가 없는 가운데 천상의 평안 속에 잠겨 있곤 했다. 그리스도의 사랑에 잠겨 헤엄치듯, 눈부신 햇살에 하늘거리는 작은 티끌이나 창문을 통해 들어오는 한 줄기 빛처럼 그녀의 마음은 그리스도의 사랑 가운데 빠져 있었다. 하늘에 계신 그리스도의 마음이 하늘로부터 흘러 내려올 때면 그분을 향한 그녀의 사랑도 하늘을 향해 날아올라 마음과 마음 사이에 끊임없는 빛의 향연이 펼쳐지곤 했다.

에드워즈는 독자들에게 그 생생한 느낌을 잘 전달하기 위해 다양한 표현들을 섞어 가며 기록했다. 아내 사라의 영적 부흥의 경험들을 여러 페이지에 걸쳐 묘사한 뒤에 마지막 부분에서 그녀의 영적 건강을 강조하는 내용들 또한 잊지 않고 덧붙였다.

> 어떠한 방해도 없이, 사라에게 일어난 이러한 일들은 지속적으로 그 영혼의 달콤한 평화와 안식의 기회들이 되었다.…… 그럼에도 불구하고 사라는 자신의 도덕적 의무와 열정을 잃지 않았다.…… 친척들을 돌보고 사회적 의무들을 다하는 일에도 그러했다.…… 그녀의 유순함과 부드러움, 그 영혼의 선한 의지와 행위들은 계속 되었다.…… 그녀에게 있어 약점이었던 이런 부분들이 완전히 극복되고 넘치는 은혜 가운데 변화된 그녀의 모습은 곁에 있는 모든 이들에게 명백히 드러나 보여졌다.

에드워즈는 혹시 아내의 모습에 대해 부정적인 인상을 갖고 있을지 모를 독자들을 위해 한마디 덧붙였다. "그녀의 이런 모습들이 인간적 열정과 정신착란의 산물이라면 내 머리가 이 행복한 질병으로 가득할진저!"[29]

비록 사라 자신의 친필 기록은 남아 있지 않지만, 그녀의 증손자이자 편집자였던 세레노 에드워즈 드와이트Sereno Edwards Dwight에 의해 그녀에 관한 증언들이 전해지고 있다. 그녀 자신의 증언에 의하면, 사라의 영적 환희는 남편 에드워즈의 젊은 제자이자 영적 대각성이 절정에 달했을 때 에드워즈를 도와 말씀을 전했던 새뮤얼 부얼Samuel Buell 목사가 설교하는 중에 처음 일어났다고 한다.[30] 사라는 처음 부얼 목사의 영적 탁월함에 대해 경계했었다. 그녀는 부얼 목사가 혹시라도 자신의 남편보다 복음을 위해 더 크게 사용될까 두려웠다. 그러나 이런 마음을 주님께 내려놓은 뒤 비로소 성령에 사로잡히기 시작했다. 이후 사라는 자신의 삶에 있어 가장 달콤한 시간 속으로 빠져들게 된다.

> 나는 이전에는 결코 경험할 수 없었던 강력한 빛과 안식, 내 안에 존재하는 천국의 달콤함을 오래도록 맛볼 수 있었다. 내 몸은 그 모든 시간 동안 너무도 잔잔했다. 그 환희 속에 때론 밤 늦게 깨어 있기도 하고 잠들기도 했으며, 혹은 그 사이 어디쯤에 머물러 있기도 했다. 그러나 그 모든 밤 동안 나는 지속적으로 명료하고 생생한 감각으로 예수 그리스도의 탁월함과, 그 모든 것을 뛰어넘는 사랑의 감미로움을 맛보게 되었다. 말할 수 없이 감미로운 고요함 속에 그리스도의

임재가 내게 다가옴을, 또한 내가 그 임재 앞으로 다가감을 느끼게 되었다.…… 이 시간 동안 느낀 것들은 세상이 줄 수 있는 어떤 위로와 기쁨보다 더 값진 것이었고 내 인생 전체에서 느낀 모든 기쁨을 다 합친 것보다 더한 기쁨이었다. 그것은 내 영혼을 먹이며 충족케 하는 완전한 기쁨이었다. 그것은 어떤 방해나 자극도 없는 순전한 기쁨이었다. 그것은 내 영혼의 기쁨으로 완전히 녹아내린 달콤함이었다. 내 연약한 육신이 지탱해 낼 수 있는 모든 기쁨이요, 그리스도를 바라보며 천국에서 그의 사랑을 나누게 될 모든 이들과 함께하는 기쁨이었다.[31]

하나님을 향해 순전했던 아내와 사랑이 가득 찬 그리스도인의 가정, 모든 일상적 필요들을 충족시켜 주었던 노예 노동 등, 에드워즈는 그가 원하는 모든 것을 가진 사람이었으며 이 모든 것은 그가 사역을 감당해 나가기에 충분한 자원과 동력이 되었다.

에드워즈, 담임목사가 되다

스토다드 목사는 1729년 2월 11일의 어느 추운 날 세상을 떠나게 된다. 에드워즈가 노샘프턴의 부목사직을 맡은 지 2년 되는 해의 일이었다. 당시 스물다섯 살이던 에드워즈는 서부 뉴잉글랜드에서 가장 유명한 교회의 담임목회자가 된 것이다. 스토다드의 죽음 이틀 후 윌리엄 윌리엄스가 스토다드의 장례식에서 설교했고[32] 잠시 후 에드워즈 역시 스토다드를 기리며 '탁월한 은혜의 방편 아래서 회심하지 않은 채 살기Living Unconverted Under an Eminent Means of Grace'라는 제목으로 설교했다. 에드워즈는 이 설교에서 노샘프턴의 이름뿐인 그리스도인들에게 "탁월한 은혜의 방편이 있음에도 불구하고 회개하지 않고 사는 인생의 위험"에 대해 경고했다. 또한 그의 삶을 다 바쳐 신실하게 복음을 전한 스토다드 목사의 삶에 대해 말했으며, 오랫동안 이 목회자가 그들의 마음이 주님께 향하도록 모든 기회를 제공해 왔음을 상기시켰다. 에드워즈는 마을 주민들을 책망하며 이르기를, "스토다드 목사님의 오랜 사역에도 불구하고 회심하지 않고 살아가는 이들의 암담함"을 꾸짖었다. 에드워즈는 "때로는 하나님께서 분명한 은혜의 증거들을 거두어 가실 때 그 성령을 함께 거두어 가실 수 있음"을 상기시켰다. 에드워즈는 고집 센 양떼를 이끌어 나가기 위해 헌신했던 스토다드를 기리는 의미에서 섬뜩한 결론으로 말씀을 마무리지었다. "스토다드 목사님의 지도 아래 신앙 생활을 했음에도 불구하고 지옥에 떨어지는 영혼들은 화가 있을 것입니다. 여러분이 들었던 강력한 경책의 말씀들은 결코 잊혀지지 않을 것입니다.…… 그 말씀들은 영원히 기억될 것이며 다시 듣고 또 들어야 하는 말씀들입니다. 이 말씀들을 들을 때 아무 반응이 없던 이들에게 또 다시 들려질 이 말씀은 여러분의 머리 위에 번개와 같이 떨어질 것입니다. 모든 단어 하나하나가 여러분의 심장을 파고들어 징계할 것입니다."[32]

에드워즈는 자신이 스토다드 목사의 사역을 물려받았다고 여겼음이 분명하다. 분명 이 사역을 진지하게, 너무나도 진지하게 생각했던 에드워즈는 곧 건강상의 큰 어려움을 겪게 된다. 점점 병약해진 에드워즈는 그해 4월과 5월의 두 달 동안 사역에서 물러나야 했다. 이어 6월에도 그의 병세가 악화되었다. 이 기간 동안 사라의 오빠였던 벤저민 피어폰트Benjamin Pierpont가 방문해 설교했다. 그러나 에드워즈의 몸은 그가 느끼던 엄청난 무게의 소명감을 뒷받침해 주지 못했다. 안타깝게도 이 기간이 그가 사역으로부터 잠시 물러나 있어야 했던 유일한 기간이 아니었다.

그러나 초여름부터 그의 몸은 회복되기 시작했다. 그는 단독 목회의 수많은 필요들을 감당해 나가기 위해 열정적으로 일하기 시작했다. 이 시기는 지역 내에서 새롭게 떠오르는 목회자로서의 위상을 다져가는 시기였다. 7월 하순에는 그의 결혼 2주년 기념일을 맞았고 8월에는 딸 사라의 첫 번째 생일을 맞게 되었다. 이후 에드워즈는 7년 동안 정기적으로 설교했다. 사역을 감당해 나가며 그는 마음속 깊은 생각들을 자신의 노트에 기록했는데, 이는 오랜 기간 지속될 신학 사역을 위한 준비의 일환이었다. 그러나 그 무엇보다 그가 가장 원했던 것은 충성된 목자가 되는 것이었다. 그는 그가 받은 은사의 충실한 청지기가 되기를 원했으며, '심판의 날에 주님께로부터 "잘하였도다. 충성된 종아"라고 칭찬받기를 원했다(마 25장).

설교자로서의 에드워즈

에드워즈가 사역의 은사에 대해 처음으로 대중 앞에서 인정받게 된 것—적어도 보스턴의 신문에 처음 보도된 일—은 그가 1731년 7월 하버드대학의 졸업 기간 중 지역 내 목회자들에게 말씀을 전하도록 초청받았을 때의 일이다. 이때의 특별한 설교를 위해 에드워즈는 그가 노샘프턴에서 1년 전 가을에 전했던 고린도전서 1:29-31의 말씀을 택했다. "이는 아무 육체도 하나님 앞에서 자랑하지 못하게 하려 하심이라. 너희는 하나님으로부터 나서 그리스도 예수 안에 있고 예수는 하나님으로부터 나와서 우리에게 지혜와 의로움과 거룩함과 구원함이 되셨으니 기록된 바 자랑하는 자는 주 안에서 자랑하라 함과 같게 하려 함이라." 에드워즈는 그가 전하는 교훈의 말씀을 단순화해 개신교 교리의 핵심을 명백하게 전했다. "이 말씀 속에 담겨 있는 구속의 지혜는 하나님을 영화롭게 하며, 그리스도에 의한 우리의 구속은 온전히 그리고 전적으로 하나님께 달려 있는 것입니다."[34]

자신보다 이전 시대를 살았던 청교도들처럼 에드워즈는 그의 설교를 세 부분으로 구성했다. 첫째는 본문인데, 그가 선택한 성경 본문의 역사적 배경에 대해 설명했다. 둘째는 교리 부분으로, 그가 선택한 본문과 이에 관련된 다른 구절들로부터 가져온 명제를 제시하고 발전시켰다. 셋째는 설교에서 가장 긴 적용의 단계로, 주어진 말씀을 성도들의 삶에 적용시키는 부분이었다. 「웨스트민스터 예배모범 *Westminster Directory*」(1644-1645년)은 이와 같은 설교 형식을 권장하고 있다. 당시 모든 개혁교회들과 교회 지도자들은 이 예배 모범의 사용을 강조했으며 특별히 교구 내 성도들이 삶에 적용할 수 있는 말씀의 실제적인 적용점들을 강조했다. 윌리엄 에임스는 말씀을 삶에 적용하도록 가르치지 못하는 설교는 죄라고 규정하면서, 설교자들로 하여금 듣는 이들이 그들이 삶에서 적용점들을 찾아 변화될 수 있도록 설교를 철저하게 준비할 것을 강조하기도 했다. 그는 "하나님의 말씀은 살아 있고 활력이 있어 좌우에 날선 어떤 검보다도 예리하여 혼과 영과 관절과 골수를 찔러 쪼개는 능력"(히 4:12)이라고 말했다. 웨스트민스터에 모인 교회의 지도자들도 에임스의 말에 덧붙여 설교자들로 하여금 단순히 일반적 교리의 가르침에 머무를 것이 아니라, 듣는 이들로 하여금 그 말씀을 적용할 수 있도록 가르쳐야 한다고 강조했다.[35]

예일대학보다 폭넓게 개방되어 있음을 자랑하던 하버드와 보스턴의 목회자들에게, 심지어 교리적으로 이단이라고 의심한 이들 목회자들에게 에드워즈는 성경의 교리를 간결하고 전통적인 방식으로 전달했다. "오직 하나님만을 높이며 오직 그분께만 모든 구속의 영광을 돌립시다." 이런 방식의 원칙적 접근은 오히려 그가 자신의 요점을 잘 표현하도록 하는 데 큰 도움이 되었다. 뿐만 아니라 이것이 그가 모든 목회자들에게 전달하고자 하는 메시지의 핵심 그 자체였다. 에드워즈는 많은 목회자들이 칼뱅주의에서 벗어나 교리적으로 위험한 사상에 빠져들어 가는 급변하는 환경 속에서, 그 누구보다도 효과적으로 성경의 가르침을 올바르게 전달했다. 에드워즈는 당시의 위험한 사상적 경향에 대해 "이런 생각과 교리들은 하나님에 대한 절대적이고 우주적인 의지의 정반대 방향에 위치하고 있을 뿐만 아니라 하나님의 영광을 가리는 일이며, 구속을 위한 하나님의 계획을 거스르는 일"임을 강조했다.

피조물을 창조주 하나님보다 먼저 두는 행위…… 인간을 하나님,

독생자, 혹은 성령을 대신해 구속의 힘을 가진 위치에 두는 행위, 하나님의 구속을 의지하면서도 그 구속이 절대적이고 우주적임을 인정하지 않는 제한적 행위, 하나님께 대하여 삶의 일부만 의지하고 다른 부분에서는 의지하지 않는 행위…… 이런 모든 행위들은 우리를 하나님에 대한 절대적인 의존에서 벗어나게 하는 행위며, 구속의 계획과 목적에 대한 반항이요, 하나님의 영광을 가로채는 행위입니다![36]

보스턴의 목회자들이 장래가 촉망되는 이 칼뱅주의자를 어떻게 생각했는지는 알 수 없으며, 하버드 학자들이 예일대학에서 온 이 메신저를 어떻게 여겼는지도 알 수 없다. 그러나 그들은 적어도 에드워즈의 설교에 대해 출판을 문의함으로써 그에 대한 존경을 표현했다. 이 책은 그해가 가기 전에 「인간의 의존을 통해 영광 받으시는 하나님 *God Glorified in the Work of Redemption, By the Greatness of Man's Dependence*」이라는 제목으로 스무 번 이상 재판되며 널리 유통되었다.[37]

에드워즈의 설교는 그의 성품에 대한 평판과 더불어 수년간 비판적인 평가를 들어왔다. 많은 이들이 풍자만화에 묘사된 에드워즈의 모습이 사실일 것이라고 생각한다. 그의 설교는 목소리의 높낮이가 전혀 없는 일정한 톤이었으며, 설교 도중 자신의 원고에서 눈을 떼지 않고, 듣는 모든 이들을 잠들게 만드는 지나치게 학문적인 내용이었을 것이라고 생각한다. 19세기 후반에 기록된 윌리엄 에드워즈 파크William Edwards Park의 기록은 여기서 한 걸음 더 나아가,

에드워즈는 눈을 들었을 때조차도 청중들과 눈을 마주치기 싫어서 교회 입구에 걸려 있는 종의 밧줄을 보고 있었다고 주장한다.[38]

그러나 에드워즈에 관한 역사적 기록들은 이런 주장들을 전혀 뒷받침하지 않는다. 그는 1740년대 초반까지 자신의 설교 원고를 완벽하게 작성한 뒤에 설교했다. 그는 이 설교의 일부를 교구 내 성도들에게 읽어 주었고 동료들에게도 그가 작성한 많은 설교를 읽어 주었다. 그의 원고와 동시대인들의 증언에 의하면, 에드워즈는 열정적인 설교자였음이 분명하다. 1740년대 초반 이후로 에드워즈는 간략한 원고만을 작성하여 설교했다.[39] (에드워즈는 윗필드의 설교를 들으며 원고 없는 설교를 통해 성령께서 어떻게 역사하시는지를 잘 볼 수 있게 되었다.) 에드워즈의 부친과 외조부는 설교의 내용을 모두 암기하여 설교하도록 에드워즈를 가르쳤다.[40] 에드워즈는 사람들을 끌어들이는 매력적인 표현을 구현해 내기 위해 자신의 원고 곳곳에 각종 기호들을 표시했다. 분명한 것은 셀 수 없이 많은 이 기호들이 그의 성경 주해에서 비롯된 것이라는 점이다. 영적 대각성 기간 동안 그의 설교를 들은 많은 이들이 크게 울부짖으며 반응했다는 것은 이 기호들의 사용이 적절했음을 보여주는 하나의 증거다. 다음에 소개하는 내용은 영적 대부흥 기간에 에드워즈가 매사추세츠 주의 엔필드(현재는 코네티컷 주에 속하는)에서 전한 그 유명한 지옥불에 관한 설교, '진노하시는 하나님의 손 안에 있는 죄인 Sinners in the Hands of an Angry God'(1741년)을 들은 회중들의 반응에 대해 묘사하고 있다.

교회 전체에 하나님을 향한 통곡과 부르짖음의 소리가 가득 차 있었다. "오, 나는 지옥불에 떨어지겠구나! 구원받기 위해 무엇을 해야 할까? 내가 지금 예수 그리스도를 위해 대체 무엇을 해야 할까?" 날카롭게 부르짖는 소리들은 귀를 파고들었고 그들의 탄식은 놀라울 뿐이었다. 회중들이 기도를 그칠 때까지 한동안 기다렸지만 그들은 계속해서 기도했다.…… 설교를 마치고 강단에서 내려와 사람들과 대화하면서 다시 한번 하나님 능력의 놀라움을 느낄 수밖에 없었다.[41]

에드워즈의 설교어는 듣는 이들의 마음을 사로잡는 무언가가 있었다. 청중들은 말씀에 주의를 기울였고 말씀을 듣고 깊은 생각에 사로잡히게 되었다. 오늘날처럼 가볍고 내용 없는 설교들이 판 치는 세상에서, 청중들을 즐겁게 해주지 못하는 설교자는 무시당하는 이 시대를 사는 우리들은 "불같은 청교도들"의 설교가 우리에게 주는 교훈이 무엇인지 생각해 봐야 한다.[42]

새뮤얼 홉킨스가 증언한 것처럼 "에드워즈는 우리 시대 훌륭한 설교자가 갖고 있는 모든 자질들을 다 갖추고 있었다." 게다가 "그의 설교를 들어 본 사람이라면 누구나 그가 훌륭한 설교자라는 사실을 부정할 수 없었을 것이다. 에드워즈의 종교적 원칙들을 싫어할 수는 있겠지만, 분명한 것은 그들이 들어 본 그 어떤 설교자보다 에드워즈를 존경할 수밖에 없을 것이라는 사실이다." 홉킨스는 설교자로서 에드워즈의 탁월함이 그가 가진 세 가지 자질에서 비롯된다고 생각했다. "첫째, 설교를 작성하기 위해 그가 경험해야 했던 고통들이다. 특히 그가 설교자로서 초기에 겪었던 고통들은 후세의 설교자들이 기억할 만한 가치가 있다.…… 둘째, 영적인 문제에 대한 폭넓은 경험과 지식, 그리고 성경에 대한 지식이다.…… 셋째, 그는 자신의 마음을 확실히 이해했을 뿐만 아니라 영적 진리에 대한 기쁨을 가지고 있었으며, 진실되고 실험적인 태도 또한 잃지 않았다."[43]

전해지는 바에 의하면 강단에 선 에드워즈의 모습은 "언제나 위엄이 있었으며 그럼에도 불구하고 쉽고 자연스럽게 전달되는 메시지 속에 늘 엄숙함이 있었다. 그의 목소리가 힘있고 크지는 않았지만 무게와 위엄을 갖추었으며, 뚜렷하고 분명하며 정확하게 말씀을 전했다. 그의 설교는 늘 많은 아이디어들로 가득 차 있었는데, 그럼에도 평이하고 인상적인 방식으로 접근했기 때문에 그의 설교에 집중하지 않는 이들이 거의 없을 정도였다." 에드워즈의 설교는 종종 "엄청난 양의 내면적 열정"을 내보여 주었다. 설교 중 그는 자신의 감정을 거의 드러내지 않았지만 그의 말은 "듣는 이들의 마음에 굉장한 무게로 떨어졌다." 그는 강단 뒤에 서서 설교했지만 "그의 마음의 움직임을 잘 드러내 보이도록 말씀을 전했고, 모든 이들의 마음에 그것을 가장 자연스럽고도 효율적인 방식으로 전달했다."[44]

설교 중 원고에 의존하지 않았던 에드워즈의 습관에 대해서 홉킨스는 다음과 같이 말했다. "에드워즈는 원고에 얽매이지 않았다.…… 설교 도중 원고를 작성할 때 미처 생각하지 못한 아이디어가 떠오를 때면 이를 가장 적절하고 강력하게 전달했다. 물론 이 모든 과정들은 그의 탁월한 표현능력을 통해 잘 전달되었는데, 가끔씩 파토스pathos가 함께 수반되기도 했다. 이럴 때면 그가 미리 작성해 온 어떤 원고에 의존한 설교보다도 듣는 이들의 마음이 강력하게 움직였다." 그가 설교의 상당 부분을 원고에서 읽는 형식을 취했다는 점은 확실하다. 그러나 이렇게 설교하는 방식이 "가장 효율적인 설교에서 거리가 먼" 것임을 주지하고 있었다. 그는 자신이 원고에 의존해 설교하는 것이 자신의 약점이라고 생각했다. 삶의 막바지에 이르렀을 때 에드워즈는 처음부터 원고에 의존하지 않고 설교하는 것이 훨씬 나았을 것이라는 결론에 이르게 된다. 원고 없이 처음부터 끝까지 설교하는 것이 가장 자연스러운 방법이라는 결론에 도달한 것이다. 그의 아버지와 외할아버지가 했던 방법처럼, 에드워즈는 자신의 견습 목회자들에게 "설교의 전체 내용을 작성하되 이를 청중에게 읽어 주기보다는 그 내용을 기억할 수 있도록 각고의 노력을 기울일 것"을 강조하게 된다.[45]

청교도 정신으로 무장한 에드워즈는 그의 설교를 위해 엄청난 노력을 아끼지 않았다. 이런 노력 속에서도 그의 설교의 효과에 대해 자신이 없을 때면 정교하게 작성된 「웨스트민스터 소요리문답」을 읽으며 위안을 얻곤 했다. "하나님의 성령이 우리로 하여금 그분의 말씀을 읽게 하시며 죄인들을 회개시키시고 구원에 이르게 하신다. 이는 당신의 백성들로 하여금 하나님의 말씀을 세우며 믿음으로 구원을 얻게 하기에 부족함이 없다." 에드워즈는 심지어 잘 알려지지 않은 '제2헬베틱 신앙고백Second Helvetic Confession'(1566년)도 그의 설교에서 인용했다. "교회에서 설교자에 의해 합법적으로 선포되는 하나님의 말씀을, 우리는 바로 그 하나님의 말씀으로 믿으며 신실하게 받아들인다."⁴⁶ 진리에 대한 견고한 중심을 잃지 않는 가운데 청교도 설교 지침서들의 조언을 받아들인 에드워즈는 자신의 모든 역량을 사람들이 하나님의 말씀의 실존적 진리와 능력 앞에 마주 서도록 하는 데 집중했다.⁴⁷

청교도들과 그들의 18세기 후손들에게는 여러 권의 설교학 지침서들이 존재했다.⁴⁸ 이들 가운데 가장 큰 영향력을 발휘한 책은 케임브리지대학의 신학자 윌리엄 퍼킨스William Perkins가 저술한 「설교의 기술The Art of Prophesying」(1592년)로, 청교도들의 진술하고 단순한 성경적 설교 방법의 모범을 잘 보여주는 책이다. 이 책은 오늘날도 계속 출판되고 있다. 이 책은 청교도들의 설교에 대한 열정을 가장 잘 보여주는 책으로, 교회의 존재를 반대하는 이들의 입장과 큰 대조를 이룬다. 퍼킨스에 의하면 설교문을 작성하기 위해서는 두 가지 요소가 필요한데, "하나는 인간의 지혜를 숨기는 것이요 다른 하나는 성령의 역사하심을 보여주는 것이다."⁴⁹ 에드워즈의 설교는 사실 지혜로운 인간의 모습을 여러 곳에서 보여주고 있기 때문에 청교도의 설교 전통에서 거리가 있다고 보는 이들도 있다. 그러나 전체적으로 볼 때 에드워즈는 그의 청교도 선조들을 본받기 위해 노력한 것이 분명하다. 그는 자신이 명백히 보여주고자 했던 말씀과 성령의 역사하심을 드러내기 위해 자신의 역량을 총동원했다.

형이상학적 설교에 치중했던 영국의 설교자들(존 던, 조지 허버트, 랜슬럿 앤드루스 주교 등 세련된 연설가들)⁵⁰과는 달리, 청교도 설교자들은 단순히 성경을 청중들에게 쉽게 "열어" 십자가에 못 박히신 예수 그리스도를 있는 그대로 전하기 위해 노력한 것이다(고전

1:23). 청교도들에게 있어 설교자의 역할은 하나님께서 성도들의 마음에 역사하실 수 있도록 자리를 비켜 드리는 것이었다. 수세기 전 종교개혁가 칼뱅은 성경이 "그 진리를 스스로 증명하기 때문에 이를 증명하려 하거나 논리적으로 설명하려고 하는 것은 옳지 않다. 그 내용의 확실함은 설교자가 아니라 성령의 증언으로 말미암는 것이다"라고 가르쳤다.[51] 때문에 청교도들은 "하나님의 말씀이 설교를 통해 선포될 때 인간의 지혜가 가리워져야 한다"고 가르쳤는데, 이는 곧 "설교는 하나님에 대한 증언이며 예수 그리스도에 대한 지식의 고백이지 인간의 기술이 아니기 때문이요, 회중 역시 그들의 믿음은 인간의 언어적 재능이 아닌 하나님의 말씀의 능력으로 말미암기 때문이다"(고전 2:1-2, 5). 계속해서 퍼킨스는 다음과 같이 가르쳤다.

> 이렇게 말하는 것이 교육과 훈련의 무익함을 주장하는 것으로 받아들여져서는 안된다. 목회자의 지식과 철학, 다양한 학식들은 개인적 삶의 무대에서 펼쳐질 것이며, 하나님과 그 백성들 앞에서 자신의 지식을 자랑해서는 안되기 때문이다. 기교를 숨기며 표현할 수 있는 예술이 진정한 예술이 아니겠는가?[52]

청교도 목회자들은 자신들의 시간을 대부분 성경 공부와 계획 수립, 기도로 보냈다. 그들은 교구 내 성도들에게 성경의 진리를 확실히 전달하기 위해 각고의 노력을 아끼지 않았다. 청교도 목회자들의 이런 태도에 대해 퍼킨스의 제자 윌리엄 에임스는 다음과 같이 말한다. "성경에 절대적 관심을 기울이지 않는 사람은 목회에 적합하지 않다. 목회자는 언변이 탁월하고 성경에 능통했던 아볼로와 같이 되어야 한다"(행 18:24).[53] 반면 윌리엄 윌리엄스가 에드워즈의 목사 안수예배에서 설교했던 것과 같이, 목회자는 또한 자신의 능력을 감출 줄 알아야 한다. 이는 "우리가 이 보배를 질그릇에 가졌으니 이는 심히 큰 능력이 하나님께 있고 우리에게 있지 아니함을 알게 하려" 함이다(고후 4:7).

에드워즈와 청교도 설교자들은 분명 무미건조한 설교자들이 아니었다. 그러나 그들은 종교적 위선과 신학적 교만을 경계했다. 그들은 하나님의 영광을 가리는 일이 없도록 서로 간에 격려와 경계를 아끼지 않았다. 더불어 말씀을 전하는 일이 하나님의 특별한 은혜가 드러나는 성례가 되며, 믿는 모든 이들의 믿음과 소망과 사랑을 깊게 할 수 있도록 끊임없는 노력을 아끼지 않았다. 「웨스트민스터 예배모범」에 명시된 바와 같이 조나단 에드워즈는 말씀을 선포했던 것이다.

1. 하나님의 말씀을 전하는 일에 고통스러울지언정 한치의 나태함도 있어서는 안된다.
2. 가장 교육받지 못한 사람도 이해할 수 있는 평이한 언어로 설교하되 인간의 간교한 지혜로 말하는 것이 아니라, 성령의 능력과 예수 그리스도의 십자가의 능력이 잘 드러나야 한다.
3. 그리스도의 영광과 사람의 거듭남과 회심 및 구원의 사역을 신실하게 전하되 개인의 영광을 구해서는 안된다.

4. 지혜롭게

5. 진지하게

6. 진솔한 사랑으로

7. 하나님께서 가르치신 것과 같이 마음을 설득하고 가르치되 그 모든 것이 예수 그리스도에 관한 진리가 되도록, 그리고 그분의 양떼들 앞에서 본보기가 되도록 가르쳐야 한다.[54]

에드워즈의 성실하고 평이하며, 신실하고 지혜로우며, 진지하고 사랑이 가득 담긴 설교들은 여전히 우리에게 많은 것들을 가르치고 있다.[55]

3장 | 성경을 연구하라

너희가 성경에서 영생을 얻는 줄 생각하고 성경을 연구하거니와 이 성경이 곧 내게 대하여 증언하는 것이니라.…… 모세를 믿었더라면 또 나를 믿었으리니 이는 그가 내게 대하여 기록하였음이라. 그러나 그의 글도 믿지 아니하거든 어찌 내 말을 믿겠느냐 하시니라. (요한복음 5:39, 46-47)

2장에서 설명한 것처럼 에드워즈는 설교를 준비하기 위해, 깨어 있는 동안 대부분의 시간을 성경을 묵상하고 그 내용을 깊이 연구하는 데 보냈으며, 성경 주석서를 탐독했을 뿐만 아니라 성경을 올바로 해석하고 적용하는 일에 성령의 도우심을 구하는 간절한 기도를 잊지 않았다. 에드워즈는 물론 문학가로서, 자연과학자로서, 또 철학자와 종교심리학자로서 그 명성이 자자했지만, 그가 가장 열심히 몰두한 일은 성경 연구와 하나님의 말씀을 전하는 일이었다. 이에 대해 홉킨스는 다음과 같이 말한다. "그가 가장 많은 시간을 보내며 연구한 책은 바로 성경이다.…… 그의 종교적 원칙들은 어떠한 사회적 체계나 신학 체계에서 유래된 것이 아닌, 바로 성경에서 유래된 것이다."[1]

성경과 사랑에 빠지다

에드워즈는 성경을 연구하는 것을 사랑했다. 그의 '결심문'을 통해 스스로 맹세한 것처럼 아직 십대 후반의 소년이었을 때 이미 그는 성경을 규칙적이고 일정하게, 또 자주 연구할 것을 결심했고 성경의 지식을 통해 자라 가는 자신을 발견하게 된다. 그가 「신앙고백」에서 자신의 초기 신앙 생활에 대해 밝히고 있는 것처럼, 그는 "다른 어떤 책에서보다 성경 속에서 가장 큰 기쁨을 발견했다."

> 성경을 읽고 있노라면 그 속의 모든 언어들이 내 마음을 두드리는 것처럼 느껴진다. 나는 달콤하고 강력한 말씀이 내 마음속의 무언가와 아름다운 하모니를 이루는 것을 느끼곤 한다. 말씀 속 각각의 문장들이 내게 비춰 주는 그 강력한 빛에 빠져들 때면, 더 이상 읽어 나가지 못한 채 그 문장에 멈춰서 그 안에 담겨 있는 경이로 말미암아 입을 다물지 못하고 만다. 물론 성경의 모든 문장 속에 이와 같은 놀라움이 담겨 있음은 두말할 여지가 없다.[2]

에드워즈는 자신이 성경 속에서 발견한 놀라움들에 대해 자주 교인들과 대화하곤 했다. 그럴 때면 그의 열정은 자연스럽게 성도들의 마음속으로도 전해졌다. 그가 1739년에 설교한 원고에는 성경에 담겨 있는 계시들이 그 무엇보다도 우월한 것임이 증거되어 있다. "그 무엇도 이보다 더 가치 있는 것은 없다. 성경이 다른 어떤 책보다도 우위에 있다는 사실은 하늘이 땅 위에 있는 것처럼 분명하다."

성경의 가르침은 "왕과 예언자들, 사도들과 이 세상에 존재했던 가장 위대한 이들의 마음을 가득 채웠던 말씀들이다." 그리고 만일 성경의 탁월성에 대한 이러한 강조가 사람들로 하여금 그 말씀을 묵상하고 연구하도록 동기를 유발하는 일에 부족하다고 느껴질 때면, 에드워즈는 하늘의 천사들도 성경을 연구한다는 사실을 상기시키곤 했다(벧전 1:10-12).[3]

에드워즈는 일생을 통해 성경을 연구하는 것은 단지 목회자들에게만 중요한 일이 아니요 모든 사람에게 공통적으로 요구되는 일임을 강조했다. 하나님께서는 "학식 있는 자와 그렇지 않은 자, 젊은이와 늙은이, 남자와 여자 모두에게" 성경 속에 담겨 있는 보화들을 찾아낼 것을 말씀하고 계신다. 이 보화는 가장 지혜로운 성경학자도 그 모든 것을 다 찾아낼 수 없을 만큼 무궁무진하다. 사실 성경을 "가장 오랫동안 연구하고 눈부신 성과를 이룬 사람이, 자신은 성경 속에 담겨 있는 진리 가운데 지극히 미미한 부분만 알고 있다는 사실을 가장 잘 깨닫고 있는" 사람일 것이다. 성경의 진리는 하나님의 무한하심과 같이 무한하며 그 완전함의 영광은 제한됨이 없다. 에드워즈는 성경의 무궁한 진리에 대한 이 사실이 평범한 독자들의 마음을 고르게 다지며, 훈련된 학자들에게는 진지한 노력을 불러일으키는 근거가 될 것이라고 생각했다. 아무리 재능 있는 학자라 하더라도 성경에 담겨 있는 진리를 다 찾아내기에는 역부족이다. 그 진리는 인생이 다하도록 연구하고도 남음이 있으니, 이는 "성자와 천사들조차도 영원토록" 배워야 하는 무궁무진함이다. 따라서 우리 모두는 우리의 마음과 생각을 성경에 집중해 "우리 삶의 많은 부분을 말씀을 연구하는 데 쏟아야' 하는 것이다. 에드워즈는 우리가 재물(맘몬)을 추구하는 데 보내는 시간과 노력 못지않게 성경을 연구하는 데 많은 시간과 노력을 들여야 함을 강조했다.

> 의무적으로 설교를 듣거나 우연한 대화를 통해 성경에 대한 지식을 쌓았다고 해서 성경에 대해 이미 많은 지식을 갖고 있다고 생각하며 자족해서는 안됩니다. 우리는 말씀을 연구하고 그 뜻을 찾아내는 일에 전심을 쏟아야 합니다. 금광을 발견한 이가 금을 캐내는 데 쏟는 노력 못지않게, 우리는 이 일에 전심전력을 다해야 하는 것입니다.[4]

에드워즈의 주해 저서들

에드워즈의 저서들은 그의 성경에 대한 크나큰 경외심을 잘 반영한다. 그의 1,200여 편의 설교가 성경에 대한 그의 사랑을 잘 담아내고 있음은 물론이거니와, 이 설교문들에는 풍부한 성경 주해들이 담겨 있다. 에드워즈의 개인적 메모들 속에도 성경 주해들이 풍부하게 적혀 있는데, 이는 성경 연구를 위한 그의 풍성한 자료집이 아닐 수 없다.

에드워즈의 가장 유명한 성경학적 저서는 네 권으로 구성된 '성경 주해'다. 이 저서는 1724년에 기록되기 시작해 그의 일생을 통해 계속되었으며 그의 다른 개인적 기록들과 서로 연결되어 있다. 그 중 가장 분량이 많은 것은 「여백 성경」, 혹은 '성경에 대한 관찰과 묵상들'로 알려진 저서다. 이 「여백 성경」은 그의 자형 벤저민 피어폰트 목사가 에드워즈에게 선물한 것으로, 작은 크기의 킹제임스성경이 넓은 여백과 어우러져 만들어진 새로운 형태의 성경이었다. 에드워즈는 1730년부터 이 책에 있는 넓은 여백을 활용해 주해를 기록하고 용어들을 정리해 나가기 시작했다. 이 책은 창세기에서 말라기, 마태복음에서 요한계시록에 이르기까지 성경 전체에 대한 그의 연구들을 잘 보여주고 있다. 성경에 대한 그의 다른 기록들도 존재한다. 에드워즈의 '요한계시록 주해'는 요한계시록에 관한 두꺼운 기록이다. 더불어 「신적인 일들의 형상 Image of Divine Things」과 「예표론 Types」은 예수 그리스도와 교회, 인간의 구속에 관해 에드워즈가 발견한 이미지와 그 예표들에 대한 저서다. 또한 그는 '히브리어 숙어집 Hebrew Idioms'과 '모세오경과 구약 이야기들의 진정성에 대한 변론 Defence of the Authenticity in the Old Testament' 등의 기록도 남겼다. 그리고 성경의 다양한 교리들에 대한 수백 편의 초안도 저술했는데, 이 모든 저서를 합하면 수천 페이지에 이른다. 성경 주해에 관한 그의 저서들은 지금까지도 계속 연구되고 있는 성경학적 보물들이다.[5]

에드워즈는 그가 수년간 마음을 쏟아 저술했던 두 권의 방대한 성경학 저서를 출판하기 전에 세상을 떠났다. 그가 1757년에 뉴저지대학(현재의 프린스턴대학)의 학장직을 제의받았을 때 답신으로 보낸 편지는, 그가 학장직을 거절했던 이유가 바로 이 저술작업 때문이었음을 밝히고 있다. 그는 학장직을 수락하게 되면 이 책들의 출판이 연기되거나 중단될 것임을 잘 알고 있었던 것이다.

이 두 개의 작업 중 첫 번째는 그가 했던 설교 가운데 가장 긴 연속설교에 기초를 둔 것이었다. 그것은 1739년에 그가 설교한 구속의 역사에 관한 서른 개의 주해설교다.

> 내가 「구속의 역사 *A History of the Work of Redemption*」라고 부르는 이 책은 기독교 신학에 관한 역사적 연구로, 그 양이 방대하며 예수 그리스도께서 이루신 위대한 구속의 사역에 대한 좋은 참고 자료가 될 것입니다. 예수 그리스도의 구속 사역은 하나님의 위대한 계획에 의한 것이며, 역사적으로 일어난 모든 일들을 순서대로 고려할 때 그 중요함은 더욱 부각됩니다. 이는 모든 영적인 활동과 가르침 가운데 가장 우선되고 가장 중요한 내용입니다.[6]

이 편지를 쓸 때쯤 에드워즈는 이미 세 권의 노트를 작성했는데, 여기에는 자신의 연속설교들을 책으로 출간하기 위한 구상으로 가득 차 있었다. 만일 출판이 되었더라면 이 "위대한 작업 *magnum opus*"은 세계적 성경학자로서 그의 명성을 확고히 하는 데 크게 기여했을 것이다.[7]

두 번째 작업은 훨씬 더 주해적 성격이 강했다. 에드워즈는 이 책에 「구약과 신약의 조화 *The Harmony of the Old and New Testament*」라는 제목을 붙였다.

> 책의 첫 번째 부분은 메시아에 대한 예언, 그분의 구속과 그분의 나라, 그리고 메시아의 임재를 증거하는 내용들에 관한 것입니다. 이는 각각의 내용들을 비교해 그 내용의 일관성을 증명한 뒤 그 범위

와 의미들을 확인하는 작업으로, 그 예언이 세부적인 역사적 사건들을 통해 얼마나 정확하게 실현되었는지에 대한 놀랄 만한 사실들을 보여줍니다. 두 번째 부분은 구약성경의 여러 책들에 관한 것으로, 그리스도의 복음이 구약성경 속에 제시되었다는 증거들을 밝히며 예표들 간의 일치를 보여줍니다. 가장 길고 중요한 마지막 부분은 앞부분을 정리하며 구약성경과 신약성경 간의 교리적 일치를 기술한 부분입니다.

에드워즈는 이 책이 "성경의 가장 중요한 부분들에 대한 설명을 제공하며, 참된 삶의 계획과 영성, 성경의 존재감와 그 내면에 흐르는 영성, 그리고 성경의 활용과 이를 통한 인간 영혼의 개혁에 결정적 자료를 제공하는 기회"가 되기를 바랐다.[8]

그가 이 책에 포함시키기 위해 작성한 원고는 수백 장에 이른다. 성경의 예언에 관해 그가「묵상글 모음」에 기록한 내용들인, 메시아에 대한 예언(구약)과 그 예언의 성취(신약)도 모두 포함한다. 이 두 주제에 관한 내용들은 책 전체를 아우르는 방대한 분량이다.[9] 이 중 두 번째 부분인 메시아의 성경적 예표를 다루는 내용에서 에드워즈는「묵상글 모음」에 수록된 글을 포함시켰다. "구약성경의 내용 가운데 메시아의 오심과 그의 나라 및 구원에 관한 부분은 구약성경 자체가 증거하고 있는 내용이다." 출판을 가정해 계산하면 이 묵상적인 글은 그 길이가 1백 페이지를 넘는다. 에드워즈는 이를 앞서 언급한「신적인 일들의 형상」과「예표론」에도 포함시켰다.[10] 성경의 조화에 관한 마지막 부분에서는 "구약과 신약 사이의 영적·교리적 조화에 관한 장을 별도로 구성했다. 이들 기록의 대부분은 정경의 순서대로 작성되었으며, 주제별로 구성된 별도의 장들도 있다. 이들 모두는 교리적 완전함과 성경의 조화에 관한 그의 열정을 잘 보여준다.[11]

계시에 관한 에드워즈의 견해

에드워즈는 성경이 피조물들에 대한 창조주의 계획하심을 드러내는, 하나님께서 주신 초자연적 계시라고 확고히 믿었기 때문에 이를 연구하는 일에 최선을 다했다. 그는 이를 "영적인" 것으로 믿었다. 성경이 "놀랄 만한 일로 가득 차 있다"는 그의 믿음은 확고했다. 그는 성경의 내용이 무오하며 세상에서 가장 위대한 것이라고 말하곤 했다. 영적 대각성 기간의 전야에 선포한 그의 설교에서, 성경을 소유한 이로서의 특권을 기뻐하며 그는 다음과 같이 말했다.

> 성경은 하나님께서 우리에게 주신 소중한 보물입니다. 우리들이 이 거룩한 책을 평범한 책인 양 기쁨 없이 대하는 것은 참으로 안타까운 일입니다.…… 인간의 모든 저작들을 월등히 능가하는 이 책은 얼마나 위대한 보화입니까!…… 성경을 소유했으나 그 안에 담긴 보물들을 바라보지 않는 사람은 은금이 가득 찬 항아리를 가지고도 이를 알지 못하는 사람과 다를 바가 없습니다.

에드워즈는 이 천국의 선물을 소유하고도 마음에 어떠한 경외심도 없이 성경을 읽는 이들의 어리석음에 대해 경고했다. "하나님의 말씀은 가장 고귀하고 소중하며 다른 어떤 것보다도 우리에게 큰 기쁨을 준다.…… 성경은 인간의 사고가 미칠 수 있는 것들 가운데 가장 탁월한 것이다." 그래서 말씀의 "단맛을 한 번 맛 본" 사람들은 이를 읽고 묵상하는 일을 그칠 수가 없게 되는 것이다.[12]

에드워즈는 성경이 바로 "하나님의 말씀"임을 거듭 강조했다. 또한 "예수 그리스도의 말씀"이라고 부르기도 했는데, 맨해튼에서 전한 설교에서는 "예수 그리스도께서 우리에게 쓰신 편지"라고도 했다. 에드워즈에게 있어 성경은 "삶의 필수적 영양분이자 빛이며, 달디단 생명의 말씀"이었다. 그는 또한 성경을 "완벽한 기준"이자 "진정한 행복으로의 안내서"라고 불렀다. 성경의 영감에 대한 그의 견해 역시 다른 누구보다 적극적이었다. 그는 하나님께서 인간 저자들을 통해 성경을 직접 선포하고 작성했다고 가르쳤다. 따라서 성경의 이야기들은 신기하며 형언할 수 없는 성령의 사로잡힘에 의해 쓰여진 것이라고 말했다. 그러므로 그는 성경을 "절대 잘못될 수 없는 안내서이자 우리가 제대로 따르기만 한다면 실패할 수 없는 완전한 기준"이라고 가르쳤다.[13]

에드워즈에 의하면, 영의 세계를 이해할 수 있는 가장 좋은 태도는 "예수 그리스도의 발아래 앉아 그분의 말씀을 듣는 일"이었다. 우리는 반드시 "그에게로 가서 우리를 가르쳐 주시도록 간청해야 하는데, 이는 영적인 지식에 관해 우리의 마음을 밝혀 줄 수 있는 이는 예수 그리스도 한 분 외에 다른 누구도 없기 때문이다." 하나님보다 우리를 더 잘 가르칠 수 있는 이는 없다. 예수 그리스도의 머리에

값비싼 향유를 붓고 그분의 발을 머리카락으로 씻어 냈던 마리아(나사로와 마르다의 자매)처럼, 많은 일로 분주한 것이 우리에게 무언가를 가르쳐 주는 것이 아니라 그분의 발치에 앉아 그분의 말씀을 듣는 일이 중요함을 기억해야 한다(요 12:3). 그리스도께서 마르다에게 말씀하신 것처럼, 단지 "한 가지만이라도 족하니 마리아는 이 좋은 편—예수 그리스도의 말씀을 듣는 일—을 택하였음"을 기억해야 한다(눅 10:41-42). 이와 같이 우리도 하나님의 입에서 나오는 모든 말씀에 우리의 주의를 집중해야 한다. 하나님의 말씀은 "우리의 영원한 선을 위한 최고의 방법이요 가장 필수적인 것이기 때문에 이것 없는 우리의 영혼은 굶주린 상태에 놓이게 되는 것이다." 에드워즈는 말씀이 곧 "교회의 샘에서 흐르는 젖," 혹은 "엄청난 갈증에 허덕이는 이들에게 내리는 단비"와 같다고 표현했다.[14]

에드워즈는 종종 우리의 지성과 성경이 선포하는 것에 대해 열심히 공부해야 한다고 강조했다. 그는 칼뱅주의 교리의 가르침대로 세상 만물뿐 아니라 세상과 하나님의 관계를 알고자 하는 이는 "자연의 책"과 "말씀의 책"을 모두 공부해야 한다고 가르치기도 했으나,[15] 그에게 있어 성경의 우월성은 맹백했다. 그의 책 「하나님의 성령의 역사의 두드러진 표증들 Distinguishing Marks of a Work of the Spirit of God」(1741년)에서, 에드워즈는 "말씀의 가르침이 없이 눈에 보이는 모든 것들은 어리석고 헛된 것"임을 강조했다.[16] 이 책의 출판보다 몇 년 전에 전한 설교에서 그는 이같이 말했다.

우리는 지성을 사용해 아는 것과 계시를 통해 알게 되는 것들을 구별합니다. 그러나 안타까운 것은 계시를 통해 주어지는 것에 대해 우리가 아는 것이 아주 적다는 것입니다.…… 우리는 많은 도덕률과 종교의 원칙들을 마치 우리의 지성을 통해 얻어진 지식인 것처럼 생각합니다.……〔그러나〕우리의 모든 일반 지식들은 인간이 그것을 인지하든 못하든 간에 직간접적으로 계시에 의해 주어진 것들입니다.…… 이 타락한 세상에서 발견되는 모든 선한 것과 유용한 것들은 하나님의 특별한 섭리에 의해 주어진 것입니다.[17]

이것은 영국의 이신론자들deists에 대한 에드워즈의 대응 중 핵심적인 내용이다. 자연과 이성에 집착하던 근대 종교철학에 반대해, 에드워즈는 그의 생애 후반에 세상의 모든 것들을 초월해 존재하는 초자연적인 계시의 중요성에 대해 이같이 주장했다. 이것은 단순히 기독교의 신학적 근거로서뿐만 아니라 건전한 시민 윤리의 조성과 유지를 위해서도 필요하다고 믿었다. 이것은 또한 에드워즈의 초기 설교와 저술의 핵심적인 주제이기도 하다. 1728년의 「묵상글 모음」에서 그는 말하기를, "모든 인간의 철학과 학식에도 불구하고 하나님으로부터의 계시가 없었더라면 우리가 자연이나 종교라고 부를 수 있는 그 어떤 것도 존재할 수 없었으며 우리는 영원한 흑암과 의심, 끊임없는 논쟁과 엄청난 혼돈 속에 빠져 있었을 것이다"라고 했다. 그가 1730년대 말 그의 설교에서 말한 것처럼, 인간의 지성은 자연 속에 존재하는 하나님의 일하심에 대해 많은 것들을 말해 주고 있지만, "그 안에 담겨 있는 하나님의 계획과 의도를 우리에게 말해 줄 수 있는 것은 성경밖에 없다."[18]

에드워즈에게 있어 초자연적인 계시와 영적인 빛은 현실의 상태를 분명히 밝혀 주는 데 필수적인 요소였다. 이는 성경 없이는 아무것도 알 수 없다거나 성경이 자연사나 과학 교과서로서 기능할 수 있다는 주장은 아니다. 에드워즈의 강조점은 하나님의 말씀과 성령이 우리의 세속적 지혜를 비추어 우리의 지식을 보다 분명하고 아름다우며 현실적으로 밝혀 준다는 부분에 있었다. 에드워즈는 1729년에 작성한 그의 노트에서 이 점을 확실히 밝히고 있다.

〔성경과 하나님의 영에 의해〕 그 눈이 밝혀지지 않은 사람의 영적 지식은, 마치 캄캄한 밤중에 밖으로 희미하게 보이는 나무를 바라보듯 미약할 수밖에 없다. 그의 지식에는 힘이 있다거나 생생한 느낌이 있을 수 없으며 단지 이 땅 위에 존재하는 아름다움에 대한 약간의 개념만을 가지고 있을 뿐이다. 그러나 성령의 빛이 그들에게 비추이기 시작하면 영의 생각들이 강력하고 특별하게 드러나기 시작한다. 이전에는 어둠 속에서 그 형체를 잘 알 수 없었던 그 나무의 아름다움이 확연하게 드러나기 시작하는 것이다. 성령의 빛 없이 지식을 추구하는 자들은, 가장 아름다운 나무들이 가장 정교하게 배열되어 있는 정원 속에서 나무 하나하나의 아름다움을 보지 못하고 단지 나무와 나무 사이의 거리를 더듬어 재는 어리석은 상태에 놓여 있는 것과 마찬가지다. 그러나 성령의 빛을 가진 이에게는 햇빛 찬란한 정원이 확연하게 보인다. 하나님께서는 믿는 자에게, 이전에는 희미하고 분명하지 않았던 모든 영적인 것들을 분명하고 확연하게 밝혀 주는 빛을 주신다.[19]

에드워즈는 이 "영적이고 초자연적인 빛"과 "신령한 지혜"에 관해 많은 저술들을 남겼다(고전 2장). 그는 하나님께로부터 내려오는 계시가 우주의 질서에 빛을 비추며, 세상과 하나님의 관계와 그 관계의 목적에 대한 이해를 가져다준다고 가르쳤다. 세상 모든 것들에 대한 영적인 지식은 "다른 어떤 것보다 더 큰 특권을 우리에게 부여해 준다"고 역설했다. 여기서 더 나아가 "하나님의 말씀을 들으며 그 말씀을 지키고 그리스도께로 나아오는 이들은" 그리스도께서 "그 안에서 다시 조성하신다"라고 가르쳤다. 이는 성경에 대한 영적인 지식이 우리와 살아 계신 하나님의 말씀과의 결합을 더욱 견고하게 한다는 가르침이며, "예수 그리스도를 그 품에 안아 키웠던 동정녀 마리아가 받은 축복보다 더 큰 축복"이다. 에드워즈는 그의 설교에서 영적인 지식은 아름답고 진실된 영적 비전의 서광을 비춰 준다고 말했다. 이는 하나님의 사람들로 하여금 하나님의 생명을 나누게 하는 동력이다(벧후 1:4). 이 특별한 축복에 참여하는 이들에게 주어진 특권은 "이 축복이 오직 성령으로 말미암았다는 사실을 넘어서 성령의 역사 자체에 참여하게 된다"는 점이다.[20]

성경 해석자로서의 에드워즈

초자연적 계시에 대한 그의 견해를 뒷받침하는 견지에서 에드워즈는, 성경의 본질과 그 일관성에 대한 믿음, 성령의 지속적이고 강권적인 역사에 대한 경외감으로 성경을 해석했다. 당시는 성경에 대한 비판과 신학적 회의주의, 종교적 관심에 대한 감소 등의 사회 현상이 급격히 퍼지고 있던 때였다. 에드워즈는 이런 상황 속에서 성경의 신뢰성에 대한 강력한 믿음으로 전통적 성경 해석의 방법론들을 견고히 다져 나갔다.

계몽주의 시대의 성경학자들은 "고대인들의 삶과 그 환경이 성경 해석에 부여하는 의미"에 초점을 맞추어 연구하기 시작했다. 따라서 다른 환경과 목적, 생활 방식과 심지어 그 의미에 있어서의 차이까지도 관심을 보이게 되는데, 이는 1,500여 년에 이르는 성경의 기록 기간 동안 나타난 인간 삶의 변화의 중요성에 대한 인식을 갖게 되면서부터 시작된 학문적 흐름이다. 이들 성경 비평가들은 종종 자신들을 역사학자들이라고 여겼다. 이들이 가졌던 가장 핵심적인 질문은, 성경이 쓰여질 당시의 청중들에게 그 텍스트가 어떤 의미를 가졌는가 하는 점이다. 그들은 자신들의 접근방식에 있어 성경과 다른 고대 문헌들 사이에 차이를 두지 않았다. 이들에게 성경은 다른 고대 문헌들과 마찬가지로 하나의 고대 기록물일 뿐이었다. 그들은 성경의 일관성과 통일성에 대한 전제를 갖지 않았다. 성경의 영감에 대한 가정들을 제한하거나 거부했으며, 정경을 분해하고 그 내용들을 분리해서 연구했다. 고대 이스라엘인들의 삶을 재구성하는 것이 그들 연구의 주된 목적이었다.

에드워즈는 이들의 글을 탐독했다. 성경의 역사를 연구하는 것은 그의 즐거움이었으며, 이 비평가들이 제시하는 견해들을 깊이 있게 연구했다. 에드워즈를 흔히 전근대적 사상가, 혹은 비평적 연구 이전 시대의 학자로 분류하는 이들도 있으나 사실 에드워즈는 당시 유행하는 이런 사상에 대해 깊은 이해를 갖고 있었다.[21] 그러나 복음의 진보와 확장을 방해하는 이러한 사상들에 대해 에드워즈는 회의적이었다. 그는 이러한 사조에 대항해 개신교의 교리와 신학적 원칙들을 보호하는 데 많은 시간과 노력을 할애했다. 따라서 에드워즈는 역사학 연구에 깊이를 더해 갈수록 이 비평들에 대해 적극적으로 대응하게 된다.

그러나 에드워즈의 방법론은 여전히 성경의 신학적 연구였다. 그는 성경을 고대 문헌들의 모음집이 아닌 "나는 스스로 있는 자"라고 말씀하시는 바로 그 하나님의 살아 있는 말씀으로 이해하고 연구했다. 성경은 그에게 학자로서의 일차 문헌(첫 기록자들의 삶을 이해하는 자료)일 뿐만 아니라, 목회자로서 당신의 말씀을 듣고자 하는 백성에게 주어지는 하나님의 계시였다. 이것이 바로 그리스도인과 비그리스도인의 구별을 떠나 에드워즈가 다른 서구 학자들과 구별되는 점이다. 역사 비평이 심지어 주일설교를 준비하는 목회자의 사고 체계에까지 영향을 미치던 근대의 성경 연구 동향을 고려할 때 에드워즈의 탁월함은 더욱 그 빛을 발한다.

이후 여러 세대 동안 고등교육을 받은 설교자들은 역사학자로 자신을 간주하고 본문의 고대 사회적 상황에 대해 설명하며 설교할 것을 요구받았다. 이들에게 성경 전체의 관점에서 설교 본문을 이해하거나 구속사의 관점에서 각각의 설교 본문에 접근하도록 요구된 것은 다시 여러 세대 후의 일이다. 우리 시대의 설교에 있어 이 원칙에서 벗어나는 경우는 흔치 않다. 그러나 근대의 설교자들에게 있어 자신의 신학적 견해에 변화를 갖게 될 경우 마음이 편치 않은 것이 사실이었다. 학자들은 성경이 기록된 고대 사회와 현재 설교를 듣는 성도들을 잇는 다리가 과연 구조적으로 견고한지에 대해 면밀히 조사할 것을 설교자들에게 요구하곤 한다. 그러나 과거와 현재 사이를 연결하는 일은 설교자보다는 역사학자들에게 익숙한 일이다. 따라서 과거와 현재를 서툴게 연결하려고 시도하기보다는 과거 자체에 집중해 설교하는 것이 설교자들에게 더 효과적인 방법일 것이다.

그러나 에드워즈는 과거와 현재 사이를 잇는 그의 작업에 대해 걱정하지 않았다. 그는 역사적 사실들에 대한 주해를 철저하게 하는 데 많은 시간을 보냈다. 그는 성경의 내용을 과거와 현재를 통틀어 그 누구보다 잘 아는 사람이었다. 그의 연설문과 설교문을 보면, 그가 성경의 상당 부분을 암기하고 있었음이 분명히 드러난다. 그의 설교문에는 성경 구절이 들어가야 할 자리들이 보통 비어 있다. 성경 구절을 원고에 일일이 반복해 적기보다는 긴 꼬리표를 달아 놓았는데, 이는 그가 설교 중에 각 구절들을 외워서 말할 수 있었음을 보여준다. 그럼에도 불구하고 그는 매주 많은 시간을 성경을 신학적으로 해석하는 데 보냈고, 이를 체계적인 교리로 풀어내어 사람들의 삶에 적용할 수 있도록 하는 데 많은 노력을 쏟았다. 학자들은 그를 "영적인" 해석자로 묘사한다.[22]

개신교인들은 성경의 문자적 주해에 강한데, 이는 문법과 역사적 배경에 기초해 성경의 의미를 연구하는 것을 뜻한다. 종교개혁 이후로 개신교인들은 로마 가톨릭에서 자주 사용하는 비유적이고 영적인 주해의 방법론으로부터 자신들의 방법론을 구별했는데, 이는 로마 가톨릭에서 가르치는 교리가 성경의 일반적인 이해와 모순되는 경우가 많은 것과 대조된다. 수세기에 걸쳐 넘쳐나는 주해들—지나치게 확대 해석하거나 성경의 상징적 의미를 잘못 해석한—의 틈바구니 속에서 단순하면서도 사도적 성경 읽기와 그 가르침에 대한 믿음을 갖는 것은 그래서 더 의미를 갖는다. 이러한 방법론은 대부분의 전통적 주해 방법론을 거부한다. 그러나 개신교 신학자건 아니건 간에 많은 학자들이, 로마 가톨릭이 중세 시대에 그랬던 것처럼, 성경 신학에 많은 피해를 가져온 것 또한 사실이다.

그러나 초기 교부들조차도 비유적 방법론을 사용했다. 예를 들어 오리게네스는 성경을 몸과 혼과 영이라는 세 부분으로 나누어 이해를 시도했다. 오리게네스는 성경의 오류들이 사람들로 하여금 높은 수준의 영적 세계를 맛보게 하기 위한 하나님의 방법이라고 설명했다.[23] 아우구스티누스는 좀 더 조심스러운 태도로 이 문제에 접근했는데, 일단 성경을 읽을 때 그 문자적 의미를 이해하는 것이 중요하다는 것을 강조함과 동시에 "성령께서 조명하시는 대로 성경 저자들의 의도를 이해"할 것을 강조했다. 그럼에도 불구하고 그는 성경의 본문이 다양한 뜻을 가질 수 있으며, 따라서 하나님께서 그 의미의 다양함을 드러내시는 것 또한 성경을 연구하는 이들에게 주어진 큰 기쁨이라고 여겼다. 아우구스티누스는 "하나님께서 신령한 언어로 성경의 단어와 글귀의 다양한 의미들을 보여주시는 것보다 더 좋은 선물이 있겠는가?"라고 반문하기도 했다.[24]

중세 대부분의 기간 동안 오리게네스의 영적 주해 방법은 헌신된 성경학자들의 학문 세계를 지배해 나갔다.[25] 사실 9세기 무렵 대부분의 학자들은 성경의 모든 구절들이 네 가지의 다른 의미를 갖는

다고 말했다. (1) 문자적 의미. 본문의 "문자"들이 의미하는 것이다. (2) 비유적 의미(헬라어 $a'\lambda\eta\gamma\varphi\epsilon\omega$, "비유적으로 말하다"). 이는 또한 성경의 문자적 의미들이 상징하는 사물들에 대한 교리적·신비적·기독론적 의미이기도 하다. (3) 도덕적 의미(헬라어 $\tau\rho o\pi o\lambda o\gamma\epsilon\omega$, "언어의 상징과 비유에 대해 말하다"). 본문의 윤리적 혹은 법적 의미들을 말한다. (4) 천상적 의미(헬라어 $a'\nu\alpha\gamma\omega$, "위로 끌어올리다"). 본문의 구속사적 의미를 생각할 때 발견하게 되는 의미를 말한다.[26] 이른바 "마차의 네 마리 말"이라 불리는 중세적 주해의 방법은 토마스 아퀴나스의 조직적 방법론이 그 극치라 하겠다.[27] 위의 네 가지 방법론은 당시 익숙한 곡조에 맞춰 학교에서 다음과 같이 가르쳐졌다.

> 문자는 하나님 우리 아버지가 하신 일들을 보여주고,
> 비유는 우리의 믿음이 어디에 숨겨져 있는지 보여준다.
> 도덕적 의미는 매일의 삶의 원칙들의 원천이며,
> 영적 의미는 우리 삶의 분투가 어떻게 끝을 맺게 될지 가르쳐 준다.[28]

종교개혁에 의해 성경에 대한 지식은 혁명적으로 변화되었다. 고대의 성경 언어에 대한 활발한 연구와 더불어, 문헌학자들은 성경의 필사 도중 발생한 실수들을 그보다 더 오래되고 좀 더 신뢰할 수 있는 문서를 참고로 해 바로잡아 나갔다. 인쇄기가 성경을 대량으로 빠르게 찍어 내는 동안 학자들은 성경 주석들과 신학 논문들을 활발하게 집필했다. 특별히 개신교 학자들은 성경과 그 의미에 대한 연구들을 활발히 해 나가는 동시에 성경의 문자적 의미를 강조한 루터

의 선례를 연구의 구심점으로 삼았다.[29] 루터의 유명한 갈라디아서 4장 주석은 비유적 읽기를 강조한 학자들의 주장을 뒷받침하는 고전적 문헌이 되었다(사도 바울 자신이 하갈, 사라, 이스마엘과 이삭의 이야기를 비유적으로 제시해 놓은 부분이다). 루터는 한편으로, 영적 주해의 유용함도 단언했지만 문자적 의미 이해가 선행되어야 함을 강조했다.

일반적으로 성경에는 네 가지 의미가 있다고 논의된다. 이들은 문자적 의미, 비유적 의미, 상징적 의미 그리고 영적 의미로 구별된다. 예를 들어, 예루살렘은 문자적 의미에서 이스라엘의 수도다. 비유적으로는 믿음의 순수한 양심이며, 상징적으로는 예수 그리스도의 교회를 말한다. 마지막으로 영적 의미의 예루살렘은 저 천국 아버지의 땅을 의미한다. 따라서 갈라디아서 4:24-31에서 이삭과 이스마엘은 문자적 의미로는 아브라함의 두 아들이요, 비유적으로는 두 계약 곧 교회와 유대교 회당을 말하며 법과 은혜를 의미하기도 한다. 상징적으로는 영과 육을 말하며, 미덕과 악, 은혜와 죄이기도 하다. 영적으로는 영광과 조계요, 천국과 지옥이며 천사와 악마요, 축복과 저주다.

물론 이런 종류의 방법론은 성경을 제멋대로 분해해 성급히 해석하려는 이들에게는 적절하지 않으며, 이를 소화할 만한 태도와 능력이 구비된 이들에게만 유용하다. 이 해석들은 이것을 정당화하고 의미를 부여할 만한 추가 설명들을 필요로 하는데, 말하자면 미성숙한 아이들에게 단단한 음식이 아닌 부드러운 우유를 먹여야 하는 것과 같은 맥락이다. 한편 이러한 해석들은 믿음의 교리적 원칙들을 세우는 중대한 문제에 있어 활용되어서는 안된다. 나 자신도 이를 부정하지는 않는데, 이는 바로 이 '네 마리의 말'이 성경의 권위와 교부들의 연구, 그리고 문법적 원칙들에 의해 충분히 증명된 이론은 아니기 때문이다.[30]

역사적 방법론을 중시하던 에드워즈의 시대는 개신교 학자와 다른 학자들을 통틀어 문자적 의미에 대한 연구가 가장 선호되던 시대였다(이는 로마 가톨릭 교회의 피상적 주해 방식에 대한 의구심에서 비롯되었다). 청교도와 그들의 후손들에게 있어 이것이 중요한 이유는 주로 신학연구에 있어 목회에 대한 강조 때문이었다. 하나님의 말씀이 평신도들의 영혼을 사로잡는 말씀이 되기 위해서는 "학식 있는 자와 그렇지 않은 자, 젊은이와 늙은이, 남자와 여자 할 것 없이 모두에게 평이한 언어로 말씀이 전해져야 한다"는 것이다. 그래서 웨스트민스터에 모인 영적 지도자들은 이와 같이 고백했다. "성경에 기록된 모든 것들은 모든 사람들에게 그 뜻이 쉽거나 분명할 수 없다. 그러나 우리 모두는 자신들의 구원을 위해 성경을 알아야 하며, 믿고 면밀히 묵상하는 이들에게는 배움의 여부에 관계없이 그 비밀이 열리고 그 의미가 받아들여지며 많은 부분을 이해할 수 있게 된다."[31] 그럼에도 불구하고 성경을 충분히 이해하기 위해서는 꾸준한 노력이 필요하다. 성경에는 누구도 이해할 수는 없는 구절들도 많이 있다. 그러나 성경의 핵심적인 이야기는 모든 이들이 읽고 이해할 수 있게 기록되어 있다. 게다가 구속의 메시지에 대한 하나님의 섭리와 능력은 학식이 가장 낮은 이들도 그 내용을 이해할 수 있게 하신다. 학자들은 학자적 식견을 자랑하는 태도에서 벗어나, 이 메시지가 모든 평신도들에게 분명하게 전달될 수 있도록 노력해야 한다.

성경의 문자적 의미에 대한 개신교인들의 선호에도 불구하고 성경의 영적 주해는 종교개혁 이후에도 계속되었다. 루터 자신도 성경을 종종 비유적으로 해석했다. 칼뱅은 성경의 예표론의 대가였다. 청교도들 역시 성경의 영적 의미를 선호했는데, 특별히 아가서의 해석은 그럴 수밖에 없었다.[32] 에드워즈 역시 초기 개신교 학자들처럼 문자적 주해와 영적 주해 방식을 동시에 사용했으나 문자적 이해에 보다 많은 비중을 두었다. 에드워즈를 연구하는 학자들은 이따금 그의 영적 주해 방식에 지나치게 많은 비중을 두는 경우가 있다. 그러나 그는 정기적으로 말씀을 전하는 교구 목회자였으며 하나님께서 그를 교회를 위한 설교자로 세우셨음을 기억해야 한다. 따라서 에드워즈는 모든 수단과 방법을 동원해 하나님의 말씀을 생동감 있게 전하기 위해 각고의 노력을 기울였다. 에덴동산에서 시작되었으나 아직 완성되지 않은 구속사의 원대한 과정을 드러내 보이기 위해 그는 몸 바쳐 헌신했다.[33]

에드워즈에게 있어 가장 잘 알려진 영적 주해의 방법은 예표론이다. 그는 하나님께서 성경 속에 메시아와 인간의 구속, 다가오는 천국에 대한 모형과 생생한 상징들을 많이 포함시켜 놓으셨다고 믿었다. 이러한 모형과 상징들은 그 예표에 대한 우리의 이해와 하나님께서 특별히 의도하신 것에 대한 인식들을 강화시켜 준다. 그가

1740년대 중반에 기록한 바와 같이, "하나님께서는 태초부터 지금까지, 그리고 앞으로 다가올 모든 미래의 일들을 드러내시기 위해 상징적인 표현들을 계속해서 사용하셨다." 에드워즈는 이런 상징과 그림자에 대한 자신의 이론에 대해 출판하기를 꺼렸지만, 그의 노트를 보면 예표론 연구에 대한 그의 열정이 대단했다는 것을 알 수 있다. 예표론은 그로 하여금 현실의 영적 본질과 역사의 목적, 그리고 성경의 조화를 이해하도록 도와주었다. 에드워즈에 의하면 아담과 아브라함, 다윗은 메시아의 역할에 대한 다양한 측면들을 보여주는 예수 그리스도의 예표들이다. 고래의 뱃속에서 사흘 동안 지내다가 나온 선지자 요나의 이야기는 그리스도의 죽음과 부활을 상징한다. "미래에 일어나게 될 이스라엘과 에돔 자손 간의 갈등과 분쟁은 태중에서 다투던 야곱과 에서의 이야기에서 예표되고 있다." 예표론에 대한 다른 대표적인 예는 에드워즈의 묵상 기록에 제시되어 있다. "아무것도 할 수 없었던 갓난아기 모세가 강물 위에서도 놀랍도록 보호되었던 이야기는…… 하나님의 백성에 대한 보호와 구원의 예표로 해석된다."[34]

에드워즈는 몇몇 예표들이 다른 예표들보다 더 생생하게 제시되고 이해될 수 있음을 인정했다.[35] 중세 그리스도인들에 비하면 에드워즈의 예표론 연구는 많이 절제되어 있다. 그는 "예표론 연구에는 특별히 신중함이 요구된다. 적절치 않은 상상력이 동원되어서는 안되며, 신약성경을 통해 그 의미가 잘 드러나는 경우를 제외하고는 그 해석을 일반적으로 단정지어서는 안된다. 성경의 인물과 대표적 상징들을 해석할 때는 분명한 근거에 기반해야 한다."[36] 사실 그는 이러한 태도가 성경의 예표론 연구에 있어 정확하고 신뢰할 수 있는 학문적 발전을 가져올 것으로 기대했다. 그는 "모든 예표를 거부하는 사람들과, 또한 반대로 역사적 근거 없이 모든 것을 예표로 이해하려는 사람들" 간에 황금 분할의 균형을 찾아내기를 원했다.[37]

그럼에도 불구하고 에드워즈는 여전히 예표론에 지나치게 의존하는 경향이 있었다. 이런 경향은 그의 생각들이 독특하고 구별되는 영적 초점을 가진 것으로 보이도록 만들었다. 예표론을 정경의 범주 안에만 두기를 거부했던 그는 세상 모든 것이 영적인 상징들로 가득 차 있다고 가르쳤다. 하나님께서 아무것도 없는 무無의 상태에서 세상을 창조하신 것에 대해 에드워즈는 하나님께서 그분의 무한한 내적 자원을 통해 창조하셨다고 생각했다. 이는 전 우주가 성 삼위일체 하나님을 반영하는 것임을 의미한다. 그러나 인간의 죄가 하나님의 초자연적 계시를 가로막는 방해물이 되고 있다는 것 또한 지적했다. 이 세상에 존재하는 하나님의 신성과 그것의 유형을 관찰하기 위해서는 성경과 성령의 역사를 통한 관점의 교정이 필요하다. 물론 볼 수 있는 눈이 있는 이들에게는 세상 속에 존재하는 인간의 기원과 숙명에 대한 하나님의 섭리가 보일 수 있다. 예를 들어, 자신의 창조주를 잊어버린 이들에게는 죄의 무서운 결과에 대한 경고가 주어진다. 하늘에서 내려 꽂히는 "번개의 엄청난 힘과 파괴력은 하나님의 진노가 가져올 무서운 결과에 대한 하나의 예'다. 반면 복음의 약속에 대한 확신을 필요로 하는 이들에게는 하나님의 풍성하고 아름다운 예표들이 주어져 있다. 예를 들어, 비단을 만드는 누에는 예수 그리스도를 예표하는 아주 좋은 예가 될 수 있다. 예수 그리스도는 그의 죽으심으로 우리에게 영광스런 비단옷을 남겨 주신 분이다. "예수 그리스도는 우리를 위해 누에가 되셨다. 그리고 그의 죽음은 모든 믿는 자들을 의로움으로 옷 입히셨다. 그러므로 우리는 그의 영광으로 옷 입어야 한다."[38]

인간의 실존은 하나님의 놀라운 역사에 근거한다. 구속사는 우주의 목적과 일관성을 보여준다. 그리고 복음은 다양한 사회적 환경을 뛰어넘어 성경 전체와 연결되어 있다. 에드워즈는 근대 계몽주의가 학계를 주도하던 분위기에서 그의 이러한 관점이 자신의 학자적 명성에 도움이 되지 않음을 잘 알고 있었다. 오히려 그는 사람들이 그를 "머리는 뛰어나지만 상상력이 지나치게 풍부한 사람이라고 비웃을 것"을 예상했다. 그럼에도 불구하고 그는 그의 예표론적 성경 연구를 계속해 나갔다. 오히려 그는 담대하게 선언했다. "나는 전 우주, 하늘과 땅, 공중과 바다, 성경과 그 역사가 모두 영적인 것과 영적인 언어들로 가득 차 있다는 믿음에 한 점의 의심이나 부끄러움도 없다. 내가 말한 것들은 이런 모든 상징과 예표들 가운데 아주 작은 일부분에 지나지 않는다."[39]

에드워즈의 하나님은 실존하는 능력의 하나님이었다. 그분의 말씀은 근대 사상이나 성경에 대한 비판, 혹은 영적 기사와 이적들을 깨닫지 못하는 둔한 이들에 의해 상대화될 수 없었다. 하나님의 말씀은 살아 있으며, 살아 움직이는 실체였다. 성경은 모세오경에서부터 요한계시록에 이르기까지 예수 그리스도를 증거하고 있었다. 예수께서 이르시되 "[너희가] 모세를 믿었더라면 또 나를 믿었으리니 이는 그가 내게 대하여 기록하였음이라"(요 5:46). 부활 이후 그리스도께서는 엠마오로 가던 두 제자에게 나타나셔서 성경이 어떻게 그것에 대해 증거하고 있는지와 그들의 복음에 대한 이해를 명확히 하시고 또한 그들의 가슴을 뜨겁게 하셨다. "이에 모세와 모든 선지자의 글로 시작하여 모든 성경에 쓴 바 자기에 관한 것을 자세히 설명하시니라.……그들이 서로 말하되 길에서 우리에게 말씀하시고 우리에게 성경을 풀어 주실 때에 우리 속에서 마음이 뜨겁지 아니하더냐"(눅 24:27, 32).

'예수 그리스도의 탁월성The Excellency of Christ'이라고 제목 붙여진 그의 설교문에서, 에드워즈는 성경의 모든 부분들이 예수 그리스도를 중심으로 짜여져 있음을 분명히 밝혔다. "예수 그리스도의 수많은 탁월함은 놀랄 만한 연결고리로 묶여져 있다." 에드워즈는 예수 그리스도를 유다의 막강한 "사자"와 세상을 구원하기 위해 겸손히 죽으신 "어린양"으로 묘사한 요한계시록 5장에 대한 설명에서, 설교의 나머지 부분을 기독론의 역설을 설명하는 데 할애했다. 성경의 모든 부분을 통틀어 메시아는 항상 이렇게 두 가지 방법 모두로 묘사되어 왔음을 에드워즈는 그의 성도들에게 설명했다. 구원의 강력한 힘을 가진 하나님의 아들이신 그분은 겸손히 사람의 아들이 되셨다. 에드워즈는 그의 설교를 듣는 모든 이들에게 이 교리를 강력히 선포했으며 우리의 모든 필요를 채우시는 구원자 예수 그리스도를 초청하는 것으로 설교를 마무리지었다.

그러므로 이제 하나님께서 우리의 구속을 명령하셨으니, 하나님과의 연합을 기뻐하며 그분과 그의 아들 예수 그리스도를 즐거워할 수 있습니다. 예수 그리스도께서 인간의 몸을 입으셨기에 우리는 보다 자유롭고 완전하게 그분과의 교제를 즐길 수 있는 특권을 갖게 되었습니다. 이는 그리스도께서 인간의 몸을 입지 않으셨다면 우리가 누릴 수 없었던 특권입니다. 다시 강조하지만, 우리는 하나님과 더욱 친밀한 연합을 이룰 수 있는 특권을 갖게 된 것입니다. 그리스도께서는 하나님의 아들이시며, 말할 수 없이 머나먼 곳에서 우리에게 다가오시고 우리가 가진 육신을 입으심으로써 우리와 가까워지셨습니다. 그러므로 우리는 그분과의 교제를 더욱 즐거워해야 합니다. 또한 그분의 성육신은 지극히 머나먼 곳에 존재하시는 하나님께로 우리 자신을 끌어올리는 역사적 사건이었으니, 그분을 즐거워하는 것은 더욱 당연합니다. 하나님께서 우리에게 허락하신 독생자 예수 그리스도로 말미암아 아버지 하나님과 예수 그리스도, 그리고 당신의 백성들은 하나님 안에서 한 공동체와 가족이 되었습니다. 교회는 하나님께서 축복하신 성삼위일체의 공동체가 되어야 합니다.[40]

이 같은 설교를 통해 에드워즈는 1730년대 중반까지 서구 사회를 뒤흔드는 말씀의 사역과 영적 부흥의 흐름을 주도해 나갔다.

4장 | 영들을 분별하라

사랑하는 자들아 영을 다 믿지 말고 오직 영들이 하나님께 속하였나 분별하라. 많은 거짓 선지자가 세상에 나왔음이라. 이로써 너희가 하나님의 영을 알지니 곧 예수 그리스도께서 육체로 오신 것을 시인하는 영마다 하나님께 속한 것이요 예수를 시인하지 아니하는 영마다 하나님께 속한 것이 아니니 이것이 곧 적그리스도의 영이니라. 오리라 한 말을 너희가 들었거니와 지금 벌써 세상에 있느니라.…… 사랑하는 자들아 우리가 서로 사랑하자. 사랑은 하나님께 속한 것이니 사랑하는 자마다 하나님으로부터 나서 하나님을 알고 사랑하지 아니하는 자는 하나님을 알지 못하나니 이는 하나님은 사랑이심이라. (요한1서 4:1-3, 7-8)

노샘프턴의 주민들에게 영적 부흥은 생소한 일이 아니었다. 솔로몬 스토다드는 그의 육십여 년에 걸친 사역 동안 "다섯 번의 추수"를 경험했다(1679년, 1683년, 1696년, 1712년, 1718년). 그러나 스토다드의 죽음 이후 노샘프턴 마을은 깊은 영적 침체기를 맞게 된다. 에드워즈는 이때를 다음과 같이 묘사한다. "젊은이들 사이에 음란함이 가득 차 있다.…… 이들은 밤늦게 돌아다니며 술집에서 어울리거나 음행을 일삼고, 더욱이 다른 이들까지도 타락의 웅덩이에 빠뜨리고 있다." 그들의 목회자였던 에드워즈는 날이 갈수록 더 큰 경각심을 갖게 되었다. 예배가 끝나고 모여서 음행을 일삼는 이들의 모습은 그에게 있어서 더욱 특별한 근심거리가 아닐 수 없었다. 에드워즈는 이후 이 문제를 대중 앞에서 다루게 된다. 노샘프턴을 영적으로 개혁하려 했던 그의 노력은 그를 지지하는 호의적인 상황에 의해 가속화되었다.[1]

영적 부흥이 노샘프턴을 흔들기 시작하다

1734년 초, 부흥의 불길은 패스커먹 마을 근교에서부터 번지기 시작했다. 같은 해 4월, 노샘프턴의 젊은이들은 예기치 못한 두 사람의 죽음을 목격하게 된다. 첫 번째는 갑작스럽게 늑막염에 걸려 이틀 만에 죽은 청년이었고, 두 번째는 결혼한 지 얼마 안된 젊은 여인이었다. 이 여인의 죽음에 관한 에드워즈의 증언은 주목할 만하다.

> 아프기 전부터 영혼 구원의 문제에 관해 깊은 관심과 열정을 가지고 있던 그녀는, 아프기 시작하면서도 자신의 구원 문제에 대한 해답을 찾기 위해 마음속의 깊은 갈등을 떨쳐 버리지 못한 채 남은 날들을 살아가고 있었다. 그러나 오히려 죽음이 가까이 다가오면서 그녀에게 하나님의 자비로운 손길에 의한 구원의 증거들이 드러나기 시작했다. 그녀는 평온한 마음으로 죽음을 맞이했으며, 오히려 마지막 순간까지 다른 이들을 격려하고 위로하며 권면하는 모습을 보여주었다.

그녀의 죽음을 두고 에드워즈는 "많은 젊은이들의 영혼을 성결하게 하는 데 크게 도움이 될 것"이라고 기록했다. 더불어 "사람들의 언행에 있어 종교적 관심과 열정이 선명히 드러나기 시작했다."[2]

이러한 관심을 기회로 삼아 에드워즈는 젊은이들이 매주 모여 흥청망청 보내던 목요일 밤을 기도와 친교를 위해 각 집에서 모이는 "친목 기도회social religion"의 날로 정할 것을 권면했다. 이 기도회가 시작된 지 얼마 지나지 않아 마을에 또다시 죽음이 찾아왔다. 이번에는 노인이었다. "많은 사람들이 이 비극에 크게 충격을 받았다."[3] 이번에는 젊은이들에 이어 마을의 어른들이 주일 밤마다 모여 기도하며 찬송을 부르기 시작했다(사적 모임에서 찬송을 부르는 것을 두고 청교도 사이에서 논란이 있었으나 곧 영적 부흥이 일어난 곳곳에서 일반적인 관행이 되었다).[4] 오래지 않아 이런 영적 훈련들은 전환기를 맞게 된다. 부흥의 불길이 마을 전체를 휩쓸게 되었고 이 불길은 코네티컷 강과 골짜기를 따라 남쪽으로 번져 나갔다.

자신이 그 부흥의 불길 한가운데 있었던 만큼 객관적이지 못한 부분도 있겠지만, 에드워즈는 이 부흥의 불길이 가져온 열매들이 노샘프턴 마을에 강력하게 임하신 성령의 역사를 통해 드러났다고 증언했다.

> 하나님의 이 놀라운 사역은 그해(1735년) 봄과 여름, 마을에 영광스러운 변화를 가져오게 되었다.…… 마을에는 하나님의 임재가 가득했다. 이때처럼 사람들의 마음속에 사랑과 기쁨이 가득 찼던 적이 없었다. 거의 모든 집마다 하나님의 임재를 나타내는 놀라운 역사들이 드러나기 시작했다. 구원의 역사가 가져온 기쁨이 가정마다 가득했다. 부모들은 자녀들의 구원으로 인해 기뻐했고, 남편들은 아내들

로 인해, 아내들은 남편들로 인해 기뻐했다.[5]

역사가 증명하듯이 영적인 회복의 증거들은 경건한 부인들에게서 가장 먼저 선명하게 드러났다. 에드워즈가 예로 든 두 명의 여인들은 당시 마을에서 일어난 영적 부흥의 상황을 가장 잘 보여준다. 첫째는 병고에 시달리던 아비가일 허친슨이라는 여인이었는데, 그녀는 기도가 부어 음식물을 삼킬 수 없게 되자 서서히 굶어 죽어 가야 했던 가여운 여인이었다. 이 여인은 "오직 액체만 섭취할 수 있었는데 그나마 아주 적은 양을 오랜 시간 고생하며 마셔야 했다." 이 여인은 "결국 아무것도 삼키지 못하는 상태가 되어 굶주려 죽게 되었다." 이런 극심한 상황 속에서도 허친슨의 거듭남의 경험은 그녀의 영혼을 하늘의 음료과 양식으로 가득 채워 주었다. 그녀의 "가슴속에 가득한 열망은 그녀 자신의 회복이 아니라 하나님을 모르는 영혼들의 구원에, 그리고 구원받은 이들이 하나님을 더욱 강하게 경험하는 데 있었다." 그 극심한 고통 중에서도 그녀는 쉼 없이 하나님의 영광을 증언했으며, 그 몸이 죽어 가는 중에도 친구들에게 복음을 전했다. 그녀가 오로지 바란 것은 그녀가 아는 모든 이들이 하나님과 함께하게 되는 것이었다. 사실 그녀는 "육체의 방해를 받지 않고" 하나님의 강력한 은혜가 "보다 자유롭게 역사하실" 죽음 이후의 시간을 고대하고 있었다.[6]

에드워즈가 영적 부흥의 예로 든 두 번째 인물은 네 살 난 어린아이 피비 바틀릿이었다. 이 아이 역시 부흥의 불길이 불붙기 시작할 때 회심한 아이였다. 이 아이는 그 어린 나이에도 불구하고 하나님과 함께하기를 염원했을 뿐만 아니라 친구들이 예수 그리스도께로 돌아오도록 인도했다. 이 아이는 "다른 사람들의 영혼을 위한 간절한 마음을 드러냈을 뿐만 아니라 친구들을 극진한 사랑과 관심으로 격려하곤 했다." 에드워즈는 또한 이 아이가 보여준 놀랄 만한 자선의 정신을 아름답게 표현했다.

> 숲 속에서 가난하게 사는 어떤 사람이 가지고 있던 유일한 재산인 젖소를 잃어버린 뒤 겪게 된 어려움들을 이야기하자 안타까운 마음으로 듣고 있던 피비는 곧 그 아버지에게로 달려갔다. 피비는 아버지에게 이 불쌍한 사람에게 소를 한 마리 줄 것을 간절히 요청했다. 아버지가 그럴 수는 없다고 하자 피비는 이 불쌍한 사람과 그 가족들이 자신의 집으로 들어와 함께 살게 해달라고 간절히 요청하는 것이었다. 이 아이의 마음 씀씀이가 이와 같았다.

요한일서에 기록된 것과 같은 진정한 제자도의 모습을 이 어린 피비가 보여준 것이다(요일 3:17). 이 아이의 사랑은 마을 내 어느 누구의 사랑보다 더 아름다운 것이었다.[7]

노샘프턴의 부흥의 불길은 개개인의 영혼에 있어서의 변화뿐만 아니라 공공예배의 양상까지도 바꿔 놓았다. 에드워즈는 훗날 "우리의 대중 집회는 전보다 훨씬 아름다웠다"라고 회고했다.

> 부흥의 불길이 번지면서 예배를 드리는 회중들의 태도가 살아나기 시작했다. 예배에 적극적으로 참여했을 뿐만 아니라 목회자의 입에

서 쏟아지는 말씀을 듣기에 모두들 열정적이었다. 말씀이 선포될 때 회중들의 눈가에는 종종 눈물이 쏟아지곤 했다. 어떤 이들은 슬픔과 번민으로, 어떤 이들은 기쁨과 사랑으로, 또 어떤 이들은 그들의 이웃을 향한 사랑과 관심으로 눈물을 흘렸다.

세심하게 편곡된 회중 찬양의 가치에 대해서도 관심을 가졌던 에드워즈는 찬양의 변화에 대해서 언급하는 것도 잊지 않았다. "우리의 회중 찬양은 크게 생기를 더하게 되었다. 시편 찬양을 통해 우리는 하나님께 영광을 돌렸고 그 거룩한 아름다움은 회중 가운데 가득 찼다"(시 96:9).

예배와 찬양 중 사람들의 마음이 은혜로 가득 차서 하나님을 향해 활짝 그 문을 열게 되는 것은 드문 일이 아니었다. 남자들은 3부 화음으로 찬양했고 여자 성도들도 다른 파트를 맡아 찬양했는데, 그 찬양들의 아름다움과 탁월함은 표현하기 힘들 정도였다. 대각성운동 이후 그들의 충일된 마음과 목소리는 기쁨에 가득 찬 그들의 영적 상태를 잘 드러내 보여주었다.[8]

에드워즈는 주일 오후예배 때 회중 찬양을 인도했는데, 이는 당시 교회 공동체 내에서 큰 이슈가 되었다. 이것은 집에서 찬양을 부르거나 시편을 파트를 나누어 부르는 것보다 훨씬 더 논란이 되는 문제였다.[9]

한 가지 더 놀라운 점은, 에드워즈가 이 엄청난 부흥의 역사를 이끌어 나갈 당시 그의 나이가 겨우 서른한 살밖에 되지 않았었다는 점이다. 그의 아내 사라는 스물네 살이었다. 그의 동시대인들조차 당시 일어난 일에 대해 경의감을 감추지 못했다. 에드워즈는 노샘프턴에서 일어난 일들에 대해 보스턴에 있는 선배 목회자들에게 지속적으로 편지를 보내 알렸으며[10] 주변 사람들에게도 계속해서 소식을 전했다. 곧 부흥의 소식은 뉴잉글랜드 전역으로 퍼져 나갔다. 노샘프턴에서 일어난 일들에 관해 자세한 내용을 알고자 하는 사람들의 열망은 바다 건너 유럽에서도 퍼져 나갔고 결국 에드워즈는 책을 써서 이들에게 답례하게 된다(「놀라운 부흥과 회심 이야기 *A Faithful Narrative of the Surprizing Work of God in the Conversion of Many Hundred Souls in Northampton, and the Neighbouring Towns and Villages of New-Hampshire in New-England*」, 1737년). 영국 출판업자들이 매사추세츠의 변두리 햄프셔카운티에 위치한 노샘프턴을 뉴햄프셔라고 잘못 인쇄한 일이 있었지만 사건의 중요한 부분은 아니었다. 이 책은 날개 달린 듯이 팔려 나갔다. 출판한 지 3년이 안되어 어든버러와 보스턴 양 지역에서 출판되기 시작했고 독일어와 네덜란드어로도 번역되어 출판되었다. 이 책은 많은 목회자들에게 영적 부흥에 대한 갈망을 불러일으켰다. 이 책은 조지 윗필드로 하여금 식민지 전도 사역을 재개하도록 만들었고, 존 웨슬리John Wesley로 하여금 영국 전역을 돌아다니며 순회설교를 시작하게 하는 동기를 부여해 주었으며, 1740년대 불기 시작한 대각성운동의 시작을 알리는 강력한 영향력을 발휘했다.[11]

이에 대해 에드워즈는 이 일이 자신의 능력이 아니라 하나님의 주권에 의해 일어난 일임을 분명히 표현했다. 그러나 에드워즈는 하나님께서 사람들의 기도와 복음의 선포를 통해 일하기 원하신다는 것을 잘 알고 있었다. 하나님께서는 우리의 상황 안에서 자발적 마음으로 시작되는 구원의 사역을 원하고 계신다. 우리 그리스도인들은 이 부르심에 부응해 영혼 구원의 사역에 가치를 올려야 하는 것이다. 1747년 에드워즈는 영적 부흥을 위한 기도의 중요성을 강조하는 긴 논문을 발표하게 된다.[12] 그는 그 이전부터 끈질긴 기도의 중요성에 대해 계속적으로 강조해 왔었다.[13] 1734년 후반부터는 죄인의 칭의와 오직 믿음에 의한 회심에 초점을 둔 복음을 전하기 시작했다. 이 연속설교는 노샘프턴에 부흥의 역사를 가속화하기 위한 하나님의 도구로 사용되었다.

칭의와 회심

앞에서 다룬 바와 같이 이신칭의(믿음으로 의롭다 하심을 받음)의 교리는 오랜 기간 에드워즈 사역의 핵심에 자리 잡고 있던 신학적 초점이었다. 그는 예일대학 석사학위 논문(1723년)에서 이를 강력하게 옹호했으며, 1731년 참석한 보스턴의 하버드대학 졸업식 연설에서도 이를 변호했다. 그러나 이 교리는 1734년 에드워즈가 이른바 "알미니안주의에 관한 이 나라의 아우성"이라 부른 논쟁의 바람 속에서 한 차례 시련을 겪게 된다. 에드워즈는 아마도 평생 복음적인 알미니안주의자들을 만나 보지 못했을 것이다. 물론 훗날 웨슬리 형제들의 감리교 알미니안주의자들에 대해서는 들어 보았을 수도 있다. 에드워즈의 주변 사람들은 모두 칼뱅주의자들이었다. 뉴잉글랜드 주민들은 알미니안주의를 개방적이고 도덕중심적이며 이성에 초점을 둔 자유주의의 일파로 이해했다. 에드워즈에게 있어 "알미니안"은 곧 종교개혁과 그 영광스러운 은혜의 신학을 반대할 뿐만 아니라, 죄인은 오직 초자연적인 은혜로, 오직 믿음으로, 오직 그리스도로 말미암아 구원받는다는 성경적 진리에 반대하는 이들로 이해되었다. 그래서 1734년 가을 "알미니안주의자" 로버트 브렉Robert Breck이 노샘프턴에서 불과 30킬로미터 떨어진 매사추세츠 스프링필드에 부임했을 때, 또 윌리엄 랜드William Rand가 이보다 더 가까운 선더랜드에 부임해 "칭의에 관한 새로운 교리"를 그의 회중에게 설교했을 때, 에드워즈 주변의 "경건한 친구들은 그 결과에 대해 두려워하며 떨었고" 지역 내 목회자들은 손을 휘휘 내저을 수밖에 없었다. 에드워즈는 개혁주의 신앙을 다시금 가르쳐야 함을 깊이 느끼게 되었다.[14]

그해 11월부터 에드워즈는 "오직 믿음에 의한 칭의"의 교리에 초점을 맞춘 연속설교를 선포하기 시작했다. 이 가운데 네 편의 설교가 출판되었으며, 부흥의 불길이 점차 누그러지던 시기에 전했던 다섯 번째 설교 역시 출판되었다(『중요한 여러 가지 주제들에 관한 소고, 특히 영혼 구원의 문제에 관하여Discourses on Various Important Subjects, Nearly Concerning the Great Affair of the Soul's Eternal Salvation』, 1738년).[15] 에드워즈의 평가에 의하면 하나님께서 노샘프턴을 축복하신 이유 가운데 하나는 그가 교회에게 성실하게 종교개혁의 교리를 가르쳐 왔기 때문이었다. 어떤 이들은 쓸데없이 "논

4장 | 영들을 분별하라 131

쟁적인 주제를 언급한다"라는 이유로 에드워즈를 비판했다. 그러나 믿음에 의한 칭의의 강조는 결국 "적절한 시기에 선포된 하나님의 말씀이요, 노샘프턴 주민들이 받게 된 크나큰 축복이 아닐 수 없었다."[16] 다섯 번째로 출판된 설교문의 서문에서 에드워즈는 당시 있었던 격동의 소용돌이에 대해 설명하고 있다.

> 최근 일어난 일들 속에 간섭하시는 하나님의 역사를 바라보면서, 오직 믿음에 의한 칭의의 교리가 바로 하나님께서 인정하시는 구원의 진리이며, 바로 이 진리가 노샘프턴에서 선포되었고 확증되었음을 확신하게 되었다. 최근 일어나기 시작한 신학적 논쟁으로 인해 많은 사람들이 구원의 문제에 대한 교리를 혼동하게 되면서, 그들이 어릴 때부터 배우고 믿어 왔던 이신칭의의 교리에 대해 의구심을 갖게 된 것은 정말 심각한 상황이 아닐 수 없다.

그러나 참된 말씀을 선포하기 위한 에드워즈의 노력은 하나님의 놀라운 축복으로 이어지게 된다.

> 내가 하고자 하는 것은 진리에 관한 판단에 있어서 뿐만 아니라 칭의를 추구함에 있어서도 좀 더 진지한 노력을 기울이고자 하는 것이다. 그리고 그렇게 함으로써 이 진리가 설명되고 변증될 수 있음을 나는 확신한다. 강단에서 칭의의 교리를 가르친다는 이유로 나에 대한 많은 비판이 있었으나 우리를 주관하시는 놀라우신 하나님의 역사가 있었으며, 오직 그리스도의 의로움만이 드러나기를 원하는 많

은 영혼들이 오히려 주님께로 더 많이 돌아오게 되었다. 이신칭의의 교리를 가르치며 하나님의 역사가 시작된 것은 분명하며, 그분의 역사는 이 모든 과정 가운데 분명하게 드러났다.[17]

칭의에 관한 에드워즈의 가르침은 로마서 4:5의 말씀에서 시작되었다. "일을 아니할지라도 경건하지 아니한 자를 의롭다 하시는 이를 믿는 자에게는 그의 믿음을 의로 여기시나니." 이 본문을 두고 에드워즈는 "우리는 우리의 미덕이나 선행이 아닌 오직 그리스도를 믿는 믿음 안에서 의롭다 하심을 입었다"는 사실을 분명히 가르쳤다. 그는 열정적으로 이 진리를 가르쳤으며, 칭의는 오직 하나님의 은혜로운 선물로 주어지는 것임을 분명히 했다. 하나님께서 성령의 역사로 말미암아 그분의 아들과 우리를 하나되게 하실 때 우리는 그분의 거룩한 교회의 일원이 되는 것이며 예수 그리스도의 신비로운 신부가 되는 것이다. 그렇기 때문에 우리가 칭의를 위해 할 수 있는 일이라곤 아무것도 없다. 우리의 믿음은 영적 연합을 위해 예수 그리스도께 붙어 있는 것이다. 하나님께서 이를 우리의 삶에 가져오시기에 우리는 비로소 이를 적극적으로 활용할 수 있게 되는 것이다. 우리가 그리스도께 붙어 있고 구속을 위한 그분의 역사를 신뢰하게 됨에 따라 하나님께서는 우리가 그분과 하나가 되게 하시며 우리로 하여금 의롭다 칭하시는 것이다. "그리스도와 그분의 백성 사이에 연합이 이루어질 때 합법적인 토대가 마련되는 것이다." 이에 관한 에드워즈의 연역적 결론은 유명하다.

우리의 재판관 앞에 우리가 설 수 있는 것은 우리 안에, 그리고 우리 사이에 우리를 연결하시는 그 재판관이 서 계시기 때문이다. 믿는 자들에게는 그리스도와 연합하고자 하는 본질이 주어져 있는데, 오직 이것만이 재판관이 보기 원하시는 행위며 자질이다.[18]

복음의 순수성을 지키기 위해 그들의 고향을 버려야 했던 청교도의 신학적 입장을 고수했던 에드워즈에게 있어 그리스도와의 연합은 구원의 기초를 이루는 아주 중요한 문제였다. 그는 복음에 단순히 동의한다고 해서 구원받는 것이 아님을 강조하며 "귀신들도 믿고 떠느니라"는 야고보서 2:19의 말씀을 인용했다. 성령께서 우리 안에 내주하셔서 그리스도와 연합하게 함으로써 우리의 영혼을 회복시키시며, 주님의 의에 참여하게 하시고 우리 삶에 열매 맺게 하심을 그는 분명히 가르쳤다.

신자의 삶에 있어 성령께서 하시는 역할에 대한 가르침은 에드워즈에게 매우 중요한 주제였다. 사실 이것이 그의 사역의 핵심에 자리한 신학적 주제였다고 하는 것이 더 적절한 표현일 것이다.[19] 에드워즈는 거의 모든 이들이 교회에 출석하고 거의 모든 이들이 기독교 신앙의 기본적 진리를 인정하던 시대에 살았다. 그는 식민지 주정부에서 거둬들인 세금으로 운영되는 교회의 사역자였고, 그가 살던 시대는 바로 기독교 문화가 주류를 이룬 시대라고 해도 과언이 아니었다. 그럼에도 불구하고 그가 중점적으로 생각했던 문제는, 그리스도 안에서 진실한 믿음과 허울에 불과한 이름뿐인 기독교를 어떻게 구별할 것인가 하는 점이었다. 자신의 양떼들을 지극히 사랑했던 에드워즈는, 언젠가 자신이 사역을 바라보는 관점에 대해 그들과도 나눠야 한다고 믿었다. 그에게 있어 참 기독교와 명목상의 기독교가 갖는 차이는, 바로 우리를 새롭게 하실 뿐 아니라 영혼을 살리시며 그리스도 안에서 영적인 삶을 허락하시는 성령의 역사를 인정하느냐 하지 않느냐에 있었다. 에드워즈는 성도들에게 "성령을 소유한 이는 가장 행복하지만 그렇지 못한 이의 삶은 비참할 수밖에 없다"는 사실을 마음을 다해 가르쳤다.[20] 진정한 회심의 기준은 성령께서 과연 그 개인의 삶을 주장하시는지, 그의 영혼이 회복되고 있는지, 그에게 성령으로 인한 영적 이해의 깊이가 깊어지고 있는지에 달려 있다. 한 번 하나님의 선하심을 맛본 사람은 영적인 것들에 대한 새롭고 깊은 기쁨과 확신을 갖게 되기 때문이다. 그가 '신적이고 초자연적인 빛A Divine and Supernatural Light'이라는 제목으로 전한 설교에서 "이런 사람들은 하나님의 말씀을 통해 주어지는 영적인 탁월함에 대해 민감하게 반응하며, 진리와 영적인 실제에 대한 확신을 갖고 있음이 분명하다"고 가르쳤다.[21]

사실 에드워즈는 복음주의 신앙의 실천에 있어서 그의 청교도 선조들과 조금 다른 관점을 갖고 있었다. 뉴잉글랜드의 목회자들은 주로 하나님의 주권 앞에 불안해 하는 죄인들을 향해 하나님은 당신의 은혜로운 방법들(성경, 성례, 기도와 성도의 교제)을 통해 그분의 약속을 신실하게 지켜 나가심을 강조해 왔었다. 이들은 아직 완전히 회심하지는 않았지만 죄를 회개함으로써 거듭날 준비가 되어 "은혜의 통로에 들어서게" 되는 것이며, 이미 받은 은혜를 통해 선함을 이루어 나가고 구원을 향한 발걸음을 내딛게 되는 것임을 강조했다. 학자들은 이런 신학적 성향을 청교도들의 "준비론 preparationism"이라고 불렀다.[22]

에드워즈는 이런 가르침에 대해 동의하지 않았다. 물론 그는 하나님은 우리가 신뢰할 수 있는 분임을 분명히 했고 당신의 은혜로 우리를 구원하시는 분임을 가르쳤다. 그러나 그는 자주 "청교도적 준비론"이 죄인들로 하여금 영적인 문제에 대해 무감각하게 만들 뿐만 아니라 영적인 자기만족을 불러 일으켜 하나님을 제한하는 결과를 가져오게 된다고 지적했다. 1장에서 언급한 바와 같이, 사실 에드워즈의 회심은 청교도적 유형론의 기준에 미치지 못했다. 그는 한동안 자신의 회심이 왜 뉴잉글랜드 청교도들이 말하는 회심의 순서에 따라 이루어지지 않았는지에 대해 고민했었다.[23] 동시에 그는 목회를 통해 진정한 회심은 본질상 초자연적일 수밖에 없음을 목격해 왔다.[24] 이는 죄인의 회심이 인간이 인지할 수 있는 특정한 순서를 따른다고 해서 그 정당성을 가질 수 있는 것이 아님을 알고 있었던 것이다. 물론 회개와 하나님의 자비를 구하는 기도가 죄인으로 하여금 회심을 준비하게 함을 에드워즈도 인정했다. 그러나 분명한 것은 회심의 사건이 종교적 가치들을 실천함으로써 이루어질 수 있는 것이 아니라는 것이다. 회개하는 죄인에게 새로운 마음을 주셔서 그 관심과 열정을 재조정하는 것이 하나님께서 하시는 사역의 핵심이다.[25] 하나님께서는 회개하는 죄인의 영혼을 성령으로 채우신다. 하나님께서는 그 영혼에게 하나님과 함께하고자 하는 깊은 소원을 불러일으키시며, 하나님을 더 잘 알고 모든 일에 하나님을 영화롭게 하고자 하는 소원을 주신다. 그래서 에드워즈는 죄인들을 상담할 때 각 개인이 청교도적 유형론의 어느 지점에 서 있는지에 대해 관심을 두지 않았다. 그는 사람들의 마음에 대해 물었다. 그는 사람들이 무엇을 사랑하고 그들의 시간을 어떻게 보내며, 그들의 삶에서 무엇을 이루고 싶어하는지에 대해 들었다. 게다가 영적 부흥에 중점을 둔 그의 사역을 통해 다른 이들이 그들의 삶에서 성령의 역사를 구별해 낼 수 있도록 돕고자 했다. "영을 시험"해 하나님의 영과 거짓 영을 구별해 내는 것을 그는 중요하게 여겼다.

실제로 에드워즈는 대각성운동에 관해 봇물처럼 쏟아 낸 자신의 저서들—「하나님의 성령의 역사의 두드러진 표증들」(1741년),「뉴잉글랜드의 신앙 부흥에 대한 몇 가지 생각」(1743년),「신앙감정론 *Religious Affections*」(1746년),「사탄에 의한 경험과 구별되는 참된 은혜 *True Grace, Distinguished from the Experience of Devils*」(1753년)—을 통해 이에 관해 자세히 다루었다. 이 모든 저서들은 기독교 역사의 흐름 속에서 진정한 성령의 역사를 구별하는 저술들 가운데 가장 중요한 것들로 손꼽힌다. 이 저서들에서 에드워즈가 강조한 것은 성령의 역사를 부정하지도 긍정하지도 않는 외형중심적 종교의 모습을 탈피해 진정한 부흥과 회복을 향한 은혜의 긍정적 신호들을 가져야 한다는 것이었다. 여기에 나오는 부정적 신호들은 과한 감정, 영적·신체적 통제력의 상실, 부정기적인 예배 습관 등이다. 이런 모습들은 영적 회복의 역사에서 하나님께서 보여주시는 현상들이기도 하지만, 종교적 위선자들이나 심지어 사탄에게 흔히 나타나는 모습이기도 하다.

이와는 반대로 에드워즈가 긍정적 신호로 생각한 것들은, 예수 그리스도에 대한 존경과 사탄을 대적하는 행위, "성경에 대한 경외"
와 "하나님과 사람들을 향한 사랑의 영혼", 그리고 하나님께서 인간
의 삶에 적극적으로 개입하시는 것에 대한 증거들이다. 이런 것들
은 초자연적인 선물이며 이 가운데 성경이 은혜의 증거로 가르치고
있는 가장 최고의 선물은 "그리스도인의 삶의 실천"과 "성경적 거룩
함"이다.[26] 이런 것들은 외형적이고 피상적인 종교와는 전혀 거리가
멀다. 이것이 모든 진정한 믿음의 전부이며, 에드워즈는 노샘프턴
에서 1734년 12월부터 1735년 여름까지 계속된 영적 부흥이 이를
잘 보여주었다고 평가했다.

쇠퇴, 절망, 그리고 분열

불행히도 노샘프턴에서의 영적 부흥과 은혜의 증거들은 처음에 갑
작스럽게 찾아 왔던 것과 마찬가지로 빠르게 사라져 갔다. 설상가
상으로 은혜의 긍정적 신호들에 대한 사탄의 역사도 더 심해져서 많
은 사람들이 우울증과 의심, 심지어 자살의 충동까지도 경험하게
되었다.

    3월 25일, 정신적 장애가 있던 토머스 스테빈스—에드워즈의
표현으로는 "연약하고 불쌍한 사람"—가 스스로 목숨을 끊고자 했
다. 영적 부흥이 절정기에 이르렀을 때 "사탄의 역사"로 인해 스스
로 목숨을 끊고자 하는 "강력한 유혹"에 빠졌던 그는 결국 자신의
삶을 내던지고 말았다. 이웃들의 즉각적인 도움으로 목숨을 건졌지
만 그는 이후에도 "극심한 우울증"을 극복하지 못했다.[27] 6월 1일에

는 마을 내 다른 사람이 결국 목숨을 끊어 버린 사건이 발생한다. 환경이 불우했던 스테빈스와는 달리, 노샘프턴의 행정가였던 조셉 홀리Joseph Hawley는 솔로몬 스토다드 목사의 사위이자 조나단 에드워즈의 이모부였다. 그의 아내 레베카 스토다드Rebekah Stoddard는 에드워즈의 어머니 에스더의 자매였다. 홀리는 노샘프턴 지방의 서기로 수년간 봉직해 왔다. 그는 촉망받는 사업가였고 식사에 사용하는 포크와 나이프를 마을에서 처음으로 판매한 사람이었다. 에드워즈는 그를 "언행이 신실하며 마을 내에서 존경받을 만한 신사"라고 불렀다. 그러나 홀리는 스테빈스와 같이 극심한 우울증을 겪고 있었으며, 그의 정신병은 영적 부흥과 함께 더욱 심화되었다.

> 이 놀라운 영적 부흥의 초기부터 그는 자신의 영적 상태에 대해 지나치게 염려하고 있었다.…… 생의 마감을 앞둔 시점에는 눈에 띄게 자신감을 잃고 우울증이 심화되어 마침내 이에 마음이 완전히 사로잡히게 되었다. 그는 사람들의 조언에 귀를 기울이지 않았고 자신의 생각 속으로만 빠져들었다. 이때 사탄이 틈을 타기 시작하더니 그의 마음은 어느새 절망으로 가득 차 버렸다. 밤중에도 잠을 자지 못하고 공포에 시달리는 경우가 허다했다. 그는 결국 잠을 전혀 이루지 못하는 상태에 빠지게 되었고 매일 하던 일상적인 일조차도 할 수 없는 상황에 이르게 되었다. 결국 의사는 그가 정신착란 상태에 빠졌다고 진단했다.[28]

노샘프턴에 강하게 불었던 부흥의 바람은 그에게도 예외가 아니었다. 그러나 그의 건강은 이미 극도로 악화된 상태였다. 이때 홀리는 그의 구원에 대해 절망적인 감정을 갖게 된다. 영적 부담감은 그의 정신을 철저히 망가뜨리고 말았다.

이때를 기점으로 노샘프턴의 영적 상황은 점점 더 악화되었다. 에드워즈와 마을 주민들은 "하나님의 영이 거두어져 가는 것"을 목격했을 뿐만 아니라, "사탄의 역사가 점점 더 강하게 다가오는 것"을 느끼게 되었다. 많은 주민들은 절망적인 생각들에 사로잡히게 되었다. 에드워즈는 이에 대해 부끄러운 고백을 할 수밖에 없었다.

> 노샘프턴과 주변 마을 주민들이 홀리의 일에서 지나치게 영향을 받기 시작했다. 영적으로 또 정신적으로 건강했던 사람들, 어두운 구석이라고는 찾아볼 수 없었던 사람들, 자신의 영적 건강에 대해 전혀 의심하지 않았던 사람들조차 자살에 대한 강력한 충동을 느끼게 되었다. "네 자신의 목을 베어 버려. 지금이 기회야! 바로 지금!" 사람들은 이런 강력한 내적 충동에 대항해 싸워야 했다.[29]

그해 여름이 끝나 갈 무렵 영적 부흥의 바람은 영적인 광기로 대체되어 갔다. 많은 이들이 당을 지어 서로 헐뜯고 싸우기 시작했다. 에드워즈는 당황했지만 하나님의 섭리 앞에 자신을 온전히 맡기기로 결단했다. 그리고 앞으로 영적 혼동이 다시 찾아오게 될 가능성에 대해 민감하게 반응하며 대응해야 함을 배우게 되었다.[30]

설상가상으로 1735년 노샘프턴의 주민들은 예배당 건축에 관한 강력한 논쟁의 회오리 속에 빠져들게 된다. 당시 예배당은 낡을 대로 낡아 있었다. 마을 회의에서 새로운 교회 건물을 짓기로 결정하는 것은 그리 어렵지 않았다. 그러나 예산과 위치에 대해서는 많은 논쟁이 있었다. 신축 결정 열 달 후인 1736년 9월 16일에서 27일에 골조 공사를 완성했으나 건물이 다 지어진 것은 아니었다. 공사는 수개월 동안 재개되지 않았고 에드워즈는 불안해지기 시작했다.[31]

1737년 3월 13일 마침내 재난이 닥쳤다. 주일예배 설교가 시작된 지 얼마 되지 않아 사람들이 앉아 있던 바닥의 기초가 갑작스럽게 무너지기 시작했다. 엄청난 소음과 함께 사람들의 머리 위로 건물이 무너져 내리기 시작했다. "이런 상황을 경험한 사람이라면 누구든 쉽게 상상할 수 있듯이, 끔찍한 비명과 울음소리가 귓전을 울리기 시작했다. 앞으로 다가올 일이라고는 죽은 사람들의 시체들을 파내는 것과 다친 사람들을 이송하는 것 말고는 예측할 수 없는 끔찍한 상황이었다." 그러나 먼지가 다 가라앉은 뒤 교회 지도자들은 놀라지 않을 수 없었다. "멍들고 살이 찢어진 이들이 있기는 했지만 뼈나 관절이 부러진 사람은 아무도 없었다." 사람들은 하나님의 놀라운 보호하심의 역사를 찬양했다. 에드워즈는 벤저민 콜먼 Benjamin Colman에게 보낸 유명한 편지에서 "자신을 지키기 위해 할 수 있는 일이라고는 전혀 없던 그 순간, 목재 한 조각도 사람들 위에 떨어지지 않도록 간섭하신 하나님의 놀라운 섭리"를 고백했다.[32]

그들은 또한 이 사건을 새로운 교회 건물의 완공을 재촉하시는 하나님의 뜻이라고 믿었다. 그리하여 새로운 교회 건물이 그해 여름 완공되었으며 7월에는 첨탑도 세웠다(이전 건물은 첨탑이 없었다).[33] 가을에는 새로운 건물에서 예배를 드릴 수 있게 되어 마을 주민들에게 각각 좌석을 배정했다. 교회의 헌당예배는 (역사적으로 아직 성탄을 기념하던 시대는 아니었으나) 성탄절에 드려지게 된다. 1738년 초부터는 새로운 건물을 사용하게 되었고 5월 5일에는 옛 건물을 부수고 그 자재들을 다른 곳에 사용하게 된다.[34]

옛 예배당에서는 남자는 남자끼리 한쪽에 앉고 여자는 여자끼리 다른 편에 앉았으며 청소년들만이 중간에 같이 앉을 수 있었다. 좌석은 나이와 마을 내에서의 행정적 기여도, 그리고 소유의 많고 적음에 따라 자리가 정해져서 가장 중요한 사람들이 예배당의 가운데 앞쪽에 앉는 것이 관례였다. 그러나 새로운 건물에서 좌석 배정의 기준은 달랐다. 성별에 따른 좌석의 구별은 계속 되었으나 가족들은 원할 경우 같이 앉을 수 있었다. 청소년들은 부모가 허락할 경우 발코니에 앉을 수 있었다. 그러나 예배당의 중앙 좌석은 첫째는 경제적 부, 둘째는 나이, 셋째는 마을 내 행정적인 기여도에 의해 배정되었다. 기준이 이와 같이 바뀌게 된 데 있어 목회자의 견해는 반영되지 않았다. 이전에는 세 번째 기준이었던 부의 척도가 첫 번째 기준으로 뛰어오르게 된 것이다. 에드워즈는 이런 결정에 분노했다. 위계 질서를 반대한 것은 아니지만 물질주의가 교회 내 좌석 배정의 기준으로 자리하게 된 것에 대해 그는 참을 수 없었다. 헌당예배에서 그는 요한복음 14장의 "내 아버지의 집에는 거할 곳이 많도다"라는 말씀을 가지고 설교했다. 이 말씀을 통해 교회에서 주어지는 좌석보다 천국에 거할 처소를 예비하는 것이 더 중요함을 그는 역설했다. "이 세상의 영화를 추구하는 것은 지극히 그 가치가 적습니다. 가장 큰 영화도 곧 사라지고 마는 한 방울 거품에 불과하며,

죽음이 찾아올 때 모든 사람들은 평등해질 수밖에 없습니다." 에드워즈는 강하게 역설했다.

> 어떤 사람들은 다른 사람들보다 많은 집을 가지고 있습니다. 어떤 사람들은 다른 사람들보다 더 높은 지위를 갖고 있습니다. 어떤 사람들은 다른 사람들보다 소유가 많아 교회에서 더 높은 좌석에 앉습니다. 그러나 길가의 모든 무덤들은 평평할 따름입니다. 썩어 가는 시체 하나하나가 다른 시체들과 구별될 방법이 없습니다.…… 교회에서 높고 좋은 자리에 앉아 예배드리는 것조차 좋아 보이는 것이라면, 하나님과 그의 자녀들을 위해 예비된 하늘의 궁전에서 살게 되는 것은 그 얼마나 영화로운 일이겠습니까? 만일 여러분이 교회에서 다른 사람들에게 둘러싸여 높은 자리에 앉아 있는 것을 즐기고 있다면 이 기쁨이 과연 얼마나 지속될 것인지 자문해 보시기 바랍니다."[35]

안타깝지만 회중들이 이 설교에 어떻게 반응했는지는 알 수 없다.

대각성운동

영적 부흥의 초기에 있었던 이런 실망스러운 사건들에도 불구하고 에드워즈는 1730년대 후반 계속해서 영적 성숙을 경험했다. 애론 버에게 소식을 전하는 형식인 「신앙고백」의 마지막 부분에서 다룬 기록에 의하면, 이 시기는 폭발적인 영적 성장이 꾸준하게 일어났던 시기였다. "어떤 의미에서는 회심 후 첫 이삼 년간의 시간이 지금보다 더 나은 기간이었다고 생각된다. 그러나 지금은 과거와 달리 하나님의 절대적인 주권에 대해 보다 분명한 확신을 갖고 있으며 그 주권에 대한 기쁨으로 가득 차 있다. 또한 그리스도의 영광에 대해 더욱 확실히 이해하게 되었다"고 회고했다.[36] 이러한 깨달음은 강력한 성령의 역사에 의해 더욱 강화되었다. 예를 들어, 에드워즈는 1737년 다음에 묘사하는 것과 같은 영적인 경험들을 여러 번 체험하게 된다.

> 평소처럼 말에서 내려 걸으며 사색과 기도에 잠겨 있는 동안, 나는 놀랍게도 예수님의 영광스러운 모습을 보게 되었다. 하나님과 인간 사이에 중보자 되신 그분의 모습은 놀랍고 위대하며, 충만하고 순결하며, 감미로운 은혜와 사랑과 부드러움과 인자함의 결정체였다. 너무도 조용하고 달콤하게 일어난 이 일은 마치 천국 어느 곳에서 일어나는 일로 느껴졌다. 그리스도는 말로 표현할 수 없는 탁월함으로 내게 나타나셨고, 그 탁월함과 위대함은 모든 사고와 개념들을 삼켜 버릴 만큼 엄청난 것이었다. 이 일은 약 한 시간가량 지속되었으며 이후 여러 시간 동안 나는 눈물의 홍수에서 벗어나지 못했다. 내 영혼은 완전히 비워져 사라지는 것만 같았고, 오직 그리스도로만 가득 차기를 간절히 원하게 되었다. 거룩하고 순전한 사랑으로 그를 사랑하고 신뢰하며, 그와 함께 동거하고 섬기고 따르며, 그리스도의 충만함으로 완전히 가득 차게 되기를 기도했다. 이 순간부터 나는 완전한 성화와 천상의 순결함을 사모하게 되었다.[37]

에드워즈의 「신앙고백」은 1739년 1월, 주일예배 직전 토요일 밤에 일어난 비슷한 사건으로 마무리된다.

> 하나님의 거룩한 마음에 합일되어 사명의 길을 걸어가는 것이 그 얼마나 달콤하고 축복된 일인지에 대해 느끼게 되었다. 이런 깨달음으로 인해 나는 한동안 큰 소리로 부르짖으며 울기도 했다. 그래서 문을 걸어 잠그고 혼자 방 안에 들어가 울기만 했다. "하나님 앞에서 의롭다 인정받은 이들의 삶은 그 얼마나 축복된 것인가! 이들이야말로 복되고 행복한 존재들이다!" 나는 동시에 하나님께서 이 세상 만물을 다스리시며 그의 기쁨을 위해 이 모든 것을 지으셨음을 절실히 느끼게 되었다. 하나님께서 통치하시며 세상의 모든 일이 그의 뜻대로 이루어질 것이라는 기쁨에 나는 가슴이 뛰었다.[38]

에드워즈의 경건 생활은 많은 사람들이 생각하듯 절제되고 틀에 박힌 모습은 아니었던 것이 분명하다.

에드워즈의 이런 영적인 성장은 1730년대 중반부터 일어난 영적 부흥의 한가운데 서 있던 그로 하여금 그의 지역의 대각성운동을 위한 준비를 갖추게 하는 계기가 되었다. 영적 대각성운동에 대해서는 학자들의 다양한 연구가 있어 왔다.[39] 유럽 한가운데서 시작된 이 운동은 영국과 북미의 식민지로 급격히 전파되었으며, 성령의 새롭게 하시는 능력이 서구 사회 전반을 뒤흔드는 계기가 되었다. 또한 근대의 초교파적 복음주의 운동의 시발점이 되었다. 대각성운동은 모든 복음주의적 그리스도인들에게 공유된 영적 경험과 국제적 기도합주회, 경건한 편지들의 기록과 기독교 간행물의 출판, 지역을 불문한 복음 전파와 새로운 기독교 기관들의 탄생 등으로 이어졌다. 이는 또한 미국 사회사의 형성에 절대적인 영향을 미쳤을 뿐만 아니라, 영적 정체성의 확립을 통한 미국인들의 국가 정체성 확립에도 결정적인 영향을 미쳤다.

대각성운동에 있어 대서양 양단을 통틀어 가장 중요한 목회자는 역사상 가장 위대한 설교자로 여겨지는 조지 윗필드일 것이다. 단지 스물여섯 살의 나이에 사역의 전성기를 구가했던 윗필드는 미국의 식민지 시대 역사상 가장 많은 회중에게 설교했던 목회자다. 윗필드는 마이크나 음향 기기가 발명되기 훨씬 이전에 수만 명의 회중 앞에서 설교했다. 영국의 빈민가 출신인 윗필드는 언제 어디서든 준비 없이도 탁월한 메시지를 강력하게 전할 수 있는 은사를 받은 사람이었다. (전해지는 바에 의하면 윗필드는 단지 '메소포타미아'라는 한 단어만으로도 사람들을 쓰러뜨릴 수 있는 사람이었다.) 그는 성경 전권에 걸쳐 복음에 관한 단순한 메시지를 전하는 것으로 유명했다. 그는 성경의 이야기들을 힘있게 전했다. 그가 곳곳에서 전한 강력한 메시지들은 미국 백인 사회에서 영적 부흥이 전파되어 나간 흐름을 주도했으며, 나아가 대각성운동은 그의 강력한 영향력에 의해 확장되어 나갈 수 있었다. 그는 미국에 일곱 차례 방문해 복음을 전했는데, 그의 설교를 소문으로만 들었던 많은 이들이 구름 떼처럼 모여들었다. 그는 같은 시대를 살았던 이들 가운데 가장 유명한 사람이었으며, 하나님께서는 그의 유명세를 당신의 구속 사역을 위해 사용하셨다.

미국에 두 번째 방문했을 때 윗필드는 에드워즈에게 편지를 보내 그의 교회를 방문할 수 있도록 협조를 구했다. 자신보다 선배 목회자인 에드워즈에게 윗필드는 다음과 같이 요청했다. "하나님께서 노샘프턴의 영혼들에게 베푸신 많은 일들에 대해 익히 들어 알며 기뻐해 왔습니다. 하나님께서 뜻하시면 두어 달 내에 방문해 직접 가서 현장을 보고 싶습니다."[40] 에드워즈는 따뜻하게 응답했다. 에드워즈도 이 탁월한 설교자에 대해 익히 들어 알고 있었음은 물론이거니와, 노샘프턴의 계속적인 영적 부흥을 위한 도움이 필요했음은 말할 것도 없다. 에드워즈는 이렇게 응답했다. "목사님이 가는 곳마다 일어난 하나님의 강력한 역사는 이미 잘 알고 있습니다. 그 축복이 노샘프턴 지역과 제 가정에도 충만하게 되기를 간절히 소원합니다."[41] 1740년 봄, 에드워즈의 교구에는 하나님께서 다시 일하시는 징조들이 보이기 시작했다. 특히 젊은이들 사이에 성령의 역사가 두드러졌다. 조지 윗필드는 마침내 그해 10월 17일, 그가 에드워즈에게 편지를 보낸 지 11개월 만에 노샘프턴에 도착했다. 그의 방문은 이미 불붙기 시작한 성령의 역사에 기름을 붓듯 강력한 대각성운동으로 퍼져 나갔다.[42]

윗필드는 노샘프턴에 3일간 머물렀다. 그는 도착 당일부터 한 번은 교회에서, 또 한 번은 에드워즈의 사택에서 말씀을 전했으며 다음날 오후와 안식일에도 두 번 말씀을 전했다. 에드워즈가 친구에게 보낸 서신에 의하면, 윗필드의 설교를 들은 모든 이들이 "설교 시간 내내 눈물을 흘리며 말씀을 들었다." 윗필드에 의하면, 에드워즈 역시 주일예배 시간 내내 눈물을 흘렸다. 하나님의 영이 강력하게 역사하고 계심을 모든 이들이 느낄 수 있는 시간이었다. 에드워즈의 아내 사라는 자신의 오빠에게 보낸 편지에서 윗필드의 사역에 대해 다음과 같이 증언하고 있다.

> 단순한 성경적 진리들을 통해 사람들을 사로잡는 그의 설교를 듣고 지켜보는 것은 엄청난 일이에요. 수천 명의 사람들이 숨을 죽이며 그의 말씀을 듣고 있는 동안 들리는 소리라고는 그의 목소리와 숨죽여 흐느끼는 소리뿐이었답니다. 그의 메시지는 배운 자나 못 배운 자나 할 것 없이 모두에게 강력하게 전달되고 있어요. 기계공들은 가게 문을 닫고 모든 노동자들은 연장을 집어 던지고 교회로 달려와 그의 설교를 듣고 있지요. 말씀에 의해 변화되지 않은 사람이 거의 없을 정도랍니다.…… 가슴 가득한 사랑에 의해 불타오르는 듯한 그의 설교와 탁월한 웅변은 듣는 이들에게 거부할 수 없는 카리스마를 느끼게 합니다.[43]

단지 3일을 머물렀을 뿐이지만 그의 사역은 에드워즈와 교인들이 다시금 대각성운동의 영향 아래로 돌아오게 하는 데 결정적인 영향을 미쳤다.

그러나 윗필드는 가끔씩 충동적이거나 영적인 교만함을 보이기도 했다. 그는 성급히 다른 목회자들을 비판하거나 회심하지 않은 이들로 몰아붙이기도 했다. 윗필드와 함께 여러 지역을 방문하던 에드워즈는 이 젊은 스타 목회자에게, 말씀에 근거하기보다는 영적 "충동"에 의존하는 태도의 위험성에 대해 충고했다. (이 두 목회자는 함께 코네티컷 북부의 서필드와 이스트윈저 등을 돌며 설교했고, 에드워즈의 부모와 함께 뜻깊은 시간을 보내기도 했다.) 에드워즈는 윗필드가 중점을 둔 목회자의 회심 문제에 대해 뜻을 같이 하며 강조하기는 했지만, 개별 목회자들에 대해 성급하게 판단하는 것에 대해서는 반대의 뜻을 분명히 했다.[44] 에드워즈는 윗필드가 수천 명의 사람들에게 설교하는 것을 여러 번 들었으며 그의 사역에 대해 마음 깊이 감사했고, 집에 돌아올 때쯤에는 희망으로 가득 차 있었다. 전도 여행에서 돌아온 에드워즈는 즉각 씨 뿌리는 자의 비유에 대한 연속설교를 시작했다(마 13장). 이 연속설교는 윗필드의 "탁월한 언변"에 대해 일시적으로 반응할 뿐만 아니라, 성도 각 개인이 열매 맺는 옥토와 같이 되기를 강조하는 설교였다.[45]

이후 두 달 동안 노샘프턴에는 풍성한 영적 열매들이 열렸다. 에드워즈는 다음과 같이 전하고 있다. "마을 내에 엄청난 변화들이 일어나기 시작했다. 12월 중순부터는 마을 젊은이들 사이에서 강력한 하나님의 역사가 일어나기 시작했으며 부흥의 불길은 점점 더 퍼져 나갔다. 이듬해 봄에는 모든 젊은이들과 심지어 어린아이들 사이에서도 영적인 관심이 커져 나갔고, 대화의 관심사는 오로지 자신들의 믿음에 관한 것이었다." 에드워즈가 윗필드에게 보낸 감사 편지는 당시 상황을 좀 더 분명하게 증언해 준다.

노샘프턴의 영적인 부흥에 관한 기쁜 소식을 전합니다. 목사님이 다녀가신 이후로 부흥의 불길은 점점 더 강력하게 퍼져 나가고 있습니다. 모든 사람들의 입에서 자신의 믿음과 삶에 대한 고백들이 터져 나오고 있으며 다른 모든 일들은 그들의 관심 밖에 있습니다. 이 지역의 많은 청년과 어린아이들이 예수 그리스도께 돌아왔음을 알려주는 확연한 증거들이 많이 드러나고 있습니다. 저의 자녀들 가운데 한 아이는 구원의 확신을 갖게 되었으며 다른 가족들에게도 하나님의 역사가 분명하게 나타나고 있습니다. 이 지역에 영적인 축복이 퍼져 나가고 있음이 분명하며 이런 현상은 특별히 젊은이들 사이에서 두드러지게 나타나고 있습니다.[46]

에드워즈의 딸 가운데 하나는 이때 회심하게 되었다. 다른 아이들도 복음의 능력을 강력히 체험하게 되었다. 에드워즈는 이때를 "어린아이들 사이에서 가장 강력한 부흥의 불길이 일어났던 시기"로 회상한다.[47] 이를 계기로 뉴잉글랜의 영적 부흥과 회심의 역사가 다시 불붙게 된 것이다.

지옥불과 유황

같은 해 봄과 여름, 에드워즈는 여러 지역을 방문하며 설교하는 순회설교 사역을 시작하게 된다. 윗필드의 사역에서 영감을 얻은 그는 1741년 한 해 동안 이 사역에 그 어느 때보다 힘을 기울였고, 간단한 원고만을 준비해 해들리, 서필드, 하트퍼드와 뉴헤이븐 지역에서 설교했다. 그중 가장 유명한 설교는 그가 서필드의 부속 마을인 엔필드에서 7월의 폭염이 기승을 부리던 날 전한 말씀이었다. 이 설교는 완성된 원고를 가지고 노샘프턴 교회에서 이미 전했던 말씀이다. 그러나 그날 이 말씀을 들은 마을 사람들에게 놀라운 일들이 벌어졌다. 그가 사용한 본문은 아주 짧은 구절이었다. "그들이 실족할 그 때에 내가 보복하리라"(신 32:35). 이 짧은 본문을 가지고 그가 전한 교리는 뇌리에 박힐 만했다. "사악한 인간이 불타오르는 지옥의 저주를 한 순간이라도 벗어날 수 있는 이유는, 그를 기뻐하시는 하나님의 은혜밖에는 설명할 길이 없습니다." 그가 이 교리를 가지고 상세하게 전한 말씀은 역사의 한 부분에 자리하게 되었으며 모든 듣는 이들을 두려움에 떨게 만들었다.

하나님의 진노는 저주받은 엄청난 양의 물과 같습니다. 그 물의 양은 시간이 갈수록 늘어나고 그 높이가 높아져만 갑니다. 언젠가 이 물살을 내어보낼 때가 되면 그 속도와 파괴력은 가공할 만할 것입니다. 여러분의 사악한 일들에 대한 심판이 아직 이루어지지 않은 것이 사실입니다. 하나님의 진노의 물살은 잠시 갇혀 있습니다. 그러나 여러분의 죄악은 끊임없이 늘어만 갑니다. 매일매일 하는 일들은 더 많은 진노를 불러일으킬 뿐입니다. 물의 수위는 계속 높아만 가고 그 힘은 점점 더 강력해지고 있습니다. 갇혀 있기를 거부하며 끊임없이 수문을 열어내는 엄청난 압력을 막고 있는 것은 단지 하나님의 은혜밖에는 없습니다. 만일 하나님께서 수문을 막고 있는 그 손을 들어 올리신다면 그 진노의 물살은 인간이 감당할 수 없는 엄청난 파괴력으로 쏟아져 나갈 것입니다. 여러분의 힘이 지금 현재의 힘보다 만 배 더 크다고 해도, 지옥에서 가장 강력한 마귀가 가진 힘의 만 배를 더한다 해도 이 엄청난 물살을 견딜 수는 없습니다.

하나님의 진노의 활은 화살을 얹은 채 잔뜩 당겨졌습니다. 정의의 화살은 여러분의 가슴을 향해 그 시위가 당겨져 있습니다. 하나님의 은혜 그 외의 어떤 것도 이 화살이 여러분의 피로 물드는 것을 막고 있지 못합니다.

강력한 성령의 능력이 아니고서는 아무도 거듭나지 못합니다. 그 능력이 없이는 그 누구도 새로운 피조물이 될 수 없습니다. 우리 모두는 진노하시는 하나님의 손 안에 놓여져 있습니다. 영원한 파멸에서 우리를 건지시기를 기뻐하시는 그 하나님의 사랑이 아니라면 그 누구도 형벌을 피할 수 없습니다.[48]

과연 저 유명한 설교 '진노하시는 하나님의 손 안에 있는 죄인'은 무시무시한 영적 진리의 선포가 아닐 수 없으며, 한편으로는 사랑과 열정으로 가득 찬 문학예술의 결정체가 아닐 수 없다. 에드워즈의 이종사촌인 스티븐 윌리엄스Stephen Williams 목사는 이 설교를 엔필드에서 듣고 당시 함께 했던 사람들의 반응에 대한 생생한 기록을 남겼다.

우리는 에드워즈의 설교를 듣기 위해 엔필드에 방문했다. 신명기 32:35에 기초한 이 설교는 뭇 영혼들에게 강력한 경각심을 불러일으키는 것이었다. 그가 설교를 채 마치기 전부터 회중들 사이에는 탄식과 울음소리가 가득했다. 사람들은 저마다 "오, 나는 지옥불에 떨어지겠구나! 구원받기 위해 무엇을 해야 할까? 내가 지금 예수 그리스도를 위해 대체 무엇을 해야 할까?" 하고 소리치는 것이었다.

울음과 비명 소리가 점점 커지자 에드워즈 목사는 사람들을 어느 정도 진정시켜야 했다. 회중들의 기도가 이어졌고 강단에서 내려온 에드워즈는 사람들과 대화했다.…… 이 과정에서 놀랍고도 경이로운 하나님의 능력이 우리에게 나타났다. 많은 영혼들이 구원받기를 소망하며 경험했던 이 기쁨과 감동을 나는 잊을 수가 없다. 계속적으로 강건하게 하시는 하나님의 능력을 간구하며 우리는 찬양과 기도 후에 예배를 마쳤다.[49]

내가 처음으로 이 설교문을 복음주의 학생들에게 읽어 주었을 때 뒷자리에 앉아 있던 남학생 하나는 수사학적으로 "야만적이다"라고 소리쳤다. 몇몇 학생들이 이에 공감했는데, 그들 가운데 대부분은 이 설교문을 이미 고등학교 수업 시간에 읽어 본 학생들이었다. 그러나 이를 가르치는 고등학교 교사들은, 에드워즈가 이런 형태의 메시지를 전했던 많은 청교도 설교자들 가운데 한 명이었으며, 이런 설교를 거의 하지 않았던 많은 설교자들도 회개하지 않는 죄인들이 대면하고 있는 위험에 대해 경고해야 한다는 도덕적 부담감을 갖고 있었음을 대부분 알고 있지 못한다.

에드워즈는 35년에 이르는 목회 기간 동안 수십 편의 지옥불 설교를 전했으며, 이 가운데 많은 설교문들이 현재까지 남아 있다. 다른 청교도 설교자들과 마찬가지로 에드워즈가 했던 역할은 에스겔서에 보여지듯이 백성들이 대면하고 있는 위험에 대해 미리 경고해야 하는 "파수꾼"의 역할이었다. 하나님께서는 에스겔에게 다음과 같이 말씀하셨다.

4장 | 영들을 분별하라 153

인자야, 내가 너를 이스라엘 족속의 파수꾼으로 세웠으니 너는 내 입의 말을 듣고 나를 대신하여 그들을 깨우치라. 가령 내가 악인에게 말하기를 너는 꼭 죽으리라 할 때에 네가 깨우치지 아니하거나 말로 악인에게 일러서 그의 악한 길을 떠나 생명을 구원하게 하지 아니하면 그 악인은 그의 죄악 중에서 죽으려니와 내가 그의 피 값을 네 손에서 찾을 것이고 네가 악인을 깨우치되 그가 그의 악한 마음과 악한 행위에서 돌이키지 아니하면 그는 그의 죄악 중에서 죽으려니와 너는 네 생명을 보존하리라. 또 의인이 그의 공의에서 돌이켜 악을 행할 때에는 이미 행한 그의 공의는 기억할 바 아니라. 내가 그 앞에 거치는 것을 두면 그가 죽을지니 이는 네가 그를 깨우치지 않음이니라. 그는 그의 죄 중에서 죽으려니와 그의 피 값은 내가 네 손에서 찾으리라. 그러나 네가 그 의인을 깨우쳐 범죄하지 아니하게 함으로 그가 범죄하지 아니하면 정녕 살리니 이는 깨우침을 받음이며 너도 네 영혼을 보존하리라(겔 3:17-21).[50]

이 사명은 진정 중요한 일이다. 에드워즈는 그가 목양하고 있는 영혼들을 위해 자신이 파수꾼의 역할을 해야 함을 잘 알고 있었다. 그가 한 동료 목회자의 안수예배에서 설교했던 것처럼 "목회자는 예수 그리스도께서 맡기신 소중한 영혼들을 향한 책임"을 다해야 함을 굳게 믿었다. 그는 심판 날에 하나님 앞에서 자신의 사역에 대해 물으실 주님께 대답할 준비가 되어 있어야 한다고 믿었다. 그리고 자신이 노샘프턴에서 증거했던 것처럼 하나님은 당신에게 저항하는 모든 자에게 "소멸하는 불"이심을 믿었다. 따라서 그는 때때로 구원받지 못한 영혼의 위험에 대해 경고하는 말씀을 전했다. 그는 1741년 다음과 같이 기록했다.

> 끝없는 고통으로 가득한 지옥이 진정 존재한다면…… 이 땅에서 살아가고 있는 대부분의 사람들은 큰 위험에 빠져 있다. 기독교 국가들에 살아갔던 수많은 세대의 수많은 사람들 중 그 위험을 모르고 이를 피하기 위한 노력조차 하지 않은 채 죽어 간 많은 이들을 기억해야 한다. 그렇다면 뭇 영혼들의 안녕을 책임지고 있다는 목회자들이 과연 어떻게 해야 할 것인가? 이들에게 진실을 말해 주어야 하는 자들이 왜 이것을 외면하고 있단 말인가? 사람들이 지옥불에 빠질 위험에 처해 있다면 나는 이 두려운 현실에 대해 최대한 많이 알고 가르쳐야 한다. 영혼을 책임지는 일을 등한히 하는 것은 목회자들 사이에서 쉽게 일어날 수 있는 일이지만, 이를 경계하고 사역에 최선을 다해야 함을 잊지 말아야 한다. 뭇 영혼들에 대한 책임은, 그들이 믿지 않을 때 받을 지옥 형벌이 마치 내게 일어날 수 있는 일인 것처럼 심각하게 여겨야 한다.[51]

에드워즈의 죄에 대한 강력한 설교는 대각성 기간 중 커다란 영적 부흥을 가져오는 계기가 되었다.[52] 1741년 한 해 미국에서만 수천 명의 영혼들이 회심했다. 에드워즈는 그해 가을 예일대학의 졸업식에 초청되어 젊은 청년들에게 놀라운 영적 사건들에 대해 증언하는 기회를 가졌다.[53] 예일대학을 졸업한 지 얼마 되지 않은 여러 명의 청년들이 에드워즈를 돕기로 작정하고 에드워즈의 사택에 머물면서 사역을 준비했다.[54] 어린아이와 성인 모두에게 탁월한 영적 상담자로 활약했던 에드워즈의 명성은 이들의 사역을 통해 그의 사후에도 지속되었다.

무너져 가는 희망과 굳어진 마음들

에드워즈는 대각성운동이 자신이 영적 부흥의 황금기라 불렀던 천년왕국의 도래를 앞당기는 역할을 하리라 기대했다.[55] 그러나 1741년 후반부터 그 빛을 잃기 시작한 대각성운동은 1743년까지 계속 약화되었다. 위선과 자기만족에 가득한 그리스도인들이 나타나기 시작했고, 그들의 영향은 대각성운동에 반대하는 이들에게 비판의 빌미를 충분히 줄 수 있을 만한 것들이었다. 훈련되지 못한 설교자들이 강단에 올라서서 자신들의 개성과 영적 우월감을 과시하며 성경적 사역을 등한히 하기 시작했다. 그들은 평신도들에게 무미건조한 개 교회들을 떠나 자신들의 교회 예배에 참석할 것을 권유하는가 하면 현명한 목회자들의 저서들을 불태우도록 성도들을 자극했다. 이들의 예배는 성경보다 예언과 환상 등 직접적 계시의 영역에 더 많이 의존하는 모습을 보였다.[56] 이들 목회자들의 영향력은 뉴잉글랜드에서 백 개가 넘는 교회들을 갈라지게 하는 부정적 역할을 했다. 이런 상황에서 코네티컷의 교단 총회는 이 같은 목회자들을 강단으로 초빙하는 것을 금지하는 법을 통과시켰다. 에드워즈는 그들의 극단적 행위를 성령의 역사와 구별하기 위해 각별한 노력을 기울였다. 그러나 1743년에 이르러는 대각성운동을 반대했던 보스턴의 존경받는 목회자 찰스 촌시Charles Chauncy의 견해에 많은 사람들이 동조하는 움직임을 보이기 시작했다.[57]

상황은 심지어 에드워즈의 교회에서조차 부정적으로 전개되기 시작했다. 영적 부흥이 지속되도록 성도들에게 하나님의 편에 설 것을 간청하고 격려했지만 그의 노력은 계속해서 허사로 돌아갔다. 교회의 언약을 새롭게 재수립하는 대중적인 노력도 결실을 거두지 못했고,[58] 가난한 이들을 위해 매주 작정헌금을 하자고 했지만 사람들의 반응은 그저 냉담하기만 했다.[59] 그가 목양하고 있는 사람들 가운데 많은 이들이 "영적 무지"의 상태에 빠져 들었고, 에드워즈는 그들이 말씀에 전혀 반응하지 못하는 상태에 빠진 것이 아닐까 걱정하게 되었다. 절망적인 교회의 상황은 점점 더 심각해져만 갔다. 성도들을 자극하고 격려하려는 그의 끊임없는 노력은 상황을 더욱 악화시킬 뿐이었다.[60]

1740년대 중반 그가 전한 말씀들은 그가 목양하던 수백 명의 교구민과의 관계를 허치는 결과를 가져왔다. 1744년 에드워즈는 '불온서적 논쟁'이라고 불린 사건을 잘못 다루는 실수를 범했다. 마을 내 젊은 청년들이 근대 초기 산파들의 교육을 위해 출판된 책―오늘날의 음란물에 해당하는 도서로 여겨질 수 있었던―의 그림들을 보고 사춘기 소녀들을 희롱한 사건이었다. 에드워즈는 이 사건을 엄격히 다루었다. 이 청년들을 불러다가 꾸짖는가 하면 공공연히 이를 비판해 관련된 모든 일가친척들을 부끄럽게 만들었다. 심지어 이 청년들을 자신의 리더십에 대항하는 반란자들로 명명할 정도였다. 관련자들과의 화해는 불가능해 보였다.[61] 그해 말 에드워즈는 자신의 사례비에 관해 마을 주민들과 기나긴 논쟁을 하게 된다. 오늘날 가장 적은 사례비를 받는 목회자들도 에드워즈보다 더 나은 생활을 누리고 있다고 말할 수 있겠지만, 그의 생활 수준은 당시의 기준으로 볼 때 비교적 높은 편이었다. 그러나 그의 생활 수준에 대한 철저한 조사는 해마다 반복되었고 에드워즈는 이를 중지하고자 종신 계약을 맺을 것을 요구했다. 협상은 3년의 시간이 소요되었다. 결국 에드워즈는 자신이 원하는 것을 얻어냈지만 다시는 사례 인상을 요구하지 않을 것을 약속해야 했다.[62] 이후 1747년부터 1749년 여름까지 에드워즈는 마을에서 발생한 두 건의 혼전 성관계에 관한 어려운 상황을 마주하게 된다. 에드워즈는 두 청년(일라이셔 홀리와 토머스 웨이트)이 아이까지 낳은 두 처녀(마사 루트와 제미마 밀러)와 결혼하도록 종용했지만 실패했다.[63] 1740년대 후반 노샘프턴 주민 십분의 일의 생명을 앗아 간 전염병의 창궐,[64] 1746년 인디언들의 공격과 이에 따른 마을의 요새화,[65] 1748년 에드워즈가 집안의 꽃이라 불렀던 딸 제루샤의 죽음[66] 등 이 모든 일들은 에드워즈에게 엄청난 부담과 상처가 되었다. 교구 내에서 지속적으로 일어나는 각종 경조사들에 대한 목회적 부담을 굳이 언급하지 않더라도 그가 겪어야 했던 어려움을 짐작하기란 어렵지 않다. 사역의 효율성이 급격히 감소했음은 당연한 결과였는지도 모른다.

에드워즈, 거부당하다

1749년 초 상황은 악화의 수준을 넘어 드디어 실패의 단계에 이르렀다. 에드워즈는 수년간 교회의 성례에 관한 정책들을 개혁할 필요성을 느끼고 있었으나 표현하지 않고 있었다. 외조부 솔로몬 스토다드에 의해 제정된 원칙에 의하면, 세례를 받지 않은 이들도 성찬에 참여하거나 그 자녀들이 세례를 받게 하는 데 문제가 없었다. 1672년 스토다드는 성찬 중 강력한 하나님의 사랑을 체험하게 되었는데, 이후로 그는 성찬을 "회심의 성례"라고 불렀다. 그의 목회적 지도 아래 예수 그리스도를 주로 고백하며 도덕적 삶을 영위하는 모든 이들이 성찬에 참여할 수 있었다.[67] 1720년대에 이르러 에드워즈는 이런 관행에 대해 반대 의사를 표명하기 시작했지만 회중들에게 이를 요구하지는 않았다. 성찬에 관한 자신의 입장이 바뀌게 된 것에 대해 에드워즈는 1749년 다음과 같이 설명했다.

> 나는 어릴 때부터 스토다드 목사님으로부터 많은 영향을 받았다. 그분의 책과 신학적 견해들은 항상 내 목회적 결정의 기준이었다. 그러나 존경하는 그분의 권위를 따르면서도 동의할 수 없는 부분들이 있던 것 또한 사실이다. 그분의 탁월한 논지와 성공적인 사역, 엄청난 영향력과 명성은 오랜 기간 나의 목회 원칙을 세워 나가는 데 사실 부정적으로 작용했다.[68]

그러나 1740년대에 이르러 외조부의 신학적 영향력은 에드워즈의 목회에 있어 더 이상 영향을 미치지 못하게 된다. 스토다드 목사의 목회 원칙은 때로 교회 안에 있는 사람과 밖에 있는 사람들 간의 구별을 불가능하게 했으며, 구원하시는 하나님의 은혜 밖에 살고 있는 사람들에 대해 아무런 영향력도 끼치지 못하는 것이었다.[69] 회심의 사건은 존재하며 이는 서로 다른 세계가 완전히 차이가 나는 것처럼 그 구별이 확연한 것이다. 그리스도인은 성찬에 임하기 전에 성령의 사역을 입으로 시인해야 하며 이는 그들의 자녀들이 세례를 받을 때도 마찬가지다. 그 누구도 회심의 사건이 이러이러해야 한다는 틀을 가지고 다른 이들을 제단할 수는 없다. 그러나 에드워즈는 회심에 대해 그의 회중에게 이와 같이 말했다. "하나님께서는 자신의 회심을 고백하며 다른 사람들이 보기에도 거룩하고 하나님을 경외하는 삶의 모습을 보이는 이들만이 성찬에 임하기를 원하십니다."[70]

1748년 말 결혼을 앞둔 젊은 청년이 교인으로 등록하고 성례에도 참여하기를 원하자 에드워즈는 회심의 경험에 대해 간증할 것을 요구했다. 얼마간을 고심하던 그 젊은이는 자신이 회심했음을 선언하기는 했지만 에드워즈의 새로운 원칙에 맞춰 교회에 등록하는 것은 거부했다. 소문은 사람들의 입을 타고 순식간에 퍼졌고 에드워즈도 생각을 바꿔야 했다. 그러나 다음해 2월, 에드워즈는 '교회 위원회'(평신도 지도자들의 회의)에 교회 회원권과 성례에 관한 정책을 바꿀 계획임을 통보했다. 그는 이 계획에 대해 강단에서 설명할 것을 제안했지만 여러 사람들의 강력한 반대에 부딪혀 무산되었고 위원회는 대신 이를 문서로 알릴 것을 권했다. 에드워즈는 빠르게 대응했다. 그해 8월 에드워즈는 자신의 입장을 담은 책을 발간해 회중들이 읽도록 했으며 이를 읽은 이후에도 그의 견해에 반대할 경우 자신은 사임할 것이라고 밝혔다. 이런 와중에 메리 헐버트라는 교구민이 자신의 회심에 관해 증언하고 교회에 등록할 것을 신청했으나 대중의 반응을 염려한 위원회는 이를 거부했다. 목회자와 교인들 사이에 팽팽한 긴장감이 감돌았다.[71]

수백 년이 지난 지금에 와서 보면 이 모든 일들이 매우 신속하게 진행된 것으로 보일지 모르겠다. 그러나 이 모든 진행 과정이 에드워즈에게는 아주 더디게 느껴졌을 것이다. 1750년 초 에드워즈는 자신의 사임을 요구해 온 세력들의 강력한 저항에 부딪히게 된다. 그의 사역을 오랜 기간 지지했던 많은 여성들과 젊은이들의 마음은 한결같았다. 그러나 외조부 때부터 교회를 지켜 오던 지역 유지들은 교회를 개혁하려는 에드워즈의 노력을 한사코 거부했다.[72] 이러한 상황을 해결하고자 에드워즈와 그 반대 세력 모두 지역 내 다른 목회자들에게 도움을 요청했다. 에드워즈의 교회 회원권에 관한 입장의 변화는 뉴잉글랜드 지역의 많은 사람들에게 화젯거리가 아닐 수 없었다. 그러나 결국 에드워즈는 과반수의 회중들을 자신의 편에 서게 하는 데 실패했다.[73] 그가 자신의 신학적 입장을 설명하기 위해 쓴 책을 읽은 사람은 거의 없었고 이 문제에 관해 대화하는 것조차 금지되었다. 결국 6월 22일, 에드워즈는 해임되었다.

에드워즈는 마지막 날까지 영적 파수꾼으로서의 역할을 다했다. 9일 후인 1750년 7월 1일에 전한 그의 고별설교에서, 에드워즈는 심판의 날에 자신과 그들이 다시 만나게 될 것임을 주지시켰다. 그는 "주님께서 논쟁 가운데 있는 모든 이들 간에 판결해 주실 것"이라고 말했다.

심판의 날 신실하게 교회를 섬긴 주님의 종들은 말씀을 잘 받아들이고 복음의 확산과 교회의 발전을 가져온 이들에 대한 기쁨의 소식을 주님께 전하게 될 것입니다. 동시에 그들은 주의 종들을 받아들이지 않고 그리스도로부터 온 기쁨의 소식도 영접하지 않은 이들에 대해서도 보고하게 될 것입니다. 이날의 만남은 이 땅에서와 같은 상담과 경고가 아니요 그들을 심판하실 그리스도와 함께 그들을 대적하는 증인으로서의 만남이 될 것입니다. 반면에 주님의 백성들은 양떼들의 영혼을 위해 헌신하기보다 자신의 일시적 이익에 눈이 가려져 사악하게 행하며 신실하지 못했던 목회자들을 대적해 증언하게 될 것입니다.

이어 에드워즈는 회개하지 않는 이들을 향해 다음과 같이 설교했다.

여러분을 떠나게 되는 이 상황은 특별히 가슴 아픈 상황이 아닐 수 없습니다. 왜냐하면 여러분을 떠나는 이 순간, 하나님의 진노가 여러분 위에 쏟아지고 있음을 보지 않을 수 없기 때문입니다.…… 여러분의 양심이 증언하는 바와 같이 나는 기회가 닿는 대로 여러분 앞에 놓여진 위험에 대해 증언하고 경고하고자 힘써 왔습니다. 여러분의 구원과 평안을 위해 내가 할 수 있는 한 최선을 다해 여러분을 설득하고자 노력했습니다.…… 여러분과 나는 지금 이 땅에서 헤어지게 되었습니다. 그러나 세상의 마지막 날 여러분과 다시 한번 헤어지게 되는 일이 없기를 진심으로 바랍니다. 내가 여러분의 신실한 목자였다면 그리스도와 함께 승천하게 될 것입니다. 그리스도 예수 안에서 신실하게 행해 왔던 나와 헤어지는 일이 없도록 여러분 역시 자신들의 역할을 잘 감당하시기 바랍니다. 오늘 여러분과 나 사이의 이별은 정말 가슴 아픈 일입니다. 그러나 심판 날의 이별은 오늘의 그것보다 훨씬 더 가슴 아픈 일이 될 것입니다. 비록 오늘의 이별이 여러분에게 아무런 의미가 없을지도 모르나 그날의 이별은 여러분에게 엄청난 영향을 미치는 이별이 될 것입니다[74]

영적 대각성운동이 교회와 교단을 갈라놓는 결과를 가져온 것은 역사적 사실이다. 그러나 대각성운동이 개인의 구원과 회심에 관한 구속사적 긴급성에 대한 각성을 가져온 것 또한 무시할 수 없는 중요한 부분이다. 인간적인 성품과 사역의 방법론을 떠나 그의 사역의 우선순위를 이 점에 두었다는 것이 바로 에드워즈의 특별함을 보여주는 부분이다. 이후 다시 언급하겠지만, 이 우선권을 지키기 위한 에드워즈의 노력은 실로 놀랄 만한 것이었다.

5장 | 네 마음을 다하여

그 중의 한 율법사가 예수를 시험하여 묻되 선생님 율법 중에서 어느 계명이 크니이까. 예수께서 이르시되 네 마음을 다하고 목숨을 다하고 뜻을 다하여 주 너의 하나님을 사랑하라 하셨으니 이 것이 크고 첫째 되는 계명이요 둘째도 그와 같으니 네 이웃을 네 자신 같이 사랑하라 하셨으니 이 두 계명이 온 율법과 선지자의 강령이니라. (마태복음 22:35-40)

에드워즈가 노샘프턴에서 해임된 사건은 사실 나머지 교회 전체를 위한 축복이 되었다. 이 일은 에드워즈로 하여금 목회에서 자유로워져 저술작업에 집중할 수 있는 기회가 된 것이다. 에드워즈는 목회를 그 어떤 저술작업보다도 중요하게 여겼다. 그는 처음부터 끝까지 하나님 말씀을 전하는 일을 신실하게 감당해 나갔던 목회자였다. 에드워즈는 말씀을 주의 깊게 연구하는 것이 사역의 성취도를 가늠하는 잣대라고 생각했는데, 이는 당시의 다른 많은 교구 목회자들의 태도와 대비되는 점이다. 그는 또한 하나님께서 자신에게 지적 사역을 위한 은사를 주셨으며 이 은사를 통해 당시 거세게 밀려오던 근대적 도전들에 응전하도록 부르셨음을 잘 알고 있었다. 따라서 에드워즈는 정통 신학도서뿐만 아니라 시대를 주름잡던 신학적 흐름과 그것의 유용성에 관해서도 연구했으며, 하나님의 진리와 아름다움을 동시대인들에게 설득력 있게 전하는 일에 힘을 쏟았다. 그는 마음 깊이 주님을 사모했다. 이웃을 향한 거룩한 열정 역시 그의 가슴속에 불타고 있었으며, 그들이 하나님에 대한 지식과 기쁨, 사랑을 배워 나가도록 하는 일에 자신이 기여할 것이 있다는 사실도 잘 알고 있었다. 스코틀랜드 신학자 헨리 스쿠걸Henry Scougal의 유명한 저서 「사람의 영혼 속에 존재하는 하나님의 생명 *The Life of God in the Soul of Man*」(1677년)은 에드워즈의 삶이 어떠했음을 잘 보여주고 있다.

> 인간의 영혼은 기운차며 활동적이다. 걷잡을 수 없는 갈증과 보이지 않는 불이 그 안에 가득 차 있어 행복을 바라는 강렬한 열정으로 불타오른다. 한번 세상에 드러나 해 아래 즐거움들을 맛본 영혼은 그 갈증과 욕구를 만족시키기 위해 더 높고 탁월한 대상을 향한 추구를 계속해 나가게 된다. 그리하여 겉만 번쩍거리는 헛된 것들에 더 이상 반응하지 않게 되며 완전한 아름다움과 달콤함으로 가득 찬, 궁극적으로 탁월하고 완전한 선함을 추구하게 되는 것이다.…… 우리의 모든 추구와 계획들을 잠시 멈추고 우리 자신에게 물어보자. 이 모든 일들의 끝은 어떻게 될 것인가? 내 목표는 무엇인가? 저속하고 지저분한 감각의 만족을 위해, 혹은 누렇게 펼쳐져 있는 저 땅덩어리를 조금이라도 더 갖고자, 혹은 나 자신과 같이 어리석은 피조물의 존경과 사랑이 마치 지성적이며 영원불멸하는 영혼을 만족시킬 수 있을 것처럼 살고 있지 않은가?…… 이는 잘못된 것이다! 더 고귀한 즐거움이 존재하지 않는다면 우리 인간은 얼마나 불쌍한 존재

란 말인가!¹

에드워즈는 영혼의 갈증을 해소시키고, 보다 높은 이상과 기쁨을 추구하는 영혼들을 위해 자신을 바치는 삶을 살아갔다.

근시안적으로 보면 노샘프턴에서 그가 경험한 사역의 실패는, 앞으로 나아가고자 하는 그의 돛에 불어오는 바람을 통째로 삼켜버린 일이었는지도 모르겠다. 이것은 그의 지적·정신적 에너지들을 고갈시켰다. 그는 1752년 한 편의 논문을 발표하기는 했지만 1740년대 그의 업적에 비하면 보잘것없는 것이었다. 노샘프턴에서 그가 경험해야 했던 해임의 아픈 상처는 그의 저술 의욕을 저하시켰을 뿐만 아니라 그의 연구 활동 자체에 짙은 먹구름을 드리웠다.²

그러나 1753년부터 에드워즈는 다시금 저술작업에 박차를 가하게 된다. 1755년 봄 이후부터는 그 이전 어느 때보다도 풍성한 분량의 글들을 기록하기 시작했다. 그의 고통은 그를 강하게 만들었을 뿐만 아니라, 자신이 목회하던 회중들과 분리됨으로써 개별 교회에 제한되지 않는 하나님 나라 전반에 관한 소명이 그의 마음속에 더욱 강력하게 자리 잡게 된 것이다. 그리하여 1753년에서 58년에 이르는 5년의 기간 동안 에드워즈는 이전에 마무리 짓지 못했던 수백 페이지에 이르는 글들을 완성했으며 네 편의 매우 긴 논문도 끝낼 수 있었다. 1754년에는 그가 1740년대 중반부터 구상하고 있던 역작 「의지의 자유 *Freedom of the Will*」를 출판했다. 1757년에는 1758년 그가 죽은 뒤 곧 출판된 「원죄론 *Original Sin*」을 탈고할 수 있었다. 그의 사후 1765년에 출판된 「하나님의 천지창조의 목적

Dissertation Concerning the End for Which God Created the World」과 「참된 미덕의 본질 Dissertation Concerning the Nature of True Virtue」도 끝낼 수 있었다.³

이번 장의 목적은 목회로부터 잠시 벗어나 있던 에드워즈가 그 기간 동안 이루어 낸, 그리고 그의 학문적 명성을 견고하게 해준 그의 저술들에 대해 요약하는 것이다. 나는 이미 이 책의 앞부분에서 조나단 에드워즈를 이해하기 위해서는 엄청난 노력이 필요하다는 것을 독자들에게 경고했다. 올리버 웬들 홈스Oliver Wendell Holmes는 에드워즈의 책들은 "마치 이스라엘 백성에게 주어진 무교병처럼 거룩할지는 모르나 맛이 없고 부담스럽다"고 언급한 적이 있다.⁴ 그러나 이 책들은 이런 노력을 들일 만한 가치가 있다. 사실 조나단 에드워즈가 소화해 내기 힘든 작가인 것은 분명하다. 그러나 노력할 만한 가치가 있는 신학자인 것 또한 분명한 사실이다. 그의 책들은 계몽주의 정신을 좋아하는 사람들에게 기독교의 정통 교리를 설득력 있게 전달하고 있다. 그의 저서들은 에드워즈가 동시대인들 가운데 가장 앞서 있던 지식인임을 보여줄 뿐만 아니라, 고민하는 지성인들에게 믿음의 진리를 새롭게 제시함으로써 에드워즈의 탁월함을 잘 드러내 보여준다. 이번 장은 이 부분을 건너뛰고 싶은 독자들에게 오히려 가장 필요한 부분이 될 것이다. 결론에서 다시 강조하겠지만, 에드워즈 생애의 핵심축으로 작용했던 그의 지적 산물들을 등한시한다면 우리의 삶에서 그의 통찰력을 이해하고 적용하기는 힘들 것이다.

의지의 자유

이제 언급할 에드워즈의 저술 가운데 가장 주목받아 온 저서는 「의지의 자유」다. 이 책은 판을 바꿔 가며 수차례 출판되었으며 서구 세계 전반에 걸쳐 목회자, 선교사, 신학교수, 심지어 비그리스도인들에게도 많은 사랑을 받아 왔다.[5] 최근에는 동아시아에서도 많이 읽혀지고 있는 이 책은, 근대 선교의 시발점을 제공했다고 해도 과언이 아닐 뿐만 아니라(6장에서 자세히 다루겠다) '뉴잉글랜드 신학'[6]이라고 하는 미국 초초의 토착신학의 출발을 가능하게 한 저작이었다. 이 책은 또한 개혁주의적 복음주의가 확장되는 데 크게 기여했다. 이 책을 통해 에드워즈는 도덕적 알미니안주의에 대한 비판의 목소리를 높였으며,[7] 그가 정립한 교리라고 할 수 있는 하나님의 주권과 인간의 책임에 대한 신학적 토대를 구체화했다.

에드워즈는 이 책에서 복음에서 벗어난 모든 영국 알미니안주의자들을 비판했는데, 이 중에는 토머스 첩Thomas Chubb, 대니얼 휘트비Daniel Whitby, 아이작 와츠Isaac Watts 등이 포함되어 있다.[8] 이들 신학자들은 각각 다른 방식으로 정통 칼뱅주의 신학을 약화시켰는데, 공통적인 부분은 인간의 도덕적 잠재력에 대한 결정론적 사고를 약화시키고 알미니안주의적 자유의 개념(혹은 의지의 자유)을 강화시켰다는 점이다. 에드워즈의 요약에 의하면, 알미니안주의적 자유의 개념은 실제적 자유와 개인의 도덕적 실패의 가능성에 대해 세 가지 조건을 제시한다. 첫째, 인간은 진정으로 자유하며 개인의 행위가 완전히 개인에 의해서 결정되었을 때만 자유에 대한 책임을 진다. 둘째, 자유는 완전한 도덕적 평정상태에서만 실행될 수 있다. 셋째, 도덕적 행위는 본질적으로 조건적이다.[9]

에드워즈는 이런 자유의 개념이 전혀 이치에 맞지 않는다고 생각했다. 오직 하나님만이 스스로 결정할 수 있는 분이며 모든 인간들은 의사결정 과정에 있어 외부적 힘에 큰 영향을 받는다고 역설했다. 인간에게 있어 도덕적 평정상태는 존재할 수 없는데, 개인적 동기와 사물에 대한 선호에 의해 우리의 의사가 결정됨을 그는 지적한 것이다. 더 나아가 조건에 의한 행위의 개념은 기독교 신앙과 공존할 수 없다. 알미니안주의자들조차도 하나님께서 모든 것들을 미리 예정하신다는 사실을 인정한다. 그들도 하나님의 예정하시는 섭리를 사실로 받아들이지만 문제는 그 방법에 대해 다른 견해를 갖고 있다는 것이다.[10] 하나님께서 도덕적 행위를 예정하신다면 (적어도 도덕적 행위를 실행하는 그 순간만큼은) 도덕적 행위에 대한 조건의 개념이 성립할 수 없는 것이다.

의지의 자유에 관한 에드워즈 교리는 "의지"와 "자유"라는 단어의 의미에 그 핵심이 있다. 에드워즈에 의하면, "의지"는 "인간의 마음이 무엇이든 선택할 수 있는 것"을 의미하며, 의지의 "자유"란 누구나 가지고 있는 힘, 기회, 장점 등을 의미한다.[11] 에드워즈에 따르면, 의지는 독립적인 능력이나 도덕적 기준이 아니라 인간 영혼의 핵심 영역이며 인간의 마음과 감정, 선호 등과 밀접하게 연관되어 있다. 의지의 선택은 개인의 선호에서부터 시작되어 마음의 명령으로 이어지게 된다. 더불어 제한된 도덕적 매개체로서의 인간 모두는 제한된 영역에서의 도덕적 책임을 갖게 되는데, 이 과정에서 개인의 사고와 성향은 사회적 환경에 의해 영향을 받게 된다. 회심하지 않은 사람들은 그 마음이 죄에 물들어 있을 수밖에 없으며 그들의 욕구는 악을 범하는 쪽으로 흐르게 마련이다. 그들은 하나님의 뜻을 구하지 않는다. 그들은 자신들이 기뻐하는 대로 힘을 사용하며 그 안에서 자유를 만끽하고 있다고 믿는다. 그러나 자신들이 원하는 대로 "자연적" 자유를 만끽하고 있음에도 불구하고 그들은 "도덕적" 필요에 의해 죄를 짓게 된다. 왜냐하면 자신이 현재 갖고 있는 것보다 나은 선택은 언제든지 존재하기 때문이다.[12] 의지는 항상 도덕적 매개체가 선호하는 것을 선택하게 된다. 사람들은 늘 자신들의 가장 강력한 선호에 의해 행동하며 선택의 기로에 놓였을 때 이렇게 행동하는 것은 피할 수 없는 사실이다.

주의 깊게 이 책을 읽어 온 독자들은 이제 에드워즈의 교리가 죄인이 죄를 회개하고 하나님을 영화롭게 하고자 하는 "자연적 능력"(주어진 능력)과 하나님의 구원하시는 은혜의 도움 없이는 아무런 선을 행할 수 없는 "도덕적 무능력"(뿌리 깊은 의지부재의 상태) 사이의 구별에 달려 있음을 깨달을 수 있을 것이다. 에드워즈는 모든 인간이 자신의 도덕적 필요와 욕구에 의해 행동하는 것을 알고 있었음에도 불구하고, 하나님께서 요구하시는 것들을 행할 수 있는 능력이 모든 개인에게 주어져 있다고 주장했다. 그에게 있어 도덕적 필요와 의지의 자유는 완전히 호환이 가능한 개념이었다. 학자들은 이 가르침을 두고 "호환주의compatibilism"라고 부른다.[13]

에드워즈는 이 중요한 개념들을 비유를 통해 설명했다.

두 명의 죄수가 있었다고 하자. 첫 번째 죄수는 왕자 앞에서 적절한 예의를 지키지 않아 감옥에 던져졌는데, 이후 왕이 그를 불러 겸손히 자신의 잘못을 인정하고 용서를 구하면 풀어 줄 뿐만 아니라 상금과 명예를 내리겠다고 약속했다. 그는 왕의 관대한 제안을 받아들여 자신의 잘못을 인정하고 철저히 자신을 낮춰 사죄했다. 그러나 감옥의 두꺼운 벽과 철창살은 그를 여전히 감옥에 가두어 놓았다.[14]

용서하겠다는 왕의 제안은 마치 제발 용서할 수 있게 사과하라고 조르는 것과 다를 바가 없다. 자신의 몸이 감옥 안에 갇혀 있었기 때문에 죄수가 자신의 석방을 위해 할 수 있는 일은 아무것도 없었다. 따라서 풀려나지 못했다고 이를 비난할 수 없다. 그러나 두 번째 죄수는 달랐다.

두 번째 죄수는 거만하고 감사할 줄 모르며 자기 의가 강한 비이성적인 사람이었다. 뿐만 아니라 반역적인 그의 태도는 합법적인 왕의 주권과 통치를 받아들일 마음이 전혀 없음을 보여주었다. 반역으로 인해 그는 감옥에 갇혀 무거운 쇠사슬을 몸에 짊어지고 살아야 했다. 어느 정도 시간이 지나 인자한 왕자가 죄수를 찾아와 죄수의 몸에 묶여진 쇠사슬을 풀어 주고 감옥 문을 열어 준 뒤 그에게 자신의 잘못을 인정하고 용서를 구하면 석방해 줄 뿐만 아니라 벼슬과 보상을 내릴 것이라고 말했다. 그러나 뿌리 깊은 교만과 악에 사로잡혀 있던 그 죄수는 왕의 은혜와 그 겸손함을 받아들일 준비가 되어있지 않았다.

에드워즈는 자신이 구별하고자 하는 개념들에 대해 이와 같이 강조하며 비유를 마무리지었다.

> 처벌받는 것이 당연했음은 이 두 죄수 사이에 다를 바가 없다. 용서받기 위해 어떤 행위가 요구되지 않는 점도 둘 사이의 공통점이다. 그러나 인간의 사악함은 그 강력함과 견고함이 성의 기둥과도 같다. 두 번째 죄인의 경우 왕자의 제안에 복종하는 것이 "불가능"했다고 말하는 것은, 상식에 어긋나지만 사실일 수밖에 없다. 그가 하고자 했으면 감옥에서 나올 수 있었겠지만, 이를 두고 그 죄수 스스로가 자신을 풀어 낼 힘이 있었다고 표현할 수 있단 말인가?[15]

회개하지 않는 죄인은 자신의 죄에 대해 자기 자신 외에는 아무도 비난할 수 없다. 필요에 의해 죄를 지은 죄인이라 할지라도 예외일 수 없다. 복음이 전파될 때 이를 받아들이지 않고 저항하는 사람이 바로 두 번째 죄수와 같은 것이다. (사실 첫 번째 죄수의 경우는 두 번째 죄수의 심각성을 강조하기 위한 수사에 불과하다.)[16] 죄인들은 스스로 회개하고 죄의 사슬에서부터 자유롭게 될 능력이 있으며 이를 가로막을 것은 없다. 그러나 그들의 마음이 강퍅하고 완고해지면 하나님께 복종할 수 없다. 자신의 자유 의지가 바로 죄인들로 하여금 회개하지 못하게 가로막는 장애물인 것이다.[17]

에드워즈의 이러한 주장은 알미니안주의자들을 격동시켰을 뿐만 아니라 다른 많은 칼뱅주의자들로 하여금 복음 전파에 대한 접근 방식을 수정하도록 했다. 18세기 칼뱅주의자들, 특히 영국의 학자들은 성경에 기반한 그들의 예정론적 견해와, 성경이 가르치는 바와 같이 모든 사람에게 복음이 전해져야 한다는 서로 상반된 진리 사이에서 갈등해야 했다(요 3:16-17, 딤전 2:3-4, 벧후 3:3-4; 8-9). 어떤 사람들은 대각성운동뿐만 아니라 "무차별적인 전도"의 방법론들에 대해 반대해, 예정되어 있는지 알 수 없는 전혀 낯선 사람들에게 회개하고 거듭나야 함을 가르치는 것이 과연 적합한 사역인지 의문과 회의를 제기했다. 이렇게 의심하는 이들을 향해 에드워즈는, 하나님 앞에 선택받은 사람들이라 자부하는 자들이 과연 하나님께서 요구하시는 일들을 스스로 해낼 수 있는 자연적 능력을 갖고 있다고 말할 수 있는지 되물었다. 개혁주의 부흥운동가들과 선교사들은 그리스도인들이 복음을 자유롭게 전할 수 있는 권리가 있으며 그들이 만나지 못한 사람들에 대해서도 하나님께서 그들을 위해 일하고 계심을 믿도록 가르쳤다. 그러나 스스로 복음을 거부하는 이들은 하나님께로부터 버림받은 사람이다.[18]

원죄론

「원죄론」이라고 제목 붙여진 에드워즈의 저서는 하나님의 뜻을 어기는 죄인의 사악함에 대해 잘 가르치고 있다. 인간의 죄성은 그 넓이와 깊이가 헤아릴 수 없이 깊음을 보여줌으로써 에덴동산뿐만 아니라 우리 마음속에 자리하고 있는 원죄에 대해 하나님께서는 책임이 전혀 없음을 이 책은 역설하고 있다. 이 논문의 내용이 칼뱅주의 교리들을 일정 부분 반복하고 있음은 쉽게 예측할 수 있다. 그러나 에드워즈가 살아간 "계몽주의" 시대에 쓰인 이 논문은 중요한 신학적 요점들을 시기적절하게 강조하며 반복적으로 가르치고 있다. 인간의 부정함에 대해 그의 반대자들과 논쟁하며 전개된 그의 가르침은 보기 드문 신학적 탁월함을 드러낸다.

에드워즈는 다음과 같이 이 논문을 시작했다. "이 글은 인간의 원죄를 부정하는 특정 도서들을 비판하기 위해서 뿐만 아니라 기독교의 핵심적인 교리들을 광범위하게 보호하기 위해 쓴 것이다. 그리고 특별히 원죄의 교리를 반대하는 몇몇 유명한 신학자들의 가르침이 잘못되었음을 드러내고자 한다." 에드워즈가 고려한 신학자들은 영국의 유명한 자유주의 신학자 존 테일러John Taylor와 조지 턴불George Turnbull이었다. 이들은 1740년대에 죄에 대한 칼뱅주의적 견해를 비판하기 위한 주요 저서들을 출판했다. 이들 중 "원죄의 개념에 반대해 경건한 믿음의 선조들이 가르쳐 온 복음의 진리에 대해 가장 심각한 피해를 뉴잉글랜드에 끼친" 사람은 존 테일러였다.[19]

테일러의 「자유롭고 솔직한 검증을 위해 제시한 원죄에 대한 성경 교리 Scripture-Doctrine of Original Sin Proposed to Free and Candid Examination」(1740년)는 칼뱅주의자들의 견해를 강력히 반박함으로써 뉴잉글랜드 전체를 신학적 소용돌이 속으로 몰아넣은 책이었다.[20] 이 책에서 테일러는 전통적 개신교 신학이 인간 본성과 가능성에 대해 부정적 시각을 제시함으로써 인간의 도덕적 진보를 저해시켰다고 주장했다. 우리 인간은 칼뱅이 말하는 것처럼 그렇게 악한 존재가 아니며 하나님도 일관성 없는 독재자처럼 스스로를 통제할 수 없는 인간들의 행동에 대해 섣불리 저주하는 분이 아니라고 가르친 것이다. 테일러는 세상에 죄가 편만한 것은 사실이지만, 인간 가운데 어떤 이들은 이에 물드는 반면 어떤 이들은 이를 거부할 수 있다고 말함으로써 칼뱅주의의 전적 타락설, 곧 인간 전체를 원죄의 사슬로 묶어 버린 아담의 타락과 그 영향력을 부정했다. 마치 아이들이 죄를 짓게 되는 것은 잘못된 본보기들을 모방하기 때문이듯이 도덕적 실패는 본성의 문제라기보다 교육과 양육의 문제라고 주장했다. 그는 인간이 죄 앞에 넘어지는 것은 자유와 이성을 잘못 사용하기 때문이지 본성적 타락 때문이 아니라고 말했다. 그는 죽음이 인간 세계에 찾아온 것은 아담의 죄 때문이라는 사실을 인정했으나 그렇다고 해서 죽음을 범죄에 대한 처벌로 보는 견해는 인정하지 않았다. 오히려 죽음은 인간들로 하여금 세상을 떠난 뒤 영적 고결함을 세워 나갈 수 있게 하기 위해 하나님께서 주신 것이라고 가르쳤다.[21]

에드워즈는 체계적인 공격이 최상의 방어책임을 잘 알고 있었다. 그는 테일러와 다른 학자들을 공격하기 위한 체계적인 계획을 세워 나갔다. 그는 성경이 가르치는 것 같이, 아담의 타락의 결과로 모든 인간이 끊임없이 죄를 짓고 있음을 보여주기 위해 막대한 시간을 투자했다.[22] 에드워즈는 「원죄론」의 절반을 아담이 범죄함으로 말미암아 인간 전체가 은혜에서 멀어지게 된 것을 성경적으로 증명하는 내용으로 구성했다. 나머지 반은 자유주의적 반대파들에 대한 논파와 신학적 일탈에 대한 예들로 구성되어 있다.

에드워즈는 "하나님께서 인간을 만드실 때 그 안에 두 가지 요소를 심어 주셨음"을 가르쳤다.

하위 요소는 자연적 원칙이라 부를 수 있는 인간 본성에 따른 자기애, 식욕과 욕정, 자기 자신의 자유, 명예, 즐거움에 대한 애착 등을 말한다. 이 요소가 상위 요소의 간섭 없이 홀로 버려져 있을 때 성경은 이를 육체flesh라고 부른다. 이에 반해 상위 요소는 하나님의 사랑에 기반한 영적이고 거룩한 인간 속에 존재하는 하나님의 형상이다. 성경은 이를 신의 성품(신성)이라 부른다.

성령에 의해 움직이는 상위 요소는 "면류관을 유업으로 받으며, 마음을 다스리기 위해" 주어진 것으로, 하위 요소를 통제하고 다스리기 위한 목적을 가지고 있다. 적어도 이렇게 조정되는 한 아담의 본성은 적절히 조절되어 "평화와 아름다움의 조화" 가운데 있게 될 것이다. 그러나 아담이 범죄하는 그 순간,

하나님의 언약을 깨뜨려 그의 저주 아래 떨어지게 되었으며 상위 요소들은 인간의 마음에서 사라지게 되었다. 아담의 범죄는 하나님께서 인간을 떠나시게 하는 사건이었으니 이는 당연한 결과일 수밖에 없다. 하나님과의 교제는 완전히 끊어지게 되었다. 성령은 그 집을 떠나셨다. 인간이 하나님께 대해 반역한 이후 언약관계를 유지해 나간다는 것은 하나님의 언약과 법칙에 미루어 볼 때 절대적으로 부적절하고 비일관적이기 때문이다. 그리하여 인간은 통탄할 만한 어둠과 부패와 몰락의 상태가 되었으며 영이 없는 육의 존재가 되었다.

저속한 자기애와 자연적 욕구만 탐닉하게 되었을 뿐만 아니라 이런 것들이 마음의 주관자가 되어 버렸다. 치명적인 재앙이 뒤따를 수밖에 없었다.

하나님의 영이 떠난 그 순간, 첫 사람 아담의 본성은 광기로 변질되었다. 인간의 자연적 욕구가 인간을 삼켜 버리게 된 것이다. 어느 인간도 이 같은 부패의 영향에서 벗어날 수 없었다. 아담의 자녀들은 이같이 도덕적으로 혼돈 상태의 세상 속에 태어나게 되었다. 그들은 이전에 즐기던 초자연적인 도움을 상실한 상태로 세상에 태어났다. 거듭남 없이는, 그리고 거듭남을 경험하기 전까지는 하나님의 영이 상실된 자신의 빈 공간을 허무한 것들로 채우고자 온갖 것들을 만들어 낼 뿐만 아니라 잘못된 방향으로 관심과 노력을 돌릴 수밖에 없다.[23]

다른 많은 칼뱅주의자들처럼 에드워즈도 연합주의자federalist였다. 그는 (예수 그리스도께서 교회의 머리가 되셔서 믿음으로 하나되게 하심과 같이) 하나님께서 아담을 연합의 머리로 미리 정하셨다고 가르쳤다. 아담이 바로 서면 온 세상이 바로 서고 아담이 넘어지면 세상이 함께 넘어질 것이다. 대부분의 사람들이 믿는 바와 같이 아담은 넘어졌다. 사도 바울이 로마 교회에 편지한 것처럼 "한 사람으로 말미암아 죄가 세상에 들어오고 죄로 말미암아 사망이 들어"왔으며 "한 사람이 순종하지 아니함으로 많은 사람이 죄인"이 되었다(롬 5:12-21). 따라서 에드워즈는 원죄에 대해 다음과 같이 역설했다.

하나님께서 아무런 악을 그 안에 두시지 않았음에도 불구하고 아담의 본성이 부패함에 따라 그 후손도 모두 부패하게 되었다. 하나님께서는 아담을 그 모든 후손의 머리로 보시며 인간 전체를 하나로 보시기 때문에 아담과 함께 그의 모든 후손들은 하나님 앞에 범죄하게 되었다. 따라서 하나님께서는 머리가 되는 아담으로부터 영적 은혜의 교제를 끊으셨으며 그 공동체에 속한 모든 이들도 이와 같이 하나님의 은혜로부터 멀어지게 되었다. 아담이 그랬던 것처럼 인간 전체가 전적으로 부패하게 되었으며 육에 기초한 저속한 삶을 영위하게 되었다.[24]

에드워즈는 또한 철학자들이 이름 붙인 것처럼 존재론적 실재론자였다. 그는 인간의 본성이 객관적으로 실재하며 시간적·공간적·문화적 차이를 뛰어넘어 모든 인간 사이에 공존한다고 믿었다. 아담은 모든 인류가 그를 중심으로 연결되는 연합의 머리이지, 연방국가의 정치가처럼 멀리 떨어져 활동하는 대표가 아니라고 믿었다.[25] 도토리 안에 상수리나무의 형상이 존재하는 것처럼 몸이 아니라 존재론적으로 우리는 아담과 함께 에덴동산에 있었다. 우리는 아담의 타락에 함께 있었으며 따라서 그 죄를 전가받았다.[26] 하나님은 우리에게 종잡을 수 없는 모습으로 죄를 묻지 않으신다. 우리는 아담 안에서 범죄했으며 따라서 인간의 본성은 타락했다. 이 일에 대해 우리 모두는 "형제의 책임자"인 것이다. 다소 읽기 어렵기는 해도 이 부분에 대한 에드워즈의 요약은 인간의 부패를 계수하시는 하나님의 정의를 잘 보여준다.

아담의 후손들의 마음속에 자리 잡고 있는 사악함 또는 인간 안에 공존하는 사악함은 아담의 첫 번째 반역을 의미한다. 아담과 후손 사이의 이 연합은 지혜로운 창조주께서 아담과 그 후손에 심어 두신 질서다. 그러나 이 질서는 아담의 죄가 전가되었음을 의미하기보다는 아담 자신이 그 선례가 되었음을 의미한다. 마음의 부패와 죄의 전가는 이미 모두 성립되어 있는 아담과 후손 사이의 연합의 결과다. 그러나 그 순서에 있어서는 부패한 본성의 존재가 먼저요, 죄에 대한 결과가 그 다음이다. 이는 아담 개인에게 있어서도 마찬가지다.[27]

「의지의 자유」에서와 마찬가지로 「원죄론」에서도 에드워즈는 예외 없이 인간 마음의 완악함에 대해 거침없이 다루었다. 인간의 죄를 향한 성향은 인간의 죄인됨을 여지없이 드러낸다. 인간이 외면적 의미의 죄를 짓기 이전부터 그 죄된 본성은 인간 안에 자리 잡고 있었다. 인간의 죄된 본성이 그를 죄의 길로 이끈 것이다. 따라서 우리는 하나님을 향한 비난과 자기 연민을 버려야 한다.

두 개의 논문, 하나님의 목적과 참된 미덕

에드워즈의 두 개의 논문은 「원죄론」에 기초해 작성된 논문으로, 인간 누구도 참된 미덕을 이루어 낼 만큼 충분한 "원칙"들을 가지고 태어나지 않았음에 대한 글이다.[28] 모든 인간은 바른 삶을 살아갈 수 있는 자연적 능력을 가지고 이 세상에 태어난다. 이는 양심, 자기애, 인간에 대한 동정과 사랑하는 이들의 행복에 관심을 갖게 되는 자연적 원칙들을 모두 포괄한다. 그러나 그 누구도 지고한 도덕적 선의의 원칙들을 가지고 세상에 태어나지는 않는다. 이 원칙들은 경건하고 거룩하며 모든 일에 선하여 하나님을 기쁘시게 하며, 정의롭고 건전한 일상의 삶을 살 수 있도록 보장해 주는 기초다. 이를 위해 회심의 과정과 참된 미덕의 실천을 위한 성령의 인도하심이 필요하다.[29]

에드워즈는 이 논쟁의 기본 뼈대를 「하나님의 천지창조의 목적」에서 세워 나갔다. 하나님께서 본래 계획하신 창조의 목적을 다루는 과정에서 에드워즈는 하나님께서 당신의 영광을 위해, 좀 더 기술적으로 말하면 세상 속에서 성삼위의 영광 중에 교제하도록 천지를 창조하셨음을 역설했다. 에드워즈는 다음과 같이 말했다. "하나님의 본질 가운데 하나인 그분의 끝없는 충만함이 흘러나오면서 세상이 창조되었다.…… 넘치도록 흘러나오는 하나님의 이 충만함이 창조에 있어 하나님의 마지막 목적인 것이다."[30] 하나님의 목적의 성취는 우리 인간에게 달려 있지 않다. 창조주로서 "하나님의 기쁨"은 그분의 절대적 능력을 드러내는 그분의 모든 행위 외에 다른 어떤 것에도 의존하지 않는다. 그러나 하나님의 피조물들은 하나님의 영광을 반사함으로써 그분을 영화롭게 하는 데 참여하게 된다.[31]

에드워즈는 하나님을 영화롭게 하는 데 있어 피조물들이 갖는 역할에 대해 잘 다루고 있는데, 이 부분은 가장 인기 있는 구절이다. 경건한 그리스도인 독자들에게 지나치게 추상적으로 들릴지 모르는 표현이지만, 에드워즈는 우리 삶의 의미를 잘 드러내 보여주는 표현이라고 여겼다.

하나님께로부터 흘러나와 피조물들에게 소통되는 거룩한 충만함은 하나님에 대한 지식과 사랑, 기쁨으로 가득 차 있으며 하나님과 피조물 모두에 관련되어 있다. 이것은 하나님이 그 원천이시며, 하나님께로부터 흘러나오는 하나님과의 의사소통이자 소통되는 그 무엇이며, 거룩하신 그분의 내적인 충만함 자체다. 마치 시냇물이 샘에서부터 흘러내리듯, 태양으로부터 그 빛이 흘러나오듯, 하나님은 그 근원이 되신다. 피조물은 근본적으로 하나님에 대한 경외를 드러내는데, 이는 하나님께서 이 모든 것을 가능하게 하시며 모든 지식은 하나님의 지식이기 때문이다. 하나님 그분이 사랑의 대상이시기에 피조물 안에서 소통되는 사랑은 하나님의 사랑이다. 그 안에 흐르는 행복은 하나님 안에서의 기쁨이다. 그분은 그 안에 흐르는 기쁨이시다. 만물이 하나님을 알고 경외하고 사랑하고 그 안에서 기뻐하며 찬양함으로써 하나님의 영광이 드러나고 확증된다. 그분의 충만함은 모든 피조물에게 받아들여져 만물을 회복시키신다. 그 충만함은 그분으로부터 흘러나오고 또다시 흘러나온다. 그 광채의 찬란함은 만물 속에 비춰며 그 빛은 다시 반사되어 나온다. 하나님께로부터 나오는 영광의 빛은 다시 그 원천으로 돌아간다. 그리하여 이 모든 것은 하나님에 의한, 하나님 안에 있는, 하나님께로 향하는 것이다. 이 모든 일에 하나님은 그 시작과 중간, 그리고 끝이시다.[32]

우리는 하나님의 충만함을 더하게 하거나 그분의 창조의 목적에 영향을 줄 수 없다. 마치 우리가 샘에서 나오는 물의 양을 증가시킨다거나 태양의 광선을 몇 가닥 더 늘릴 수 없음과 같다. 하나님은 우리가 그분께 영광을 돌리든 돌리지 않든 당신 자신을 영화롭게 하신다. 그러나 우리가 우리의 삶을 통해 그분을 인정하고 모든 영광을 그 근원되시는 쿤께 돌려드림으로 그분을 찬양하면 우주를 만드신 하나님의 목적에 참여하게 되는 것이다.[33]

그러나 우리에게 이 일들은 하나님의 은혜가 없이는 불가능하다. 우리는 도덕적으로 하나님의 계획대로 살 수 있는 능력을 갖고 있지 않다. 성령이 우리의 자연적 욕구를 조정하시고 인간 마음속에 자리하는 하나님 형상의 진공 상태를 채우도록 도와주시지 않는 한 선을 행하고자 하는 마음은 조금도 가질 수 없다. 자연적 원칙들은 낮은 수준의 덕을 낳는다. 이는 얼핏 보기에 진정한 미덕과 같이 보일 수 있는 선한 행실로 사람을 이끌어 나가기도 하지만, 회심하지 않은 사람들의 선한 행실은 궁극적으로 그 근본부터 썩어 있다. 그들의 행위는 하나님의 창조의 원칙에 합일되는 방식으로 이루어질 수 없다.[34]

에드워즈는 참된 미덕과 그것의 조잡한 모방에 대해 그의 유명한 논문 「참된 미덕의 본질」에서 잘 다루고 있다. 이 논문에서 제기된 다음과 같은 그의 주장은 널리 알려져 있다. "참된 미덕과 미덕처럼 보이는 것들 사이에는 확실한 구별이 있다. 참된 미덕은 모든 존재에 대한 박애에 그 본질이 있다. 좀 더 정확히 말하면 참된 미덕의 핵심은 존재에 대한 일반적 선함에 있으며 박어의 정신을 통해 실행된다." 일반적 존재는 하나님 자신뿐만 아니라 하나님께서 당신의 영광을 위해 창조하신 전체적인 조직 내에 존재한다. 참된 미덕의 사람들은 하나님의 영광을 구하는 삶을 사는 사람들이다. 대부분의 사람들은 자신의 가족과 주변의 매력적인 사람들에게 자신의 선함과 박애의 모습을 보여주게 된다. 그러나 참된 미덕의 사람은 자신의 절대적인 선한 의지를 대상에 상관없이 드러내 보여준다. 그가 사람들을 사랑하는 것은 하나님과 세상에 대한 섬김이다. 그의 "사심 없는 박애"는 심지어 자신을 내어 주는 모습으로까지 나타나게 된다. 이 부분에 대해서는 좀 더 분명히 할 필요가 있다. 에드워즈는 도덕적 삶에 있어 자기애와 열정이 차지할 자리가 없다고 말하지 않았다. 이와는 반대로, 가장 덕망 있는 사람은 자신이 하는 일을 최고의 열정과 기쁨으로 여기는 사람이라고 가르쳤다. 그들의 자기애는 존재를 섬기는 일 속에서 성취되는 것이다. 사실 참된 미덕의 사람들은 하나님에 대한 사랑을 구별 없이 나누고 있을 때 가장 큰 행복을 느끼게 된다. 이에 대해 에드워즈는 다음과 같이 요약했다. "참된 미덕의 소유자는 하나님을 향한 사랑의 지배 아래 놓여 있으며 모든 것을 하나님의 영광을 위해 행한다. 하나님의 영광은 그의 궁극적인 목적이다." 그는 마음과 영과 뜻을 다해 하나님의 세상을 향한 사랑과 영광을 드러내기 위해 노력한다.[35]

에드워즈의 모든 주요 저서들은 세상에서 살아가는 사람들 속에 드러나는 성령의 역사에 대해 다루고 있다. 4장에서 언급한 것과 같이, 성령론의 주제는 그의 사역 전체를 포괄하는 핵심이다. 그는 계몽주의 시대에 정부에 의해 관리되던 교회에서 일한 복음주의 지도자였다. 그러기에 그는 타성에 빠져 있는 그리스도인들과 자유사상가들에게, 하나님께서는 실존하시고 세상 속에서 실재적으로 활동하고 계시며 우리가 이에 참여하기를 원하심을 이해시키는 일에 책임을 느꼈다. 이렇게 하는 데는 성령의 역사가 필수적이다. 에드워즈는 끊임없이 반복해서, 회심의 사건은 존재하며 신령한 초자연적 빛은 현재 우리에게도 나타날 수 있음을 가르쳤다. 회심은 신령한 진리를 드러내 보여줄 수 있다. 회심은 우리의 자기 파괴적인 성향을 멈추게 하며 진정으로 만족감을 주는 일을 찾아낼 수 있도록 인도한다. 회심은 하나님과 연결되게 하며, 우리의 영혼을 구원하고, 매일의 삶을 흥미진진하며 가치 있게 만들어 준다.

그렇다면 이 긴박한 메시지를 분명하고 설득력 있게 제시하는 것보다 중요한 일이 무엇이란 말인가! 에드워즈는 현대를 살아가는 대부분의 사람들보다 하나님을 더욱 사랑하는 하나님의 사람이었다. 그는 진정으로 하나님께서 말씀의 사역을 통해 역사하실 뿐만 아니라 창조의 궁극적 목적을 성취하기 위해 말씀 사역을 사용하고 계신다고 믿었다. 이 믿음이 에드워즈가 위대한 영적 지도자가 되게 한 원동력이었다. 사람들이 그를 오늘날 미국 역사상 가장 위대한 개신교 목회자로 인정하는 것은 그가 사람들로부터 사랑받거나 사람들을 즐겁게 하는 재능이 있었기 때문이 아니다. 그의 영향력은 그가 기도에 쏟아부은 시간과 노력, 지식인으로서 자신의 삶에 쏟아 낸 땀과 눈물 때문이다. 이런 헌신은 하나님께서 말씀 사역을 사용하실 것이라는 굳건한 믿음 없이는 불가능했다. 오늘날 우리는 에드워즈와 같은 믿음을 가지고 있는지 자문해 보아야 한다.

6장 | 물이 바다를 덮음 같이

이새의 줄기에서 한 싹이 나며 그 뿌리에서 한 가지가 나서 결실할 것이요 그의 위에 여호와의 영 곧 지혜와 총명의 영이요 모략과 재능의 영이요 지식과 여호와를 경외하는 영이 강림하시리니 그가 여호와를 경외함으로 즐거움을 삼을 것이며 그의 눈에 보이는 대로 심판하지 아니하며 그의 귀에 들리는 대로 판단하지 아니하며 공의로 가난한 자를 심판하며 정직으로 세상의 겸손한 자를 판단할 것이며 그의 입의 막대기로 세상을 치며 그의 입술의 기운으로 악인을 죽일 것이며 공의로 그의 허리띠를 삼으며 성실로 그의 몸의 띠를 삼으리라. 그때에 이리가 어린양과 함께 살며 표범이 어린 염소와 함께 누우며 송아지와 어린 사자와 살진 짐승이 함께 있어 어린 아이에게 끌리며 암소와 곰이 함께 먹으며 그것들의 새끼가 함께 엎드리며 사자가 소처럼 풀을 먹을 것이며 젖 먹는 아이가 독사의 구멍에서 장난하며 젖 뗀 어린 아이가 독사의 굴에 손을 넣을 것이라. 내 거룩한 산 모든 곳에서 해 됨도 없고 상함도 없을 것이니 이는 물이 바다를 덮음 같이 여호와를 아는 지식이 세상에 충만할 것임이니라. (이사야 11:1-9)

포장도로가 건설되기 전, 전화기도 없던 시대, 전보나 심지어 우편배달이 정기적으로 이루어지기도 전의 시대를 사는 사람으로서 24년이나 일했던 교회에서 해임된 상황을 잠시 상상해 보자. 식민지 시대 당시 뉴잉글랜드는 대부분의 목회자들이 한 교회에서 그들 평생을 사역하고 섬겼다. 오늘날의 목회자들처럼 목회지를 쉽게 옮기는 것은 그들에게는 상상할 수 없는 일이었다. 한 교회 안에서 안정되게 헌신하며 사역하는 것을 그들은 아주 중요하게 여겼다. 당시 목회자들에게는 한 회중을 떠나는 것도 어려웠지만 새로운 목회지를 찾는 것도 쉽지 않았다. 자리가 빈 목회지를 찾는 것 자체가 어려웠을 뿐만 아니라, 황야를 가로질러 무거운 짐을 지고 가족들이 이사한다는 것은 물리적으로 거의 불가능하고 심리적으로도 마음을 고갈시킬 만한 일이었다.

에드워즈가 24년간 일했던 교회에서 해임될 당시 그의 나이는 당시 평균 수명을 조금 넘긴 마흔여섯 살이었다.[1] 당시 에드워즈의 자녀들은 모두 아홉 명이었다.[2] 이전에 받던 것만큼 많은 사례를 줄 만한 교회도 없었지만 노샘프턴처럼 큰 교회에서 사역하게 될 가능성은 아주 희박했다. 해임당하기 하루 전날 보스턴에 있는 친구에게 보낸 편지는 에드워즈의 심정을 다음과 같이 전하고 있다.

> 만일 목회를 떠나게 된다면 내 상황은 아주 어려워질 것 같네. 이 세대의 사람들을 내가 다시 섬길 수 있을 가능성도 희박하고, 그렇다고 이 나이에 다른 직업을 갖는 것 역시 힘든 일이지. 나는 오랜 기간 목회에 전념해 왔고 이제 와서 다른 직업을 갖는다는 것은 상상하기 힘드네. 생활은 지금 잘 안정되어 있고 사례도 보스턴 외곽에서 목회하는 어떤 목회자들보다 많이 받고 있지. 가족들도 많아서 아마 사방 160킬로미터 내에 나보다 가족이 많은 목회자는 없을 것이네.…… 상황이 이런 만큼 나를 사랑하는 형제들의 기도가 많이 필요한 시점일세. 주님께서 앞으로 겪을 일들 가운데서도 내가 신실하게 살아갈 수 있도록 내게 지혜를 주시리라 믿네.…… 지금 나는 내 자신을 벼랑 위에서 내던지는 기분이네. 하지만 방향을 바꿀 수 없는 상황일세. 내가 가장 중요하게 생각해 온 거룩한 사명과 하나님

의 뜻 외에는 다른 아무것도 돌아보지 않고 나아갔던 내 삶이었는데, 이제 와서는 마치 눈을 가리고 벼랑으로 걸어가는 기분이 드니 이 어찌 암담하지 않겠는가![3]

하나님의 섭리에 대한 분명한 신뢰에도 불구하고 앞으로 다가올 가난에 대해서 만큼은 에드워즈도 마음이 편치 않았음이 분명하다.

서서히 가라앉는 먼지

아이러니컬하게도 에드워즈가 목회했던 노샘프턴 교회 지도자들 역시 당시 상황에 대해 조바심을 갖지 않을 수 없었다. 에드워즈의 목회를 대신할 만한 사람을 찾는 것은 결코 쉬운 일이 아니었다. 여러 명의 목회자들이 노샘프턴을 방문해 설교했지만 반응은 냉담했다. 두 명의 젊은 목회자가 청빙되었지만 둘 다 노샘프턴에 자리 잡지는 못했다. 1751년에는 예배당에 번개가 내려 꽂히는 심상치 않은 일이 발생했다. 긴 이야기를 줄여 간단히 말하면, 노샘프턴 교회가 새로운 목회자를 찾는 데는 꼬박 3년의 시간이 소요되었다. 마침내 1753년 9월 17일 노샘프턴 교인들은 만장일치로 예일대학을 갓 졸업한 젊은 목회자 존 후커John Hooker에 대한 청빙을 연장하기로 결의했고 후커 역시 교회의 청빙을 받아들여 장기 사역을 약속했다. 존 후커는 기본적으로 칼뱅주의자이기는 했으나 에드워즈가 반대해 왔던 알미니안주의자 로버트 브렉이 그의 안수와 청빙 과정에 깊게 관여했다(4장 참조). 복음주의 진영의 역사가들은 노샘

프턴 교회가 결코 다시는 예전의 모습으로 돌아갈 수 없었다고 기록한다.[4]

에드워즈 역시 새로운 사역지를 찾는 와중에서도 노샘프턴에서 임시 설교자로 여러 번 말씀을 전했는데, 자신을 반대해 온 사람들에게 자신의 겸손과 자비를 보여주는 좋은 기회가 되었다. 친구 토머스 폭스크로프트Thomas Foxcroft에게 해임 6주 후에 보낸 편지에서 에드워즈는 다음과 같이 말했다.

> 내가 고별설교를 전한 뒤 교회 위원회는 내게 세 번 더 설교해 줄 것을 요청했지만 마지못해 부탁하는 태도가 분명했네. 그들은 매주 다른 설교자를 찾기 위해 노력하고 있는데 주변 마을의 목회자들을 돌아가며 초대하는 식이지. 하지만 쉽지 않은 것이 분명하네. 장기 사역자를 찾지 못하면 임시 목회자라도 찾아야 하지만 어떤 사람을 청빙해야 할지 갈피를 잡지 못하고 있는 상황일세.[5]

11월 하순 마을의 지도자들은 에드워즈가 아직 강단에 남아 있는 당시 상황이 당황스러울 수밖에 없었다. 새뮤얼 홉킨스는 "많은 사람들이 그가 아직 노샘프턴 교회에서 설교하고 있다는 사실에 대해 큰 불안감을 가졌다"고 표현했다. 청빙 위원회는 회의를 소집했고 이후 다시는 에드워즈에게 설교를 부탁하지 않기로 결의했다. 결과적으로 마을 주민들은 "에드워즈가 아직 마을 내에 거주하고 있음에도 불구하고 설교자 없이 예배를 드려야 했다. 에드워즈를 초청하느니 차라리 설교 없는 예배를 선택한 것이다!" 해임된 그들의 목자는 해임 이후 열두 번 자신이 이미 떠난 강단에서 말씀을 전했다. 그러나 1750년 말 무렵 에드워즈의 마음은 이미 노샘프턴을 떠나 다른 곳으로 향해 있었다.[6]

8월부터 에드워즈는 그를 청빙하기 원했던 코네티컷의 케이넌에서 설교하기 시작했다. 그는 또한 보스턴에서 코네티컷 남쪽 미들타운까지, 서쪽으로 매사추세츠의 롱메도우까지 방문하며 여러 회중들에게 말씀을 전했다. 버지니아에 있는 친구들은 에드워즈를 위해 지역 내 교회들의 상황을 조용히 알아보고 있었다.[7] 스코틀랜드에 있는 친구들은 에드워즈에게 혹시 바다 건너 스코틀랜드의 장로교회에서 목회할 생각이 없는지를 묻기도 했다. 부정적인 대답이었지만 그가 보낸 답신은 여러 지역의 장로교인들을 흥분시키기에 충분했다. 해임 2주 후에 그들에게 보낸 편지에서 에드워즈는 다음과 같이 전했다.

> 저에게 웨스트민스터 신앙고백을 정식으로 받아들이고 장로교회의 질서를 따를 의사가 있는지 물어봐 주실 뿐만 아니라 청빙에 응할 의사가 있는지에 대해 물어봐 주심을 깊이 감사드립니다. 그 누가 이런 친절과 우정에 감사하지 않을 수 있겠습니까!
>
> 웨스트민스터 신앙고백을 받아들이기로 서약하는 것에는 일말의 어려움도 없습니다. 장로교회 조직을 받아들이는 것 역시 이 땅의 혼잡한 교회 정치 구조를 고려할 때 제가 기다려 왔던 일이 아닐 수 없습니다. 스코틀랜드 장로교회의 구조가 조정의 여지가 전혀 없이 완벽하다고는 생각하지 않지만, 저는 장로교회 조직이 하나님의

말씀에 가장 적절한 교회 체계라 믿어 의심치 않습니다.[8]

뉴욕에 있는 친구들도 지역 내 한 교회에 자리가 나자 에드워즈를 청빙할 것을 심각하게 고려했다.[9] 노샘프턴에 있는 에드워즈의 충실한 친구들은 같은 마을에 교회를 새로 개척해 노샘프턴 교회와 경쟁할 것까지도 불사했다. 그러나 에드워즈는 평범한 영국인 회중을 계속 목회하기보다는 당시 변방의 개척지였던, 매사추세츠 서부 끄트머리에 자리한 스톡브리지로 이주하기로 마음먹었다. 이때부터 에드워즈의 다문화 선교 사역이 시작된다.

에드워즈와 근대 선교

오스트레일리아의 역사가 스튜어트 피긴Stuart Piggin이 선언한 바와 같이 "조나단 에드워즈는 근대 개신교 선교의 시작에 결정적 역할을 했다."[10] 에드워즈의 역작 「의지의 자유」는 (5장에서 언급한 것처럼) 칼뱅주의자들 사이에서 "무차별적인" 다문화 전도의 바람을 불러일으켰고 세계 선교의 신학적 동기를 제공했다. 또한 그의 책 「데이비드 브레이너드 생애와 일기」와 그가 경험했던 미국 원주민과의 교류는 조직적인 다문화 사역이 크게 일어나게 하는 데 결정적으로 기여했다.[11]

1747년 에드워즈는 에드워즈를 연구하는 학자들 사이에서 종종 간과되는 선교학적 소논문을 저술했다. 스가랴 8장에 기초한 이 글은 스코틀랜드의 복음주의 지도자들에 의해 제안되어 대서양

양단에서 함께 진행될 기도합주회를 지지하기 위해 저술되었으며 에드워즈의 세계 선교에 대한 소망을 담고 있다. 사실 이 글의 긴 제목—「기도합주회 *An Humble Attempt to Promote Explicit Agreement and Visible Union of God's People in Extraordinary Prayer for the Revival of Religion and the Advancement of Christ's Kingdom on Earth, Pursuant to Scripture-Promise and Prophecies Concerning the Last Times*(마지막 때에 대한 성경의 약속과 예언에 따라 신앙의 부흥과 이 땅에 임할 그리스도 왕국의 진전을 바라보며 비상한 기도로써 전 세계에 퍼져 있는 하나님 백성들의 분명한 연합과 확실한 일치를 촉진시키려는 겸손한 시도)」[12]—자체가 그가 말하고자 하는 점을 모두 포괄한다. 대서양을 가로지르는 대각성운동이 정점에 이르렀을 당시의 많은 그리스도인들처럼 에드워즈는 강력한 후천년주의자였다.[13] 에드워즈는 영적 부흥이 온 세계로 퍼져 나가 결국 영광스러운 천년왕국—영적 부흥이 극대화되는 오랜 기간—이 시작되고, 하나님을 아는 지식이 "물이 바다를 덮음 같이"(사 11:9) 온 세상에 가득하게 될 것이며, 그리하여 온 세상에 예수 그리스도의 복음이 전파된 후에야 예수 그리스도께서 재림하실 것이라고 생각했다.[14] 에드워즈는 계속해서 그의 열정을 자신의 글에 담아냈다.

하나님의 영이 쏟아부어져 놀라운 하나님의 능력과 은혜가 이제 시작될 것이며 이런 일들이 일어날 때 영광스러운 사건(천년왕국)이 시작될 것이다. 하나님의 역사와 신성한 능력이 주후 2000년경까지 비교할 수 없는 속도로 진행될 것이다. 처음 50년은 기독교의 능력과 순결함이 이를 반대하는 모든 이들을 복속시키며 기독교 왕국이 세상을 다스려 나가게 되는 기간이 될 것이니 이 얼마나 가슴 뛰는 일인가! 이후의 50년은 복음을 반대하는 세력, 적그리스도와 그 왕국의 힘을 무너뜨리고 교황의 통치 아래 놓여 있는 모든 나라 위에 하나님의 능력이 임할 것이다. 이어지는 50년간 마호메트의 세계가 정복되고 유대인의 나라와 그 흩어진 백성들이 회복될 것이다. 이후 한 세기 동안은 아프리카와 아시아, 북남미 대륙과 남반구의 모든 땅들의 믿지 않는 모든 이들이 복음의 진리를 깨닫고 예수 그리스도께로 돌아오는 기간이 될 것이다. 로마 가톨릭과 마호메트의 추종자들, 이단과 분리주의자들, 악과 부도덕으로 억압하는 모든 이들, 참된 기독교를 반대하는 모든 적들은 불행과 재앙에 빠질 것이며, 이런 모든 일들이 일단락된 뒤 세상은 진정한 기쁨과 거룩한 안식 가운데 있게 될 것이다.[15]

에드워즈는 누구에게나 호의적일 수 있는 세계교회주의자ecumenist가 전혀 아니었다. 그에게 로마 가톨릭은 적그리스도를 상징하는 악의 존재였으며, 그는 복음주의 신앙이 세상을 지배하게 될 날을 손꼽아 기다린 타협할 줄 모르는 신학자였다. 그의 태도는 자유주의 시대를 살고 있는 오늘날 우리에게 한층 더 편협하게 보일 수밖에 없다.[16] 그러나 그는 연합된 복음화운동 없이는 천년왕국, 그리고 주후 2000년이라는 연도 자체가 도래하지 않을 것이라는 것을 알고 있었다.[17] 그는 개신교 독자들이 부흥과 해외 선교의 사명에 대해 인지하고 후원하도록 그가 할 수 있는 최선의 노력들을 다했다. 19세기 초에 이르러 시작된 수많은 미국 개신교 선교운동들은 모두 에드워즈의 영향으로 시작되었다고 해도 과언이 아니다.

데이비드 브레이너드

에드워즈는 선교사들 사이에서, 미국 원주민 선교를 위해 사역하다가 순교했던 선교사의 삶을 다룬 1749년 작「데이비드 브레이너드 생애와 일기」의 작가로 널리 알려져 있었다.[18] 1718년 삼림이 울창한 코네티컷의 해덤에서 태어난 브레이너드는 열네 살의 나이에 부모를 잃었다. 브레이너드는 예일대학에 진학했지만 대각성 기간 중 퇴학을 당하고 만다. (브레이너드가 촌시 휘틀시 교수의 미지근한 영성에 대해 "의자만큼도 은혜가 없다"라고 비판한 것이 알려져 퇴학당하게 된 것이다.)[19] 브레이너드는 삶을 모두 불태우고 스물여덟 살의 젊은 나이에 세상을 떠났지만, 생애의 마지막 몇 년간 그가 보여준 그리스도인으로서의 경건성은 에드워즈가 평생에 걸쳐 공공연하게 칭찬했을 만큼 탁월했다.

1742년 11월, 브레이너드는 스코틀랜드 선교회로부터 인디언(미국 원주민)들을 위한 선교사로 파송되었다. 그는 에드워즈의 제자이자 예일대학 교수였던 존 서전트John Sergeant 목사와 함께 스톡브리지 인디언 선교회에서 이 사역을 준비했다. 이후 허드슨 강을 건너 뉴욕의 카우나우믹에서 사역하다가 남쪽으로 이주해 펜실베이니아의 델라웨어카운티에서도 사역했다. 1744년에 대각성운동을 지지하던 뉴욕 장로교회 노회에서 목사 안수를 받은 그의 생애 마지막 사역지는 뉴저지였다. 그는 크로스윅성에서 인디언 교회를 개척했다가 1747년 크랜베리로 교회를 이전했는데, 그가 이 교회를 떠나던 1747년에는 85명(어른 43명, 어린아이 42명)의 세례교인 수를 자랑하는 교회로 성장했다.

처음부터 건강하지 못했던 브레이너드는 급기야 결핵에 걸려 요양을 위해 뉴저지의 엘리자베스타운에서 조나단 디킨슨Jonathan Dickinson과 함께 지내게 되었는데(1746년 11월부터 1747년 3월까지), 그래서 종종 프린스턴대학의 첫 번째 학생이라고 불리기도 한다. (훗날 프린스턴대학으로 개명하게 된 뉴저지대학은 디킨슨의 교구에서 1746년 설립되었다.) 1747년 봄 브레이너드는 뉴잉글랜드로 이주해 에드워즈의 사택에서 요양했다. 당시 십대였던 에드워즈의 딸 제루샤와 친밀한 관계를 형성한 그는, 1747년 10월 이 세상을 떠나기까지 에드워즈의 집에서 머물렀다. (제루샤도 불과 4개월 후 결핵으로 세상을 떠났으며 노샘프턴에 있는 브레이너드의 묘지 바로 옆에 장사되었다.)[20]

세상적인 관점에서 볼 때 브레이너드는 성공을 경험했던 사람은 전혀 아니다. 명성이나 일시적인 성취도 없이 끝나 버린 그의 삶은 사실 짧고도 고달픈 것이었다. 에드워즈가 지적했던 것처럼 브레이너드에게는 개인적인 악습관들도 있었다. 그는 "쉽게 우울증에 빠졌으며, 지나치게 일하는" 습관이 있었다. 그는 "체력을 적절히 안배하는 노력을 게을리 했다."[21] 그러나 에드워즈가 쓴 그의 전기는 브레이너드가 복음주의 세계에서 영웅적인 삶을 살아갔음을 잘 보여주고 있다. 그의 전기로 인해 수많은 사람들이 브레이너드의 초라한 무덤으로 영적 순례를 왔고, 그 순례자들보다 더 많은 수의 사람들이 그의 발자취를 따라 선교사로 헌신하기로 결단해 왔다.[22]

에드워즈는 그의 전기에서 브레이너드를 "이 세상에서 가장 위대한 성자 가운데 한 명"이었다고 표현했다.[23] 에드워즈는 영적 폭풍의 시기라 할 수 있는 대각성운동의 시대를 살아간 사람들 가운데 그 누구도 브레이너드보다 더 경건한 그리스도인의 모습을 보여주지 못했다고 평가했다. 브레이너드는 진정한 믿음과 위선, 곧 진정한 미덕과 이를 흉내내는 가짜를 정확히 구별할 수 있는 사람이었다. 그는 영적 월계관을 얻은 것에 대해 자족하고 식어 버리는 그리스도인이 아니었다. 성화의 과정을 깊이 심화시키기 위해 늘 철저히 노력하는 모습이 그의 삶 속에서 사라지지 않았다. 브레이너드의 장례식 추도사에서 에드워즈는 브레이너드가 "첫 은혜를 받은 이후 차갑게 생기를 잃어 가는 그리스도인들의 모습을 혐오했던 사람이었다"고 회고했다. 그는 브레이너드의 삶을 자기만족과 종교적 허영에서 벗어나 지속적으로 영성을 새롭게 하는 사람의 본보기로 제시했다.

그는 비록 드러내 놓고 규탄하지는 않았지만 종교적 허세를 부리며 자신의 경험을 자랑하고 선전하는 사람들을 역겨워했다. 때때로 자신의 종교적 경험을 이야기해야 한다면 겸손하고 분별 있게 말해야 함을 그는 강조했다. 더불어 그는 이 땅의 분리주의자들의 영성과 그들의 행위를 혐오했다. 이런 사람들과 함께 지내 보았던 그의 경험으로 인해 브레이너드는 그들이 무엇을 추구하는지 잘 알고 있었

다. 그들이 추구하는 것은 신과 같은 능력이지 성경이 말하는 진실한 경건함은 아니었다.[24]

브레이너드는 뉴헤이븐의 예일대학을 떠난 뒤 짧은 길을 멀게 돌아가야 했던 것이 분명하다. 그런 과정에서 그의 어린 시절을 특징짓던 독선적인 모습은 이미 사라져 가고 있었다.

에드워즈의 브레이너드에 대한 존경심 역시 에드워즈가 선교사가 되기로 결정하는 데 영향을 미쳤다. 브레이너드가 죽은 지 채 2년이 되지 않아 서전트 역시 세상을 떠났기 때문에 스톡브리지 교회의 강단은 비어 있었다(1749년 7월). 에드워즈 역시 초기 단계부터 인디언 선교를 도와 왔기 때문에 1750년 6월 새로운 사역지를 찾기 시작했을 때 스톡브리지는 그의 마음을 사로잡았다.

스톡브리지 인디언 선교

1734년 에드워즈의 자형인 스프링필드의 새뮤얼 홉킨스 목사는 인디언 선교에 관한 필요성에 대해 강조하기 시작했다.[25] 그해 3월 에드워즈는 노샘프턴의 지도자들을 초청해 인디언 선교를 후원하기 위한 모임을 가졌다.[26] 1736년에는 '북아메리카 인디언 선교회'(뉴잉글랜드 회사라고도 불림)가 창설되어 스톡브리지에 사무실을 열었다.[27] 후사토닉 지역의 인디언들과 의논한 뒤 협회 관련자들은 존 서전트를 선교회의 설립 목회자로 지명하고 에드워즈의 또 다른 친구인 티모시 우드브리지Timothy Woodbridge로 하여금 학교를 운영하게 했다. 에드워즈는 1740년대 내내 선교 기금을 모금했다. 그의 친척인 윌리엄스 가의 많은 사람들(에드워즈의 외삼촌과 이모, 이종사촌들)도 스톡브리지로 이주해 교역과 측량작업을 했다. 서전트가 세상을 떠날 때쯤에는 영국인 교회[28]와 인디언 교회, 인디언 학교와 재능 있는 인디언 소년들을 위한 기숙학교까지 세워져 있었다. 선교회는 인디언과 영국인들의 사이가 나빠질 때면 이들이 함께 모이는 장소도 되었다. 1749년경에는 스톡브리지에 218명의 인디언들이 거주했는데, 학교 때문에 뉴욕에서 이주해 온 몇몇 모호크Mohawks 부족보다는 인구가 적고 주거지가 일정하지 않았던 모히칸Mahicans 부족이 대부분이었다.[29] 서전트는 이들 가운데 129명에게 세례를 베풀었다. (선교 기간 중 그는 총 182명에게 세례를 주었다.) 원주민 교회에는 42명의 세례교인이, 학교에는 55명이, 그리고 기숙학교에는 12명이 등록되어 있었다.

에드워즈는 1750년 10월에 스톡브리지에서 설교했고 이듬해 1월부터 3월까지는 아예 주거를 정해 놓고 설교했다. 스톡브리지 주민들은 2월 22일에 에드워즈를 청빙했으나 뉴잉글랜드 회중교회의 전통에 따라 에드워즈는 청빙에 응하기 전에 주변 사람들의 의견을 구했다. 뉴잉글랜드의 목회자들은 대개 중요한 결정 이전에 함께 모여 기도하거나 대화하곤 했는데, 에드워즈를 위한 협의회는 날씨 때문에 지연되다가 마침내 5월 16일에 열렸다. 협의회의 의제는 인디언 선교에 대한 논의뿐만이 아니었고, 에드워즈가 노샘프턴에서 새로운 교회를 개척해 시작하는 것에 대한 몇몇 이들의 희망도 반영하고 있었다. 그러나 협의회는 결국 에드워즈가 선교에 헌신하는 것이 좋겠다고 결론지었다. 에드워즈는 스톡브리지로 바로 이주했고 8월 8일에는 담임목사 취임식을 가졌다. 10월 18일에는 나머지 가족들이 모두 도착했다.[30]

에드워즈 가족은 인디언들과 섞여 살기로 결정했다. 서전트가 1736년 스톡브리지에 도착했을 때 그도 그렇게 하기로 하고 마을을 따라 흐르는 계곡가에 작은 집을 지었다. 그러나 1739년 서전트가 아비가일 윌리엄스Abigail Williams와 결혼한 후 아내 아비가일은 남편에게 언덕 위에 좀 더 나은 집으로 이사할 것을 요구했다. 갓 결혼한 이 부부는 곧 윌리엄 가의 사람들이 모여 살던 영국인 거주 지역으로 이사한 뒤 계곡 쪽으로 다시 이사 오지 않았다. 윌리엄 가의 사람들과 결코 따뜻한 관계를 갖지 못했던 에드워즈에게는 이 일이 옳게 보일 수가 없었다. 에드워즈는 서전트의 첫 집을 수리해 그곳으로 이사했다.

이후 에드워즈가 선교 사역의 고삐를 쥐게 됨에 따라 지역 회중들의 규모와 활동은 서전트가 사역하던 때와 비슷한 수준으로 회복되었다. 그러나 학교는 여전히 어려움 속에서 헤어 나오지 못하는 상황이었다. 에드워즈는 윌리엄 가의 계속적인 권리 침해에 맞서 인디언의 권익을 보호하는 입장에 서게 되었다. 대부분의 윌리엄 가 사람들은 대각성운동과 원주민 교육 같은 대각성운동의 열매들에 대해 지지하는 입장을 견지하고 있었다. 그러나 이 집안 사람들은 인디언들의 땅을 사기적인 방식으로 빼앗거나 선교를 그들의 경제적 이익을 위해 이용하는 일들도 서슴지 않았다. 에드워즈가 스톡브리지로 이주하기 전에 윌리엄 가의 가족들이 이미 학교를 장악하고 있었지만 학생들의 교육을 위해서는 별로 신경 쓰지 않고 있었던 것이 분명하다. 1748년에는 그들의 시종 가운데 한 사람이었던 마틴 켈로그로 하여금 소년들을 위한 기숙학교를 운영하게 했다. 마틴은 교육에 경험이 거의 없는 나이 많은 사람이었다. 1752년에는 근래 재혼한 딸 아비가일에게 소녀들을 위한 기숙학교의 운영을 맡기고자 했다. 에드워즈는 분노했다. 이 두 사람 모두 제대로 된 학교 교육을 감당할 만한 의지와 능력이 없음을 에드워즈는 잘 알고 있었다. 또한 자신의 첫 남편으로 하여금 선교 사역뿐만 아니라 복음주의적 칼뱅주의 신학에서까지 등을 돌리게 했던 아비가일이 인디언들에게 끼칠 수 있는 좋지 않은 영향에 대해서도 우려했다. 사실 서전트는 젊은 시절 에드워즈의 제자였다. 그는 노샘프턴의 사택에 기거하며 에드워즈에게 수학했었다. 그러나 아비가일과 교제하기 시작한 이후로는 대각성운동을 비판하던 지역 내 '옛빛파Old Light' 비평가들의 구리에 합류했을 뿐만 아니라 부흥운동을 반대했던 촌시의 책을 지지하기도 했다.[31]

에드워즈는 매사추세츠 주정부와 선교 위원회에 끊임없이 호소하며 학교에 대한 통제력을 회복하고자 노력했다. 사실 그는 선교사로서 이상적인 조건을 갖춘 사역자는 아니었다. 에드워즈는 항상 통역인을 대동하며 영어로 설교하고 가르쳤을 뿐만 아니라 인종 차별주의적인 태도도 종종 드러냈다. 에드워즈는 이 학교들이 인디언들을 "문명화"하는(영국인들처럼 만드는) 역할을 해야 한다고 생각했다. 그럼에도 불구하고 에드워즈는 영적인 면에서는 인디언들과 자신이 동등하며 오히려 그들이 신앙에 대해 영국인들을 가르칠 수 있는 부분이 있다고 생각했다. 뿐만 아니라 에드워즈에 관해 무엇보다 긍정적인 부분은 그가 인디언들에 대해 가졌던 연대 의식과 인디언들의 권익을 보호하는 그의 태도였다. 스톡브리지에서의 그의 삶은 세상에서 벗어나 잠시 쉬는 은둔자의 모습이 아니라 미국 원주민 사역을 위해 자신의 삶을 쏟아붓는 열정적인 선교사의 모습이었다.[32]

그런 그에게 1754년 2월 마침내 승리가 주어졌다. 선교 사역을 앞장서서 돕고 있던 후원자가 에드워즈의 편에 서게 된 것이다.[33] 뉴잉글랜드 회사는 에드워즈에게 학교들의 운영에 대해 전적인 권한을 위임했다. 에드워즈를 제거하려는 윌리엄 가 사람들의 노력은 결국 수포로 돌아갔다.[34] 드디어 에드워즈는 분쟁으로부터 자유롭게 되어 사역의 영적인 부분에 집중할 수 있게 되었다. 그러나 이 좋은 소식은 불행히도 이미 엄청난 피해가 발생한 뒤에 전해졌다. 1년 전 소년들이 사용하던 학교가 알 수 없는 이유로 불타 버린 것이다. 많은 학생들이 실망해 집으로 돌아가 버렸고 에드워즈는 학교가 불탄 자리에 홀로 남아 서 있어야 했다. 이후 수년간 에드워즈는 학교 건물의 재건을 위해 전력해야 했다. 모든 사람들이 윌리엄 가에 대한 에드워즈의 싸움은 패배와 다름없는 승리였음을 알게 되었다.

그러나 에드워즈의 고난은 아직 끝나지 않은 상황이었다. 윌리엄 가와의 싸움이 끝나자마자 그 일은 마치 아무것도 아니었다는 듯 엄청난 일이 발생했다. 이른바 프렌치-인디언 전쟁(7년 전쟁)이라 불리는 인디언들과의 전쟁이 시작된 것이다. 당시 매사추세츠 서부의 개척 마을이었던 스톡브리지는 끊임없이 공격의 위험에 놓여 있었다. 1754년 위험의 가능성은 한층 더 높아졌다. 지역 내 범죄가 성행하던 시기에 두 명의 영국인 말도둑들이 목격자인 인디언 한 명을 살해한 것이다. 스톡브리지 주민들은 복수의 가능성을 두려워하기 시작했다. 그해 여름부터 에드워즈의 집에는 군인들이 기거했다. 마침내 1754년 9월, 마을 전체가 인디언들에게 공격당하는 급습 사건이 발생했다. 네 명의 거주민들이 "캐나다 인디언들의 손에 살해당했고 이 일은 우리 모두와 뉴잉글랜드 전역에 큰 위협이 되었다." 스톡브리지는 이후 피비린내 나는 전쟁의 소용돌이에서 한 발자국 비켜나 있었지만 에드워즈와 지역 주민들은 이 기간 동안 공포에 떨며 살 수밖에 없었다. 기드온 홀리Gideon Hawley에게 보낸 편지에서 에드워즈는 "우리에게 일어날 일은 오직 하나님만이 아신다"며 당시의 급박한 상황과 자신의 불안감을 토로했다.[35]

엎친 데 덮친 격으로 인디언들과 적대적인 분위기가 형성되기 시작할 즈음 에드워즈는 병들어 앓아눕게 되었다. 장기간 마음 고생으로 감정적 상처가 많을 수밖에 없었던 에드워즈에게 당시 발병은 어쩌면 당연한 것이었다. 1754년 7월에는 그가 표현한 대로 "내 인생에서 가장 길고 힘든 질병"으로 몸져눕게 되었다. 존 어스킨에게 그동안 일어난 일들에 대해 전하는 다음과 같은 편지를 보낼 때는 건강이 어느 정도 회복된 상태였다.

> 온몸이 부들부들 떨리는 증세가 내 몸과 힘을 고갈시켜 버려서 결국 뼈 밖에 남지 않은 상태가 되었지. 페루비안 나무껍질(말라리아의 치료를 위해 남미의 나무에서 채취)을 사용하면서 잠시 좋아지기도 했지만 1755년 1월까지 완전히 몸이 회복되지 않았네. 그러는 동안

중요한 일들에 대해 친구들에게 편지를 쓰고자 했지만 쉽지 않았어. 한번 쓰려고 시도해 봤지만 몸이 떨리는 증세가 다시 시작되어서 펜을 놓을 수밖에 없었네. 마침내 이 증세가 사라졌을 때는 몸이 이미 최악의 상태에 이르러 있었고 온몸이 부어 있었지. 괴혈병 때문에 내 몸은 아직도 부어 있다네. 하지만 최근 서서히 기력을 회복하기 시작했네.[36]

그러나 이 병으로부터 회복되자마자 말을 타고 여행하던 에드워즈는 사고를 당하게 된다. 1755년 4월 가족을 방문하기 위해 윈저로 달리던 중 말의 앞발이 돌에 걸려 그대로 앞으로 거꾸러졌는데, 말도 앞으로 넘어지면서 에드워즈의 몸이 말의 몸 밑에 깔리는 사고가 난 것이다.[37] 다행히 에드워즈는 몇 군데 혹이 나고 멍이 드는 정도 외에는 크게 다치지 않았다. 그러나 하나님께서 자신에게 왜 이렇게 많은 고난을 주시는지에 대해 의아해 하지 않을 수 없었다.

프린스턴대학의 학장으로

이런 고통의 와중에서도 에드워즈는 주류 기독교 사회와의 연락을 끊지 않았다. 종종 먼 곳까지 가서 설교하는 것도 그는 주저하지 않았다. 그중 가장 특별한 여행은 1752년 멀리 뉴저지의 뉴어크에 사는 딸 에스더와 뉴저지대학의 학장으로 일하던 사위 애론 버를 방문한 일이었다. 뉴저지대학에서 에드워즈는 학생들에게 연설할 기회가 있었다. 9월 28일에는 뉴욕의 장로교 교단 회의에서도 연설할 기회를 가졌다. 1746년에 작성한 설교문을 기초로 전한 이 설교에서 에드워즈는 개인의 믿음과 영적인 거듭남의 중요성에 대해 강조했다. 설교 본문은 야고보서 2:19이었다. "네가 하나님은 한분이신 줄을 믿느냐. 잘하는도다. 귀신들도 믿고 떠느니라." 이어 에드워즈의 신학적 가르침이 이어졌다. "사탄이 하나님을 아는 것처럼 하나님을 안다면 그 사람 안에 구원의 은혜는 있을 수 없습니다." 계속해서 그는 영적 문제들에 대한 지식적인 동의만으로는 결코 충분치 않음을 강조했다. 예수 그리스도의 복음을 가슴 깊이 받아들이지 않는다면 우리는 구원의 은혜에 참여할 수 없다. 사탄조차도 진리를 믿는다.

> 사실 타락 이전의 사탄은 가장 밝고 영광스러운 하늘의 천사 가운데 하나였습니다. 새벽별과 불꽃으로 표현되는 힘과 지혜의 존재였고, 하나님의 신성에 대한 세심한 지혜를 가진 존재였음도 의심할 바 없이 분명합니다. 그는 온 우주에서 가장 좋은 신학교라고 할 수 있는 천국에서 교육받은 존재입니다.…… 사탄은 정통 신앙을 가지고 있습니다. 그는 교리의 진정한 원칙을 이해합니다. 그는 이신론자도, 소시니우스파 Socinian(속죄와 삼위일체를 부정)나 아리우스파 Arian(예수 그리스도의 신성을 부정)도, 펠라기우스파 Pelagian(인간의 자유의지를 강조하고 그리스도의 구속을 부정)나 도덕률 폐기론자도 아닙니다. 그가 가진 신앙의 세부 내용들은 모두 정확합니다.…… 그러므로 논리와 추론에 근거한 기독교 교리에 대한 지식은 은혜의 증거가 될 수 없습니다.

에드워즈는 우리가 사탄보다 낫지 못하면 우리의 운명은 이미 결정된 것이라고 결론지었다. 이듬해 뉴욕에서 「사탄에 의한 경험과 구별되는 참된 은혜」라는 제목으로 이 설교문이 출판되었다.[38]

비교적 고립된 생활을 영위했음에도 불구하고 에드워즈는 그 당시 미국에서 가장 널리 알려진 그리스도인이었다. 1750년대 말에 그는 매우 활발한 저술 활동을 펼쳤다. 그의 글들은 서구 사회 전반에서 읽혔다. 특별히 그는 사위 애론 버를 통해 프린스턴대학과의 교류도 계속해 나갈 수 있었다. 그는 장남 티모시를 1753년 버에게 보내 뉴저지대학에서 수학하게 했다. 그는 1755년 뉴저지를 방문해 가족과 시간을 보내며 졸업식에도 참석하고 뉴어크에서 말씀을 전하기도 했다. (뉴저지대학은 1756년에야 프린스턴으로 옮기게 된다.) 그래서 애론 버가 예기치 않게 1757년 9월 24일 마흔한 살의 나이에 말라리아로 세상을 떠났을 때 학교의 이사회는 공석이 된 학장직에 누구를 초청해야 할지 잘 알고 있었다. 아직 애도의 기간이 채 끝나지도 않은 애론 버의 사후 5일만에 학교의 이사회는 스톡브리지로 편지를 보내 에드워즈에게 학장직을 맡아 줄 것을 요청했다.

학장직의 제안은 영예로운 것이었지만 사위의 죽음 앞에서 슬픔이 눈앞을 가릴 수밖에 없었다. 홀로 된 딸과 손녀 샐리, 아직 아장아장 걸어다니던 손자 아론의 앞날을 에드워즈는 걱정할 수밖에 없었다. 이런 중대한 상황 앞에 선 에드워즈는 감정적으로 혼란스러웠다. 스톡브리지에서의 선교 사역은 잘 진전되어 가고 있었고 저술작업에 몰두할 수 있는 시간도 가질 수 있었다. 가족들도 스톡브리지에 잘 적응해 거기서의 삶을 이제 나름대로 즐기게 된 상황이었다. 매일의 일상이 안정된 상황에서 다른 지역으로 다시 이주해 적응한다는 것은 쉬운 결정이 아니었다. 한때 대학에서 일한 경험도 있었지만, 그의 힘과 에너지를 고갈시키는 힘든 일이었기에 더더욱 망설여졌다. 결국 에드워즈는 프린스턴대학에 학장직 제의에 대한 거절의 뜻을 담은 편지를 보냈다. 이주하게 될 경우 겪게 될 어려움과 프린스턴에서 일하게 되면 끝내지 못할 가능성이 많은 출판 계획들에 대해 언급하는 것도 잊지 않았으며, 노쇠해 가는 자신의 몸과 건강에 대한 불평들도 빠뜨리지 않았다. 중세식 언어로 자신의 건강에 대해 표현한 그의 편지는 오늘날의 기준에서 보면 약간 우습기까지 하다.

> 저는 여러모로 건강이 좋지 못합니다. 체액이 부족해 맑지 못하고 그래서 늘 의욕이 저하되어 있습니다. 때때로 몸이 아이처럼 아프기도 하고 말과 행동이 우스울 정도로 부적절해질 때도 있습니다. 혀가 뻣뻣하고 둔해져 대화가 원활하지 않고 대학의 행정을 이끌어 나가기에는 더더욱 부적절한 상황입니다. 대학을 이끌어 나가는 것은 너무도 많은 노트이 요구될 것이 분명한데, 지금처럼 기력이 많이 쇠약해진 저로서는 생각만 해도 몸과 마음이 움츠러듭니다.

에드워즈는 지역 내 가까운 목회자들로부터 조언을 받기로 했다. 그러나 한편으로는 "이 중대한 일에 대해 무척이나 당황스럽습니다. 제안을 받아들여야 할지 많이 고민하고 있지만 먼 훗날 후회하지 않을 결정을 하게 되기를 바랄 뿐입니다"[39]라고 고백했다.

지역 목회자들의 협의회가 소집되어 에드워즈의 삶을 향한 하나님의 뜻을 목회자들이 함께 구하며 기도했다.[40] 이런 종류의 회의는 때로 무서울 정도로 진지했다. 한 사람의 미래를 결정하는 순간이기 때문이었다. 목회자들은 에드워즈가 가족들의 운명을 통제할 수 있는 존재가 아님을 상기시켜 주었다. 에드워즈의 경우 가족의 복지는 그의 결정을 더욱 어렵게 하는 요소였다. 에드워즈가 기드온 홀리에게 보낸 편지에 의하면, 목회자 협의회의 모든 회원들은 에드워즈가 학장직을 수락할 것을 권면했다.[41] 이 회의를 통해 하나님께서는 에드워즈에게 말씀하셨고 에드워즈는 선뜻 내키지 않는 자신의 마음에도 불구하고 이 결정에 순종했다. 그의 삶은 다시 한 번 하나님의 손에 맡겨졌고 이후 그의 삶은 결코 평탄할 수 없었다.

에드워즈는 유명한 대학의 학장이라는 명예를 얻게 되었지만, 자신의 의지를 그의 조언자들에게 굴복시켜 나가야 했던 당시 상황이 결코 쉽지 않았음은 분명하다. 훗날 에드워즈의 전기에서 새뮤얼 홉킨스는 다음과 같이 전했다.

> 목회자 협의회에서 에드워즈의 거취에 관한 의사를 결정한 뒤 이를 에드워즈에게 전달했을 때, 이에 대해 그는 크게 동요하는 모습이었다. 그의 눈에서는 눈물이 흘러내렸다. 자신이 학장직을 거절하는 이유들을 너무도 쉽게 반박해 내고는 이주할 것을 강권하는 동료들의 모습이 그에게는 그저 놀랍고 부담스러울 수밖에 없었다.[42]

학장직을 맡는 것과 멀리 떨어진 지역으로 이주하는 것은 생각하는 것만으로도 그에게 엄청난 부담이 되었음이 분명하다.

7장 | 오직 주의 말씀은 세세토록 있도다

> 너희가 진리를 순종함으로 너희 영혼을 깨끗하게 하여 거짓이 없이 형제를 사랑하기에 이르렀으니 마음으로 뜨겁게 서로 사랑하라. 너희가 거듭난 것은 썩어질 씨로 된 것이 아니요 썩지 아니할 씨로 된 것이니 살아 있고 항상 있는 하나님의 말씀으로 되었느니라. 그러므로 모든 육체는 풀과 같고 그 모든 영광은 풀의 꽃과 같으니 풀은 마르고 꽃은 떨어지되 오직 주의 말씀은 세세토록 있도다 하였으니 너희에게 전한 복음이 곧 이 말씀이니라. (베드로전서 1:22-25)

에드워즈의 학장 재임 기간은 비극적으로 짧았다. 프린스턴으로 이사한 지 단 두 달 후에, 그의 연약한 몸은 마침내 지탱할 힘을 잃어버리고 말았다. 에드워즈의 삶을 상징하는 꽃이 쉰네 살의 나이에 지고 만 것이다. 에드워즈를 사랑하는 많은 사람들은, "에드워즈가 좀 더 오래 생존하여 그 꽃이 만개할 수 있었다면 얼마나 우리 모두에게 큰 축복이 되었을까" 하며 아쉬워하곤 한다.[1]

에드워즈가 뉴저지대학(프린스턴대학)의 세 번째 학장이 되어야 한다는 사람들의 공감대가 형성되자마자 그는 "허리를 동이고 떠났다."[2] 봄이 되어 날씨가 좋아지면 데려오려고 했던 아내와 아이들을 스톡브리지에 남겨 둔 채로 서둘러 떠나 온 것이다. 당시 에드워즈의 가족 가운데 프린스턴에는 딸 에스더와 루시만이 살고 있었다.[3] 아들 티모시는 근처에 살고 있었는데, 그는 1757년 가을 프린스턴대학을 졸업한 뒤 엘리자베스타운으로 이주해 사업을 시작했다.

프린스턴 캠퍼스에 자리한 관사에 살면서[4] 에드워즈는 학생들과 교수들을 만났고[5] 프린스턴대학 채플에서 여러 번 설교했다. 졸업반 학생들에게는 신학적인 질문들을 작성해 보내기도 했다. 1758년 2월 16일에는 프린스턴 이사회의 결정에 따라 프린스턴의 학장으로 임명되었다.[6] 모든 일들이 에드워즈를 위해 순조롭게 진행되는 것처럼 보였다. 새뮤얼 홉킨스는 당시 에드워즈의 모습에 대해 다음과 같이 묘사했다.

> 이 기간 동안 에드워즈는 하나님의 놀라운 임재를 체험했다. 가까이에 있던 딸들에게 말하기를, 대학 학장이라는 새로운 일을 맡게 되면서 한편으로 걱정과 두려움도 있다고 했다. 하지만 하나님께서 부르셨음을 확신했기 때문에 자신을 헌신해 하나님 앞에서 선한 일을 이루고자 노력하는 모습을 그는 잘 보여주었다.[7]

새로운 삶의 일상 속으로 들어선 에드워즈는 지역 주민들에게 공공보건의 모범이 되고자 예방접종주사를 맞았다. 당시 뉴잉글랜드에서는 천연두가 여러 지역을 휩쓸며 많은 사람들을 죽음의 공포로 몰아넣고 있었다. 근대 의학이 발달하기 전이었던 에드워즈의 시대에는 의사들이 새로운 의술을 개발하면, 의사들을 지원하고 의술을 보급하기 위해 목회자들이 앞장서서 새로운 치료법들을 시도해야 했다. 그러나 새로운 치료법들은 아직 그 효과와 부작용이 확실히 증명되지 않은 경우가 많았다.[8]

에드워즈, 세상과 작별하다

에드워즈는 자신의 딸 에스더와 손녀 샐리, 손자 애론과 함께 2월 23일 예방주사를 맞았다. 담당의는 필라델피아 출신으로 에드워즈의 친구이자 프린스턴으로 이전할 당시 첫 건물(중앙 건물인 나소 홀)을 설계했던 천재 의사 윌리엄 시펀William Shippen이었다. 그는 프린스턴대학의 재단 이사로 일하면서 이후 수십 년간 대학을 지원했다. 예방접종 뒤 에드워즈의 신체 반응은 나쁘지 않아 보였다. 그러나 다른 사람들이 모두 회복되어 가던 며칠 후 에드워즈의 목구멍에 농포가 생기고 열이 오르기 시작했다. 목구멍의 부기는 나날이 심해져만 갔고 마침내 얼마 후에는 아무것도 삼킬 수가 없었다. 염증과 싸울 기력을 공급할 음식도, 그의 고열을 가라앉히는 데 도움이 될 음료도, 증세를 완화시키기 위해 시펀이 가져온 약도 먹을 수 없었다. 이후 몇 주 동안 그의 몸은 타들어가듯 야위어 갔다. 홉킨스는 그의 고통을 다음과 같이 묘사했다. "두 번째 고열이 시작되었다. 그의 목구멍에 농포들이 생기기 시작하면서 약을 삼킬 수가 없었다. 고열은 그의 삶을 삼켜 낼 때까지 계속되었다."[9]

에드워즈의 영혼은 마침내 그가 열망하던 "사랑의 세계"인 천국으로 떠나게 되었다. "하나님의 낙원, 모든 것들이 거룩한 사랑을 발산하며 모든 것들이 사랑의 소용돌이를 만들어 내는 그곳, 아무것도 그 거룩한 사랑을 막을 수 없는 그곳, 모든 것들이 지극한 지혜의 하나님과 조화되며 사랑의 기쁨으로 넘쳐나는 그곳"으로 그는 떠났다. 에드워즈는 영적 세계를 예술적으로 묘사하는 것으로 유명했던 사람답게 천국에 대해 다음과 같이 묘사했다.

> 천국은 사랑하는 모든 대상들의 아름다움이 조금도 희미해짐이 없이, 사랑하는 마음이 조금도 흐려짐이 없이, 사랑을 느끼는 모든 인간의 감각들이 충만하게 만족되는 곳이다. 이런 세계에 산다면 우리의 평안함이 그 얼마나 클 것인가! 과연 그 누가 이 평화의 달콤함을 표현할 수 있단 말인가! 인간의 교만과 이기심, 질투와 악의, 조롱과 비방, 다툼과 전쟁의 세상을 지나, 폭풍과 격랑을 뚫고 도달한 이 천국의 안식은 그 얼마나 평화로울 것인가! 젖과 꿀이 흐르는 가나안 땅, 바로 그 약속의 땅이 아닌가.…… 고달픈 순례의 길을 마치고 다다른 낙원, 우리에게 주어질 성도의 마음속으로 기쁨의 샘물을 퍼올리게 될 그곳! 과연 말할 수 없는 기쁨이 거기에 있다. 겸손하고 거룩하고 경건한 기쁨이 그 온전한 모습으로 우리를 기다리고 있다.[10]

에드워즈는 3월 22일 오후 두세 시 즈음 이 놀라운 곳을 향해 떠났다. 그가 사랑하는 이들도 거기에 들어올 것을 준비하도록 격려하면서 말이다.[11]

에드워즈 당시의 사람들은 대개 가족 및 친구들과 함께 마지막 날들을 보내며 집에서 죽음을 맞는 것이 보통이었다. 복음주의자들은 특별히 자신들이 어떻게 죽음을 맞이하게 될 것인지에 대해 의식적으로 준비하곤 했다. 임종의 순간은 사람들에게 공개되어 후손들이 이를 기억하게 했고, 후손들은 떠난 이의 믿음과 성품에 대해 증언하곤 했다.[12] 에드워즈가 염증 때문에 부은 목으로 힘겹게 속삭이면 그를 둘러싼 가까운 사람들이 귀를 기울이며 그의 떠나는 모습을 지켜보았다는 사실은 당시의 풍습을 고려할 때 결코 놀랄 만한 일이 아니다. 시편은 아직 스톡브리지에 있던 사라에게 보낸 편지에 이 장면을 자세히 기록했다. 이 편지는 몇 년 후 홉킨스가 저술한 에드워즈의 전기에 포함되어 출판되었다. 시편의 증언에 의하면, 에드워즈는 임종 직전 딸 루시에게 다음과 같이 속삭였다.

> 사랑하는 루시야, 하나님께서 내가 곧 세상을 떠나도록 계획하신 것 같구나. 네 어머니 사라에게 내 지극한 사랑을 전해 주렴. 오래도록 지속된 우리의 특별한 만남과 사랑은 영원히 지속될 영적인 것이라고 말이야. 네 어머니가 힘든 시련을 잘 견디고 하나님의 뜻에 기쁨으로 순종하기를 소망한다. 그리고 네 형제자매에게도 이렇게 전해 주렴. 내가 세상을 떠나면 이제 아비 없는 자녀가 되겠지만 다른 한편으로는 너희를 결코 실망시키시지 않는 아버지 하나님께로 더욱 가까이 다가가게 될 것을 잊지 않기 바란다고. 내 장례에 관해서는 사위 애론 버와 같이 간단히 치르고 그래서 돈이 조금이라도 남게 되면 어려운 이웃을 위해 사용하기 바란다.[13]

홉킨스는 애론 버가 자신의 장례에 대해 "아무런 사치나 낭비가 없도록" 당부했었다고 기록했다. 버는 "그리스도인으로서의 품위를 갖추되 꼭 필요한 것 외에는 아무것도 하지 말고 남은 장례 비용은 가난한 이들에게 나누어 줄" 것을 유언했다.[14] 에드워즈도 버와 마찬가지로 무덤을 화려하게 꾸미는 것보다는 가난하고 궁핍한 이웃에게 그 돈을 나누어 주기를 원했다.

시편이 에드워즈의 아내 사라에게 보낸 편지에는, 에드워즈가 임종의 순간에도 그리스도인의 인내를 그 얼마나 잘 보여주었는지 여실히 드러나 있다.

> 에드워즈는 투병 기간의 모든 순간마다 그리스도인의 평화와 긍정적인 체념, 그리고 하나님의 뜻에 대한 인내의 순종을 그 누구보다도 잘 보여주었습니다. 불평 없이 고통으로부터 자유한 그의 모습과 말씀에 대한 신실한 믿음은 마침내 그가 잠드는 순간까지 계속되었습니다. 그에게 있어 과연 사망은 그 쏘는 것을 잃어버린 모습이었습니다.[15]

홉킨스는 다음과 같은 에드워즈의 마지막 유언을 기록했다.

> 임종의 순간을 지키고 있던 몇몇 사람들이 에드워즈의 죽음으로 인해 프린스턴대학뿐만 아니라 기독교 전체가 입게 될 손실에 대해 슬퍼할 때, 아무 말도 듣거나 하지 못할 것 같은 상태에 있던 그가 마지막으로 입을 열었다. "하나님을 신뢰하십시오. 그리고 두려워하지 마십시오." 이것이 그의 마지막 말이었다.[16]

에드워즈는 가장 고결한 그리스도인의 모습으로 세상을 떠났다. 시편과 홉킨스가 남긴 기록은 그의 임종을 목격한 사람들이 남긴 찬사의 일부일 뿐이다.

비극적이게도 그의 죽음은 남은 가족들의 죽음을 재촉하는 일처럼 되어 버렸다. 1758년은 에드워즈 가족에게 있어 씁쓸한 한 해였다. 에드워즈의 딸 에스더 버는 에드워즈의 죽음 후 2주 뒤인 4월 7일에 열병으로 세상을 떠났다. 에드워즈의 아내 사라는 고아가 되어 시편과 함께 필라델피아에서 지내고 있던 손주들을 방문해 스톡브리지로 데려가려고 했지만, 그녀 역시 10월 2일 이질로 세상을 떠나고 말았다. 에드워즈의 부친 티모시는 에드워즈보다 먼저 그해 1월에 세상을 떠났지만 모친 에스더 스토다드 에드워즈는 12년을 더 살았다. 그러나 1758년 가을, 그녀의 가족들은 하나 둘 세상을 떠났다. 많은 그리스도인들은 이 위대한 영적 왕조의 몰락을 가슴 깊이 애도했다.

풍성한 영적 유산

그러나 사실 에드워즈의 왕조는 가족들의 죽음 이후에도 계속해서 이어졌다. 하나님의 말씀은 영원하다는 에드워즈의 믿음대로, 또 주어진 양떼들을 말씀으로 신실하게 먹여 왔던 그의 삶의 모습대로, 그가 뿌린 씨앗들은 하나님의 축복 가운데 오늘날까지 계속해서 열매를 맺고 있다. 사실 에드워즈는 그의 사후 미국에서 가장 중요한 기독교 사상가로 손꼽힌다. 19세기의 1백 년 동안 그의 후손 중에는 수없이 많은 성직자, 교수, 대학 학장과 법률가 등이 배출되었다.[17] 그의 신학 사상은 미국 최초의 토착 신학의 탄생과 성장을 가능하게 했으며, 1800년 이후에는 그것이 '누잉글랜드 신학'이라 불리게 되었다.[18] 새뮤얼 홉킨스(1721-1803년)와 조셉 벨라미 Joseph Bellamy(1719-1790년) 같은 에드워즈의 제자들은 '예언자 학교'(오늘날의 신학교와 같은 사역자 훈련원), 순결한 교회 조직, 문서 사역, 기도합주회와 빈번한 부흥운동들을 통해 에드워즈가 남긴 유산을 넓게, 또 멀리 확산시켰다. 죄인의 "자연적 능력"과 회개에 대한 "도덕적 무능력"을 구별하는 신학적 교리와 세계 복음화를 위한 그의 잔잔한 호소는 그의 사후 그 중요성이 증명되었다. 18세기 말 그의 제자들은 에드워즈가 가르친 신학적 뼈대에 기반해 미국과 영국에서 근대적 국제선교운동을 이끌어 나갔다. 에드워즈 신학에 기반한 복음주의는 아프리카와 남아시아, 그리고 아팔래치아 산맥 서쪽의 미대륙에까지도 퍼져 나갔다.[19]

에드워즈의 신학과 그 영향력은 2차 대각성운동[20] 기간과, 그 이후에도 예일대학 신학대학원(1822년 창설)의 설립자였던 너대니얼 테일러 Nathaniel W. Taylor(1786-1858년)와 같은 이들의 사역으로 인해 더욱 널리 확장되었다. 그들의 신학은 찰스 그랜디슨 피니 Charles Grandison Finney(1792-1875년)의 삶과 사역에 영향을 미쳤으며,[21] 1830년대 초반 코네티컷 회중교회의 분열 중에 신학적 논쟁의 근거를 제시했고, 남북 장로교회 내에 교리에 강조점을 두는 학파를 만들어 냄으로써 1837년부터 시작된 남북 장로교회 간의 분리를 가져왔다.[22] 그들의 신학적 영향력은 영국과 미국의 침례교회에 영향을 미쳤는데, 그중에는 윌리엄 캐리 William Carey(1761-1834년), 앤드류 풀러 Andrew Fuller(1754-1815년), 아이작 백커스 Isaac Backus(1724-1806년), 조나단 맥시 Jonathan Maxcy(1768-1820년) 그리고 남침례교단의 설립을 주도한 윌리엄 블레인 존슨William Bullein Johnson(1782-1862년) 등의 지도자들이 있다.[23]

에드워즈의 사상과 명성은 남북전쟁 이전 미국의 문학계에도 속속들이 영향을 미쳤다. 그의 신학적 유형론은 랄프 왈도 에머슨 Ralph Waldo Emerson(1803-1882년)의 책 속에서 발견된다. 그의 교리는 수잔 워너Susan Warner(1819-1885년)와 같은 여류 작가들의 소설 속에도 등장한다. 에드워즈와 그 계승자들의 인격은 헤리엇 비처 스토 같은 작가들의 역사 소설에도 녹아 있다.[24]

뉴잉글랜드 신학은 앤도버신학교에서 에드워즈의 견해를 다년간 수호해 "일관된 칼뱅주의자 중 마지막 신학자"라 불리는 에드워즈 아마사 파크Edwards Amasa Park(1808-1900년)의 죽음과 함께 그 맥이 끊기게 된다. 그러나 남북전쟁 이후에도 에드워즈의 유산은 지속적으로 많은 사람들의 삶과 학문에 선택적으로 영향을 미쳤다. 찰스 하지Charles Hodge, B. B. 워필드Warfield 같은 정통 프린스턴 학파, 시어도어 멍거Theodore Munger, 프랭크 휴 포스터Frank Hugh Foster 같은 진보적 신신학주의자들, 윌리엄 제임스William James, 존 듀이John Dewey 같은 미국 실용주의 학자들, 조셉 하루투니안 Joseph Haroutunian, 리처드 니버Richard Niebuhr 같은 신정통주의 신학자들, 존 파이퍼John Piper나 R. C. 스프라울Sproul 같은 복음주의 사상가들 등 다양한 그룹의 사람들이 아직도 그들의 글과 설교, 연설에 에드워즈를 인용하며 현대 청중들에게 에드워즈의 이름을 알리고 있다.[25]

에드워즈의 글은 그의 생존 중에 이미 다른 나라들에서 출판되었다. 오늘날 그의 글들은 아랍어, 중국어, 네덜란드어, 영어, 프랑스어, 켈트어, 독일어, 이탈리아어, 한국어, 스페인어, 스웨덴어, 웨일스어 등으로 출판되어 있다. 자신의 시대에 가장 사랑받은 설교자였기에 인기 있다는 것이 어떤 것인지 잘 알고 있었던 뉴잉글랜드 출신의 헨리 워드 비처Henry Ward Beecher(1813-1887년)는 에드워즈의 명성이 그의 개인적 매력이나 설교 능력, 대중문화와의 교감 등에 달려 있지 않았음을 알고 있었다(비처의 명성은 이런 요소들에 의존했다).[26] 에드워즈의 명성은 기독교 교리와 신학을 가르침에 있어 에드워즈와 그 계승자들이 보여준 신실함에 의해 세워진 것이다. 당시 지역 사교계의 모습을 세부적으로 그려 낸 소설「노우드, 뉴잉글랜드의 일상 생활Norwood: Or, Village Life in New England」(1867년)에서 비처는 다음과 같이 당시의 삶을 소개했다.

> 수준 높은 교리중심의 설교는 시대를 불문하고 단순하고 실용적인 설교보다 감화력이 적다. 그러나 끝없이 어려운 주제들에 대해 1백 여 년이나 고민해 온 사람들의 공동체와 그들의 생각은 이해하기 쉬운 설교만 듣고 살아온 이들보다 훨씬 더 고상할 수밖에 없다. 행동에 즉각적인 결과를 가져오는 설교도 중요하겠지만 인간의 도덕적 성향과 정신적인 습관을 영구히 바꾸는 근본적인 주제에 관한 설교는, 비록 그 효과는 느리게 나타날지 모르지만 항구적인 행동의 토대와 원칙이 된다.…… 뉴잉글랜드의 지적 역사를 거시적 시각에서 바라보자. 우리의 정신적 유산은 가장 교리중심적인 신학자들에 의해 크게 영향받으며 형성되어 왔음을 알 수 있다.…… 에드워즈와

같은 학자들은 뉴잉글랜드인들의 생각과 사고방식을 크게 격상하고 강화했으니, 이 일은 다른 그 누구도 할 수 없었던 일이다.[27]

과연 에드워즈는 그의 평생 그가 섬기던 이들의 생각의 수준을 격상하고 강화시키는 역할을 잘 감당했다. 그의 수많은 저서들과 그의 계승자들은 지금도 이 지구의 모든 대륙에서 이 일을 계속하고 있다. 그리스도인의 믿음과 삶, 사역에 대해서도 그로부터 배울 것들이 많다. 에드워즈의 방식이 구식이라고 말하는 사람이 있을 수도 있다. 그는 전통대로 가발을 쓰고 설교했으며 그가 가장 오래 사역했던 교회에서 해임될 수 있음을 알면서도 자신의 뜻을 굽히지 않는 강직한 사람이었다. 그러나 그가 보여준 하나님과 그분의 말씀을 향한 사랑은 오늘날 누구에게나 그의 위대함을 보여주는 증거가 된다. 사람들을 감화시키며 가르치는 그의 영향력은 오늘날에도 이어지고 있다.

논의를 위한 일곱 가지 주제

나는 이 책을 마무리 지으면서 우리가 에드워즈로부터 배울 수 있는 것들을 독자들로 하여금 깊이 생각하게 하기 위해 일곱 가지 주제를 선택해 제시하고자 한다. 앞에서 지적한 것처럼, 우리가 그의 사역을 그대로 모방하려는 시도는 순진한 생각이다. 그가 살던 세계는 분명 우리의 시대와 달랐다. 오늘날 우리는 과거와는 다른 새로운 도전들을 마주하고 있다. 문제는 어떻게 우리가 에드워즈를 모방할 수 있을 것인지에 관한 것이 아니다. 우리가 던져야 할 질문은 에드워즈의 삶과 사역에서 가져온 통찰력과 본보기들을 통해, 어떻게 하면 21세기를 살아가는 우리의 믿음을 더욱 강화하며 복음의 증인의 삶을 견고하게 할 것인가, 어떻게 하면 우리가 섬기는 사람들을 더 사랑할 수 있을 것인가 하는 점이다.

주제 1. 에드워즈는 세상 속에서 일하고 계시는 하나님의 역사에 대해 사람들이 생생하고 급박한 감각들을 갖도록 하는 것이 매우 중요함을 잘 보여주었다. 비기독교 혹은 탈기독교 시대를 살아가는 오늘날의 그리스도인들은 불신과 무관심의 흐름을 창의적으로 헤쳐 나갔던 에드워즈를 본받아야 한다. 오늘날 우리의 세계는 자연주의와 물질주의로 가득 차 있다. 심지어 오늘날 가장 크고 좋은 교회들도 이런 사조에 물들어 있음은 분명하다. 에드워즈를 인도하셨던 하나님은 오늘날 우리가 이런 강력한 흐름과 싸워 뭇 사람들의 삶 속에서 하나님의 실존과 중심됨, 그 아름다움과 현실성에 대한 믿음이 강화되기를 원하신다. 믿든 믿지 않든, 성령께서는 모든 그리스도인이 각자의 문화와 교회 속에서 이 일을 감당하기 원하신다. 사실 복음주의권 내의 그리스도인들 사이에도 현실에 만족하고 안주하는 태도가 만연해 있다. 정부가 운영하는 교회를 목회하던 에드워즈는 이를 보다 직접적으로 직면해야 했다. 그러나 오늘날 우리 모두는 매일매일 이 문제를 마주 대하고 있다. 에드워즈의 사역이 보여준 것처럼, 신실하고 책임 있는 성경적 신학과 영적 대화가 이 문제를 효과적으로 다룰 수 있는 방법이다.

주제 2. 에드워즈는 기독교가 근본적으로 거룩한 열정에 관한 것임을 보여주었다. 기독교 교리는 경험되어야 하는 것이지 논쟁이나 단순한 암기를 통해 증명되는 것이 아니다. 하나님께서는 우리가 그분에게 더 가까이 나아가도록 하기 위해 우리와 교통하신다. 그분은 우리의 영적 지식들이 더욱 자라나 거룩한 사랑을 키워 나갈 수 있도록 도우시는 분이다. 다시 말해, 머리와 가슴이 같이 가야 하는 것이다. "하나님이 거룩하고 은혜롭다는 사실을 아는 것과 그 거룩함과 은혜의 사랑스러움과 아름다움에 대한 감각을 갖는 것 사이에는 큰 차이가 있다." 하나님께서는 성령을 통해 당신 자신을 우리에게 드러내시고 우리 안에 내주하시며, 당신을 향한 우리의 사랑과 사람들을 향한 우리의 사랑을 이끌어 가신다.

주제 3. 에드워즈는 구속사적 관점을 견지하며 살아가는 삶의 장점들을 보여주었다. 성공에 대한 열망과 부담은 우리의 믿음과 신앙적인 삶의 방식들을 방해한다. 그러나 영원한 것에 우리의 마음을 두는 태도는 우리를 영적으로 강하게 만들어 준다. 하나님께서 우리에게 주신 소명을 기억할 때, 우리의 삶을 향한 하나님의 목적과 그분의 약속은 하나님께서 원래 의도하신 삶을 살도록 이끌어 주는 동력이 된다. 하나님과 그분의 말씀을 진정으로 신뢰하는 이들은 다른 이들보다 두려움이 적을 수밖에 없다. 천국과 지옥, 영원에의 확신은 삶의 우선순위를 분명하게 유지하는 것을 가능하게 한다. 하나님을 향한 두려움과 거룩한 담대함으로 행하는 사람들은 어떤 대가를 치르더라도 바른 것을 행하게 된다. 죽음이나 대중 앞에서의 굴욕도 이를 막을 수 없다.

주제 4. 에드워즈는 그리스도를 위해 목숨을 바치는 사람들을 하나님께서 어떻게 사용하시는지 잘 보여주었다. 목숨을 얻고자 하는 자는 잃게 될 것이다(마 10:39). 그러나 그리스도를 위해 살고자 십자가를 붙드는 사람은 가장 사랑하는 그분 안에서 자신의 삶이 만족케 됨을 경험하게 될 것이다. 에드워즈는 순교자 콤플렉스를 가진 사람이 아니라 진정으로 순교자의 삶―문자적 의미로 '주인의 증인' (헬라어 martys)―을 살았다. 그는 살아생전 "하나님의 영광"을 위해 "그의 온 힘을 다해" 살았다. 어떻게 하면 자기 자신을 극복하고 그리스도를 본받아 살아갈 수 있는지를 그는 보여주었다. 에드워즈는 구속의 사역을 통해 당신 자신을 영화롭게 하시는 하나님의 계획 속에서 우리 자신을 발견하도록 가르쳤다. 물론 에드워즈도 부족한 부분이 없지 않았다. 자기 연민에 빠질 때도 있었다. 그러나 결국 그는 매일의 삶과 사역의 목표들이 자신의 관심사가 아닌 성경이 가르치는 대로 세워지도록 노력하는 모습을 보여주었다.

주제 5. 에드워즈는 신학이 교회에서, 목회자들에 의해, 하나님의 사람들을 위해 세워질 수 있으며 그렇게 되어야 함을 보여주었다. 물론 이것은 목회가 직업화되고 각 직업들이 전문화되기 이전이던 18세기에는 더 쉬운 일이었겠지만 오늘날에도 불가능한 것은 아니다. 많은 목회자들이 신학자이기를 거부하고 신학자들은 하나님의 백성과 상관없는 신학을 연구하는 21세기의 풍토에서 우리는 에드워즈의 모범적인 모습을 되살려야 한다. 교회 역사상 최고의 신학자들은 대개 지역교회 목회자들이었다. 물론 오늘날은 그렇지 않다. 그러나 매일의 삶에 대해 신학적으로 생각하고자 노력하는 많은 이들이 믿음의 기본을 이해하는 데 실패하는 현실이 정상적이라고 할 수 있을까? 나는 이 문제에 대해 보다 현실적으로 접근하고자 한다. 복잡하고 시장중심적인 경제에서 직업의 전문화 현상은 어느 정도 피할 수 없는 일이다. 그리고 역할의 전문화가 하나님의 나라 안에서 사역의 효율성을 향상시킬 수 있는 것도 사실이다. 그러나 목회자들이 그들 시간의 대부분을 조직 관리에 사용한다면, 그리고 신학 교수들이 그들 시간의 대부분을 교내 행정에 쏟아붓는다면 하나님의 백성들을 말씀으로 변화시키는 중대한 일은 과연 누가 감당할 것인가! 평신도들은 목회자들이 회중과 하나님의 나라를 위해 깊이 사고하고 저술작업에 몰두할 수 있는 시간을 주어야 한다.

주제 6. 에드워즈는 가장 훈련된 그리스도인들 조차도 주변 사람들의 도움이 필요함을 보여주었다. 영적 지도자들도 격려와 조언, 조직으로부터의 지원이 필요하다. 많은 청교도들과 마찬가지로 에드워즈도 이를 잘 알고 있었다. 뉴잉글랜드의 회중교회들은 독립된 교회들이었지만 목회자들은 정기적으로 모여 기도하고 연구하며 상담하고 교제했다. 그들은 외로운 목자들이 아니었다. 홀로 싸우기보다는 함께 협력해야 함을 그들은 잘 알고 있었다.

**주제 7. 에드워즈는 왜 우리가 하나님의 말씀을 붙들고 있어야 하는지

보여주었다. 이 책의 거의 모든 페이지들이 이 주제를 확증한다. 에드워즈는 매일 성경을 읽고 묵상하는 데 큰 시간을 할애했다. 그는 그의 삶과 사역이 여기에 달려 있음을 잘 알고 있었다. 그는 신학의 중요성과 이점들을 잘 알고 있었다. 그는 "모든 그리스도인들이 영적인 지식을 키워 나가는 노력을 계속해야 한다"고 가르쳤다. 그는 다음의 구절을 그의 삶에 분명히 새겼다. "이는 젖을 먹는 자마다 어린아이니 의의 말씀을 경험하지 못한 자요 단단한 음식은 장성한 자의 것이니 그들은 지각을 사용함으로 연단을 받아 선악을 분별하는 자들이니라"(히 5:13-14). 우리 모두는 이와 같이 날마다 "단단한 음식"을 먹고 주님 안에서 더욱 강건하게 성장해야 할 것이다.

에드워즈의 삶의 특징인 말씀 사역의 중요성을 강조하는 이 책은 성경을 인용하며 마무리하는 것이 가장 적절할 것 같다. 물론 에드워즈는 자신이 성경의 인물과 비교되는 것을 겸손히 거부할 것이 분명하다. 그러나 그가 목회했던 교회 못지않게 죄와 분쟁으로 가득 찼던 고대 고린도인들의 교회에 대해 사도 바울이 가르친 바를 그의 사역에 빗대어 인용하는 것은 에드워즈도 받아들이지 않을까 생각한다.

> 너희는 우리의 편지라. 우리 마음에 썼고 뭇 사람이 알고 읽는 바라. 너희는 우리로 말미암아 나타난 그리스도의 편지니 이는 먹으로 쓴 것이 아니요 오직 살아 계신 하나님의 영으로 쓴 것이며 또 돌판에 쓴 것이 아니요 오직 육의 마음판에 쓴 것이라. 우리가 그리스도로

말미암아 하나님을 향하여 이 같은 확신이 있으니 우리가 무슨 일이든지 우리에게서 난 것 같이 스스로 만족할 것이 아니니 우리의 만족은 오직 하나님으로부터 나느니라. 그가 또한 우리를 새 언약의 일꾼 되기에 만족하게 하셨으니 율법 조문으로 하지 아니하고 오직 영으로 함이니 율법 조문은 죽이는 것이요 영은 살리는 것이니라.……주는 영이시니 주의 영이 계신 곳에는 자유가 있느니라. 우리가 다 수건을 벗은 얼굴로 거울을 보는 것 같이 주의 영광을 보매 그와 같은 형상으로 변화하여 영광에서 영광에 이르니 곧 주의 영으로 말미암음이니라(고후 3:2-6, 17-18).

셀 수 없이 많은 그의 독자들의 삶에 복음의 사역을 지속해 온 에드워즈 역시 우리 마음에 씌여진 하나님의 편지다. 그의 사역은 뭇 사람들로 하여금 그리스도와 동행하게 하며 하나님의 영광이 세상 속에 드러나도록 하는 데 계속해서 기여할 것이다.

주

연보와 가족

1. 다음 책을 참조하라. *The Princeton Companion to Jonathan Edwards*, ed. Sang Hyun Lee(Princeton: Princeton University Press, 2005), pp. xxiii-xxviii. (「조나단 에드워즈의 신학」 부흥과개혁사)
2. 다음 책을 참조하라. Kenneth P. Minkema, "Hannah and Her Sisters: Sisterhood, Courtship, and Marriage in the Edwards Family in the Early Eighteenth Century," *New England Historical and Genealogical Register* 146(January 1992): 35-56; Elizur Yale Smith, "The Descendants of William Edwards," in *The New York Genealogical and Biographical Record* 71(1940): 217-24, 323-32, vol. 72(1941): 124-25.

머리말

1. M. X. Lesser, *Reading Jonathan Edwards: An Annotated Bibliography in Three Parts, 1729-2005* (Grand Rapids: Eerdmans, 2008).

서론 | 에드워즈의 세계와 하나님의 말씀

1. http://www.barna.org(March 30, 2006); http://poll.gallup.com(March 22, 2005).
2. 다음 책을 참조하라. Stephen Prothero, *Religious Literacy: What Every American Needs to Know-and Doesn't*(San Francisco:HarperSanFrancisco, 2007).

3. 다음 책을 참조하라. David Daniell, *The Bible in English: Its History and Influence*(New Haven: Yale University Press, 2003), pp. xvii-xix; Patrick Collinson, *The Elizabethan Puritan Movement*(Oxford: Clarendon, 1967), pp. 60-61.
4. 다음 책을 참조하라. Richard Cullen Rath, *How Early America Sounded* (Ithaca, N.Y.: Cornell University Press, 2003).
5. 다음 책을 참조하라. Joseph A. Conforti, *Imagining New England: Explorations of Regional Identity from the Pilgrims to the Mid-Twentieth Century*(Chapel Hill: University of North Carolina Press, 2001).
6. Richard A. Muller and Rowland S. Ward, *Scripture and Worship: Biblical Interpretation and the Directory for Public Worship, The Westminster Assembly and the Reformed Faith*(Phillipsburg, N.J.: P & R Publishing, 2007), p. 136.
7. 다음 책을 참조하라. Horton Davies, *The Worship of the American Puritans, 1629-730*(New York: P. Lang, 1990); Horton Davies, *The Worship of the English Puritans*(Westminster [London]: Dacre Press, 1948); James Hastings Nichols, *Corporate Worship in the Reformed Tradition* (Philadelphia: Westminster Press, 1968); Frank C. Senn, *Christian Liturgy: Catholic and Evangelical*(Minneapolis: Fortress, 1997); Leland Ryken, *Worldly Saints: The Puritans as They Really Were*(Grand Rapids: Academie Books, 1986); J. I. Packer, *A Quest for Godliness: The Puritan Vision of the Christian Life*(Wheaton, Ill.: Crossway, 1990).
8. 다음 책을 참조하라. Winton U. Solberg, *Redeem the Time: The Puritan Sabbath in Early America*(Cambridge, Mass.: Harvard University Press, 1977); Kenneth L. Parker, *The English Sabbath: A Study of Doctrine and Discipline from the Reformation to the Civil War*(Cambridge: Cambridge University Press, 1988); John H. Primus, *Holy Time: Moderate Puritanism and the Sabbath*(Macon, Ga.: Mercer University Press, 1989); David Cressy, *Bonfires and Bells: National Memory and the Protestant Calendar in Elizabethan and Stuart England*(Berkeley: University of California Press, 1989).
9. 나는 이 책에서 한 해의 첫 날을 1월 1일로 삼는 오늘날의 날짜 방식을 사용했다.
10. 다음 책을 참조하라. Jennifer Powell McNutt, "Hesitant Steps: Acceptance of

the Gregorian Calendar in Eighteenth-Century Geneva," *Church History* 75(September 2006): 547-48; Robert Poole, *Time's Alteration: Calendar Reform in Early Modern England*(London: UCL Press, 1998); G. V. Coyne, M. S. Hoskin and O. Pedersen, *Gregorian Reform of the Calendar: Proceedings of the Vatican Conference to Commemorate its 400th Anniversary, 1582-982*(Vatican City: Specola Vaticana, 1983).

11. 다음 책을 참조하라. E. Jennifer Monaghan, *Learning to Read and Write in Colonial America, Studies in Print Culture and the History of the Book*(Amherst: University of Massachusetts Press, 2005).

12. 다음 책을 참조하라. A. Roger Ekirch, *At Day's Close: Night in Times Past*(New York: W. W. Norton, 2005).

13. Harriet Beecher Stowe, *The Minister's Wooing*, in *Harriet Beecher Stowe: Three Novels*(New York: The Library of America, 1982), p. 727.

14. 같은 책, 728.

15. Harriet Beecher Stowe, "New England Ministers," *Atlantic Monthly* 1(February 1858): 486-87.

16. 에드워즈가 존 어스킨 목사에게 보낸 편지, 1752년 7월 7일, *Letters and Personal Writings*, ed. George S. Claghorn, *The Works of Jonathan Edwards*, vol. 16(New Haven: Yale University Press, 1998), p. 491.

17. *The "Miscellanies" (Entry Nos. 1153-360)*, ed. Douglas A. Sweeney, WJE, vol. 23(2004), pp. 23-29.

18. 다음 책을 참조하라. Paul Ballard and Stephen R. Holmes, eds., *The Bible in Pastoral Practice: Readings in the Place and Function of Scripture in the Church*, Using the Bible in Pastoral Practice(2005; Grand Rapids: Eerdmans, 2006)

19. Jonathan Edwards, *The Life of David Brainerd*, ed. Norman Pettit, WJE, vol. 7 (1985), pp 89-90. (「데이비드 브레이너드 생애와 일기」 복 있는 사람)

1장 l 자신을 하나님 앞에 드리기를 힘쓰라

1. 다음 책을 참조하라. Kenneth P. Minkema, "Hannah and Her Sisters: Sisterhood, Courtship, and Marriage in the Edwards Family in the Early Eighteenth Century," *New England Historical and Genealogical Register* 146(January 1992): 35-56.

2. 에드워즈 집안 분위기에 관해 여성 차별에 대한 오해의 소지가 있으므로 에드워즈 가문이 교구 내 소녀들을 교육시켰다는 사실을 기억하는 것은 의미 있는 일이다. 민케마는 다음과 같이 설명한다. "티모시는 아내 에스더의 도움으로 딸들을 포함한 그들의 모든 자녀들이 지역 내 소년들이 받는 수준의 교육을 받도록 지도했다. 모든 자녀들은 라틴어와 헬라어, 수학과 논리학을 배웠으며 그 이전과 당대에 중요시되던 모든 내용들을 숙달했다. 먼저 배운 나이 많은 딸들이 동생들의 교육을 도왔으며 어린 조나단 역시 나이 많은 누이들에게 배우기도 했다.…… 과연 에드워즈 집안의 딸들은 보스턴에서 학업을 마쳤으니, 이는 당시 상류층 부인들과 비교해 볼 때도 주목되는 점이다." Minkema, "Hannah and Her Sisters," p. 41.
3. 식민지 시대 미국의 공인된 대학에서 학사학위를 수여받는 사람은 매우 드물었다. 물론 당시 미국에도 영국의 학원 분립과 스코틀랜드-아일랜드 장로교회의 학교를 본 딴 작은 교육 기관들이 많았지만, 전문가들에 의하면 1760년대에 학사학위를 갖고 있던 사람은 천 명에 한 명 꼴이었다. 이 문제에 관해서는 다음 책을 참조하라. Elizabeth Nybakken, "In the Irish Tradition: Pre-Revolutionary Academies in America," *History of Education Quarterly* 37(Summer 1997): 163-83.
4. Jonathan Edwards, "Personal Narrative," in *Letters and Personal Writings*, ed. George S. Claghorn, WJE, vol. 16(1998), pp. 790-91.
5. 칼뱅주의자들과 알미니안주의자들 간의 신학적 견해 차이에 대해서는 앞으로 여러 번 다룰 예정이지만 여기서 일단 간략히 언급하겠다. 칼뱅주의자들은 프랑스 개혁주의 목회자이자 신학자인 장 칼뱅(1509-1564년)의 계승자들을 말한다. 칼뱅주의는 회개하지 않은 죄인들의 부패함과 개인적 자질에 상관없이 구원하실 자를 선택하시는 하나님의 절대적인 주권을 강조한다. 알미니안주의자들은 네덜란드 신학자인 제이콥 헤르만스(1560-1609년), 혹은 제이콥 알미니우스의 추종자들로, 칼뱅의 구원예정론을 배격하며 구원에 있어 죄인 개개인의 역할을 강조한다. 칼뱅주의자들과 알미니안주의자들의 논쟁은 네덜란드 개혁교회의 도르트 종교회의(1618-1619년)에서 절정에 달하게 되며, 이 과정 중에 영국 칼뱅주의자들의 그 유명한 '칼뱅주의의 다섯 개 교리TULIP'가 도출되게 된다. 물론 칼뱅주 신학에는 이 다섯 개의 교리 외에 훨씬 많은 교리들이 있다. 네덜란드 개혁주의자들의 화훼 산업에 대한 열정을 반영한다고 할 수 있는 이 다섯 개의 요점은 흔히 튤립 TULIP으로 불리는 칼뱅주의의 핵심적인 신학 사상으로 다음과 같다. 전적 타락 Total depravity, 무조건적 선택Unconditional election, 제한적 속죄Limited atonement, 불가항력적 은혜Irresistible grace, 성도의 견인Perseverance of

saints.
6. 엄밀히 말하면 '성공회'는 19세기에 생긴 용어다. 여기서는 영국 국교회를 분명히 표현하기 위해 사용했다.
7. 다음 책을 참조하라. *Jonathan Edwards Tercentennial Exhibition: Selected Objects from the Yale Collections, 1703-2003, with Essays by Kenneth P. Minkema and George G. Levesque*(New Haven: Jonathan Edwards College, Yale University, 2003), pp. 39-41.
8. 다음 책을 참조하라. William Ames, *The Marrow of Theology*, ed. John D. Eusden(1968; Grand Rapids: Baker, 1997). (「신학의 정수」 크리스챤다이제스트); Johannes Wollebius, *The Abridgement of Christian Divinitie*, trans. Alexander Ross(London: T. Mab and A. Coles, 1650); Johannes Wollebius, *Compendium Theologiae Christianae*, in *Reformed Dogmatics*, ed. and trans. John W. Beardslee III, A Library of Protestant Thought(New York: Oxford University Press, 1965), pp. 27-262.
9. 다음 책을 참조하라. Anne Stokely Pratt, "The Books Sent from England by Jeremiah Dummer to Yale College," Louise May Bryant and Mary Patterson, "The List of Books Sent by Jeremiah Dummer," in *Papers in Honor of Andrew Keogh, Librarian of Yale University, by the Staff of the Library, 30 June 1938*(New Haven: privately printed, 1938), pp. 7-44, 423-92; Thomas Clap, *A Catalogue of the Library of Yale-College in New-Haven*(New London, Conn.: T. Green, 1743).
10. 장 칼뱅을 비롯한 많은 기독교 지도자들처럼 에드워즈 역시 예정론의 교리에 대해 처음에는 거부하는 입장을 보였다. 「신앙고백」에서 에드워즈는 이렇게 말한다. "어떤 이들은 구원하시고 다른 이들은 지옥불에서 영원히 고통받게 하신다는 하나님의 주권에 대해 내 마음속에는 강한 거부감이 있었다. 내게 이것은 끔찍한 교리였다." 그러나 회심을 경험하게 되는 때를 즈음해 에드워즈의 생각은 180도 바뀌게 된다. 그는 이후 이 교리에 대한 확신을 갖게 되었을 뿐만 아니라 역사를 주관하시는 하나님의 주권에 대해 큰 기쁨을 갖게 된다. "이후로 나는 단순히 확신이 아닌, 기쁨에 가득 찬 확신을 갖게 되었다. 하나님의 주권에 대한 교리는 매우 자주 등장하는 신학적 주제일 뿐 아니라 내게 기쁨과 환희를 안겨 주는 가르침이었다. 하나님의 절대적 주권은 내가 하나님에 대해 이야기할 때 빠뜨릴 수 없는 부분이 되었다." *Letters and Personal Writings*, pp. 791-92.
11. Jonathan Edwards, "A Divine and Supernatural Light, Immediately

Imparted to the Soul By the Spirit of God, Shown to Be both a Scriptural, and Rational Doctrine(1734)," in *The Sermons of Jonathan Edwards: A Reader*, ed. Wilson H. Kimnach, Kenneth P. Minkema and Douglas A. Sweeney(New Haven: Yale University Press, 1999), pp. 127-28. (「신적이며 영적인 빛」 부흥과개혁사)

12. Edwards, "Personal Narrative," in *Letters and Personal Writings*, pp. 792-93.
13. Jonathan Edwards, "Diary," in *Letters and Personal Writings*, pp. 759-60, 779.
14. 이 교회를 계승한 뉴욕의 제일 장로교회는 현재 맨해튼 그리니치빌리지에 있다.
15. Evarts B. Greene and Virginia D. Harrington, *American Population Before the Federal Census of 1790*(New York: Columbia University Press, 1932), pp. 97-98; Jill Lepore, *New York Burning: Liberty, Slavery, and Conspiracy in Eighteenth-Century Manhattan*(2005; New York: Vintage Books, 2006), pp. 21-22, 233-46.
16. Philip F. Gura, *Jonathan Edwards: America's Evangelical*(New York: Hill and Wang, 2005), p. 29; William Smith Jr., *The History of the Province of New-York*, ed. Michael Kammen, 2 vols.(1752; Cambridge, Mass.: Harvard University Press, 1972), 1:202-27; I. N. Phelps Stokes, *Iconography of Manhattan Island, 1498-1909*, 6 vols.(1915-928; New York: Arno Press,1967), 6:23-24.
17. Edwards, "Personal Narrative," in *Letters and Personal Writings*, p. 797.
18. 같은 책, 795.
19. Edwards, "Diary," in *Letters and Personal Writings*, pp. 760, 761, 780, 781, 788.
20. Edwards, "Personal Narrative," in *Letters and Personal Writings*, p. 795.
21. Jonathan Edwards, "Resolutions," in *Letters and Personal Writings*, pp. 753-54.
22. Samuel Hopkins, *The Life and Character of the Late Reverend Mr. Jonathan Edwards*(Boston: S. Kneeland, 1765), p. 41.
23. 이런 습관은 보스턴의 선배 목회자이자 젊은 목회자들을 위한 책을 출판했던 코튼 매더Cotton Mather(1663-1728년)와 같은 이들에 의해 후배 목회자들에게 전수되었다. 코튼 매더의 「목회 후보자를 위한 지침서*Directorions for a*

Candidate of the Ministry』에는 다음과 같이 기록되어 있다. "목회자와 그 후보생들은 어디를 가든 노트와 펜을 들고 다니면서 무엇을 읽거나 들었을 때 그 안에 담긴 좋은 정보들을 상세히 기록해야 한다. 이렇게 함으로써 목회자는 그 마음속에 소중한 지식들을 쌓아 나갈 수 있게 된다. 이렇게 몇 년이 흐르면 이 기록들은 소중한 보물이 될 것이다. 이것은 '천국의 제자된 서기관마다 마치 새것과 옛것을 그 곳간에서 내오는 집주인과 같으니라'(마 13:52)고 한 말씀처럼 값지고 보람 있는 일이다." Cotton Mather, *Manuductio ad Ministerium: Directions for a Candidate of the Ministry*, ed. Thomas J. Holmes and Kenneth B. Murdock(New York: Published for the Facsimile Text Society by Columbia University Press, 1938), p. 72.

24. Edwards, "Personal Narrative," in *Letters and Personal Writings*, pp. 797-98.
25. "여호와 이스라엘의 하나님을 영원부터 영원까지 찬양할지어다. 모든 백성들아 아멘 할지어다. 할렐루야"(시 106:48).
26. Jonathan Edwards, "Quaestio: Peccator Non Iustificatur Coram Deo Nisi per Iustitiam Christi Fide Apprehensam," in *Sermons and Discourses, 1723-729*, ed. Kenneth P. Minkema, WJE, vol. 14(1997), p. 55.
27. George G. Levesque in Edwards, *Sermons and Discourses, 1723-29*, pp. 60-66.
28. 에드워즈가 뉴저지대학에 보낸 편지, 1757년 10월 19일. *Letters and Personal Writings*, p. 726.
29. 다음 책을 참조하라. Kenneth P. Minkema, "Personal Writings," in *The Cambridge Companion to Jonathan Edwards*, ed. Stephen J. Stein(New York: Cambridge University Press, 2007), pp. 39-60.
30. Edwards, "Personal Narrative," in *Letters and Personal Writings*, p. 798.
31. 아이작 스타일즈는 1722년 예일대학을 졸업하고 2년 후인 1724년 노스헤이븐에 목회자로 정착한 에드워즈의 친구였다. 1727년에는 훗날 예일대학의 학장이 될 아들 에즈라 스타일즈Ezra Stiles를 낳게 된다.
32. Edwards, "Diary," entry for June 6, 1724, in *Letters and Personal Writings*, p. 786.
33. James Russell Trumbull, *History of Northampton, Massachusetts, from Its Settlement in 1654*, vol. 2(Northampton: Press of Gazette Printing Co., 1902), p. 43 n. 1.

2장 | 말씀을 전파하라

1. Jonathan Edwards, *A Faithful Narrative of the Surprizing Work of God in the Conversion of Many Hundred Souls in Northampton*, in *The Great Awakening*, ed. C. C. Goen, WJE, vol. 4(1972), p. 145. (『놀라운 부흥과 회심 이야기』 부흥과개혁사)
2. Edwards, *A Faithful Narrative*(1737), pp. 145, 157. 다음 책을 참조하라. Iain H. Murray, *Jonathan Edwards: A New Biography*(Edinburgh: Banner of Truth Trust, 1987), p. 89. (『조나단 에드워즈: 삶과 신앙』 이레서원); Kenneth P. Minkema, "Old Age and Religion in the Writings and Life of Jonathan Edwards," *Church History* 70(December 2001): 674-704; George M. Marsden, *Jonathan Edwards: A Life*(New Haven: Yale University Press, 2003), p. 127. (『조나단 에드워즈 평전』 부흥과개혁사)
3. Sereno E. Dwight, "Memoirs of Jonathan Edwards, A.M.," *The Works of Jonathan Edwards*, ed. Edward Hickman(1834; Edinburgh: Banner of Truth Trust, 1974), p. xxxviii. 다음 책을 참조하라. Joseph A. Conforti, *Imagining New England: Explorations of Regional Identity from the Pilgrims to the Mid-Twentieth Century*(Chapel Hill: University of North Carolina Press, 2001), p. 71.
4. 청교도들이 많이 사용한 설교지침서를 저술한 리처드 버나드Richard Bernard는 이렇게 설교를 마무리하라고 권면했다. "설교의 길이는 한 시간 정도가 적당하다. 물론 하나님의 영이 한 시간에 제한되는 것은 아니다. 다만 교회의 질서를 지키며 성도들이 예상하는 시간을 벗어나지 않도록 하는 것은 그들의 연약함을 참작할 때 고려해야 할 점이다." Richard Bernard, *The Faithfull Shepheard: Or the Shepheards Faithfulnesse*(London: Printed by Arnold Hatfield for John Bill, 1607), p. 80. 청교도 목회자들이 모두 그의 조언을 따른 것은 아니다.
5. 다음 책을 참조하라. *The Westminster Directory, being A Directory for the Publique Worship of God in the Three Kingdomes*, Ian Breward, Grove Liturgical Study No. 21(Bramcote, U.K.: Grove Books, 1980). (『웨스트민스터 예배모범』 예배와설교아카데미); Richard A. Muller and Rowland S. Ward, *Scripture and Worship: Biblical Interpretation and the Directory for Public Worship*, The Westminster Assembly and the Reformed Faith(Phillipsburg, N.J.: P & R Publishing, 2007), pp. 111-40.

6. Jonathan Edwards, "Fragment: From an Application on Seeking God," in *Sermons and Discourses, 1720-723*, ed. Wilson H. Kimnach WJE, vol. 10(1992), p. 387.
7. 다음 책을 참조하라. *Catalogues of Books*, ed. Peter J. Theusen, WJE, vol. 26(2008), pp. 357-60.
8. Jonathan Edwards "On Sarah Pierpont," in *Letters and Personal Writings*, ed. George S. Claghorn, WJE, vol. 16(1998), pp. 789-90.
9. James Russell Trumbull, *History of Northampton, Massachusetts, from Its Settlement in 1654*, vol. 2(Northampton: Press of Gazette Printing Co., 1902), pp. 44-45.
10. Samuel Hopkins, *The Life and Character of the Late Reverend Mr. Jonathan Edwards*(Boston: S. Kneeland, 1765), p. 40.
11. *George Whitefield's Journals*, ed. Iain Murray(Edinburgh: Banner of Truth Trust, 1960), p. 476. 다음 책을 참조하라. Kenneth P. Minkema, "Personal Writings," in *The Cambridge Companion to Jonathan Edwards*, ed. Stephen J. Stein(New York: Cambridge University Press, 2007), pp. 47-48.
12. Michael Watts, *The Dissenters: From the Reformation to the French Revolution*(Oxford: Clarendon, 1978), pp. 419-21.
13. Hopkins, *The Life and Character of the Late Reverend Mr. Jonathan Edwards*, pp. 49-51.
14. Leonard I. Sweet, "The Laughter of One: Sweetness and Light in Franklin and Edwards," in *Benjamin Franklin, Jonathan Edwards, and the Representation of American Culture*, ed. Barbara B. Oberg and Harry S. Stout(New York: Oxford University Press, 1993), p. 120.
15. 사라(1728년에 태어남), 제루샤(1730년), 에스더(1732년), 메리(1734년), 루시(1736년), 티모시(1738년), 수재너(1740년), 유니스(1743년), 조나단 주니어(1745년), 엘리자베스(1747년), 피어폰트(1750년).
16. Hopkins, *The Life and Character of the Late Reverend Mr. Jonathan Edwards*, p. 81.
17. Stuart Piggin, "Domestic Spirituality: Jonathan Edwards on Love, Marriage and Family Life," in *The Bible and the Business of Life: Essays in Honour of Robert J. Banks Sixty-fifth Birthday*, ed. Simon Carey Holt and Gordon Preece, ATF Series(Adelaide: ATF Press, 2004), pp. 149-63.

18. Hopkins, *The Life and Character of the Late Reverend Mr. Jonathan Edwards*, pp. 39-40, 43-44.
19. 같은 책, 41-42.
20. 같은 책, 40.
21. 같은 책, 45-46.
22. 같은 책, 49.
23. "Receipt for Slave Venus(1731)," in *A Jonathan Edwards Reader*, ed. John E. Smith, Harry S. Stout and Kenneth P. Minkema(New Haven: Yale University Press, 1995), pp. 296-97.
24. 다음 책을 참조하라. Kenneth P. Minkema, "Jonathan Edwards on Slavery and the Slave Trade," *William and Mary Quarterly* 54(October 1997): 823-34; Kenneth P. Minkema, "Jonathan Edwards's Defense of Slavery," *Massachusetts Historical Review* 4(2002): 23-59; Charles E. Hambrick-Stowe, "All Things Were New and Astonishing: Edwardsian Piety, the New Divinity, and Race," in *Jonathan Edwards at Home and Abroad: Historical Memories, Cultural Movements, Global Horizons*, ed. David W. Kling and Douglas A. Sweeney(Columbia: University of South Carolina Press, 2003), pp. 121-36; Kenneth P. Minkema and Harry S. Stout, "The Edwardsean Tradition and the Antislavery Debate, 1740-1865," *The Journal of American History* 92(June 2005): 47-74; Richard A. Bailey, "From Goddess of Love to Unloved Wife: Naming Slaves and Redeeming Masters in Eighteenth-Century New England," in *Slavery/Antislavery in New England*, The Dublin Seminar for New England Folklife Annual Proceedings 2003, ed. Peter Benes(Boston: Boston University, 2005), pp. 44-55.
25. Jonathan Edwards, "Draft Letter on Slavery," in *Letters and Personal Writings*, pp. 71-76.
26. 다음 책을 참조하라. Samuel Hopkins, *A Dialogue concerning the Slavery of the Africans, Showing It To Be the Duty and Interest of the American States to Emancipate All Their African Slaves*(1776); Jonathan Edwards Jr., *The Injustice and Impolicy of the Slave Trade, and of Slavery*(1791); Douglas A. Sweeney and Allen C. Guelzo, eds., *The New England Theology: From Jonathan Edwards to Edwards Amasa Park*(Grand Rapids: Baker

Academic, 2006).

27. Douglas A. Sweeney, *The American Evangelical Story: A History of the Movement*(Grand Rapids: Baker Academic, 2005), pp. 107-31. 다음 책을 참조하라. Sherard Burns, "Trusting the Theology of a Slave Owner," in *A God Entranced Vision of All Things: The Legacy of Jonathan Edwards*, ed. John Piper and Justin Taylor(Wheaton, Ill.: Crossway, 2004), pp. 145-71.
28. Edwards, *A Faithful Narrative*, in *The Great Awakening*, pp. 191-205.
29. Jonathan Edwards, *Some Thoughts Concerning the Present Revival of Religion in New-England, and the Way in Which It Ought To Be Acknowledged and Promoted, Humbly Offered to the Publick*, in *The Great Awakening*, pp. 331-41. (「균형 잡힌 부흥론」 부흥과개혁사)
30. 에드워즈는 친구 토머스 프린스Thomas Prince에게 보낸 편지에서 새뮤얼 부얼의 설교로 인해 노샘프턴에 일어나게 된 영적 각성에 대해 다음과 같이 증언했다. "새뮤얼 부얼은 1741년 2월 초부터 내가 약 2주 동안 집을 떠나 있을 때 노샘프턴으로 와서 말씀을 전하기 시작했다. 여행을 계획 중이던 나는 노샘프턴을 방문할 계획을 갖고 있던 그에게 말씀을 전해 줄 것을 부탁한 적이 있었다. 새뮤얼 부얼은 거의 매일 밤 교회에서 말씀을 전했을 뿐만 아니라, 거의 모든 시간 회중 앞과 사석에서 말씀에 대해 증언했다. 사람들은 끊임없이 모여들었다.⋯⋯ 부얼 목사의 설교는 사람들에게 큰 영향력을 발휘했다. 사람들은 뜨겁게 감동받았고 교회에 남아 큰 소리로 외쳐 부르며 기도하기 시작했다. 예배가 끝난 뒤에도 사람들은 교회에 계속 남아 기도했는데 이런 일은 전례가 드문 일이었다.⋯⋯ 마을 내 거의 모든 사람들이 엄청난, 그리고 끊임없는 격동 속에서 밤낮으로 흔들리는 것만 같았다. 과연 뜨거운 부흥의 불길이 일기 시작한 것이다. 이런 일들은 이미 회심한 사람들에게 일어난 일이었다. 그러나 그 규모와 영향에 있어 지난 여름 동안 있었던 회심의 사건들은 비교도 되지 않았다. 내가 여행에서 돌아왔을 때 마을 전체는 이전에 전혀 볼 수 없었던 특별한 상황에 놓여 있었다. 부얼은 이후 두세 주 더 머물렀으며 여전히 그의 사역에 열심이었다. 전에는 볼 수 없었던 많은 영적인 역사들이 일어나기 시작했다. 어떤 사람들은 환상을 경험하기도 했는데 24시간 동안 아무런 움직임 없이 가만히 있는 것이었다. 이 시간 동안 그들은 천국에 다녀온 듯 영광스럽고 빛나는 물체들을 보았다. 그러나 사람들이 이처럼 영적 환희에 빠져 있는 동안 사탄 역시 그 기회를 이용하는 것이 분명했고 점점 그 실체가 선명하게 드러나기 시작했다. 사탄의 시험을 이겨 내기 위해 상당한 경계와 주의가 요구되었으며 많은 고통이 수반되었다. 사람들 가운데 몇몇은 심지어 거칠어지기 시작

했다." 에드워즈가 토머스 프린스 목사에게 보낸 편지, 1743년 12월 12일, *Letters and Personal Writings*, pp. 120-21.
31. Dwight, "Memoirs of Jonathan Edwards, A.M.," pp. lxii-lxx. 다음 책을 참조하라. Jonathan Edwards, "The Church's Marriage to Her Sons, and to Her God," in *Sermons and Discourses, 1743-758*, ed. Wilson H. Kimnach, WJE, vol. 25(2006), pp. 164-96; Thomas S. Kidd, *The Great Awakening: The Roots of Evangelical Christianity in Colonial America*(New Haven: Yale University Press, 2007), pp. 274-81.
32. William Williams, *The Death of a Prophet Lamented and Improved* (Boston: B. Green, 1729).
33. Jonathan Edwards, "Living Unconverted under an Eminent Means of Grace," in *Sermons and Discourses, 1723-729*, ed. Kenneth P. Minkema, WJE, vol. 14(1997), pp. 357-70.
34. Jonathan Edwards, *God Glorified in the Work of Redemption, By the Greatness of Man's Dependence upon Him, in the Whole of it. Preached on the Public Lecture in Boston, July 8, 1731*(Boston: Samuel Kneeland and Timothy Green, 1731), *Sermons and Discourses, 1730-733*, ed. Mark Valeri, WJE, vol. 17(1999), pp. 196-216.
35. William Ames, *The Marrow of Theology*, ed. John D. Eusden(1968; Grand Rapids: Baker, 1997), 1.35.30, 45-46(pp. 192-94); *The Westminster Directory*, pp. 15-18.
36. Edwards, "God Glorified in Man's Dependence," in *Sermons and Discourses*, 1730-733, pp. 212-14.
37. 다음 책을 참조하라. Thomas H. Johnson, *The Printed Writings of Jonathan Edwards, 1703-758: A Bibliography*, rev. ed. by M. X. Lesser, An Occasional Publication of Studies in Reformed Theology and History(Princeton: Princeton Theological Seminary, 2003).
38. William Edwards Park, "Edwardean," p. 202, folder 1668, box 37, Jonathan Edwards Collection, Beinecke Rare Book and Manuscript Library, Yale University.
39. *Sermons and Discourses, 1743-758*, pp. 457-93.
40. 사실 스토다드는 원고를 그대로 읽는 설교를 공개적으로 비판했다. 아버지 티모시 에드워즈는 긴 설교를 작성한 뒤 그 내용을 기억하고 설교했는데, 이는 설교에

있어서 표현능력을 강조하는 분명한 증거다. "하나님의 말씀을 가르침에 있어 사람들에게 확신을 주고 영혼들을 일깨우기 위해 우리는 노력해야 합니다. 말씀이 사람들의 마음과 양심에 파고들어 영혼들을 겸손하게 하고 말씀을 듣게 만들어야 합니다." Timothy Edwards, *All the Living Must Surely Die: Election Sermon*(New London, Conn.: T. Green, 1732). 코튼 매더 역시 후배 목회자들에게 다음과 같이 조언했다. "설교자 앞에 원고가 반드시 놓여 있어야 한다면 이것을 깔끔하게 사용하는 것과 그대로 읽는 것 사이에 분명한 선을 그어야 한다. 설교의 분위기와 생명을 생생하게 살려야 하며, 원고를 그대로 읽음으로써 청중들의 흥미를 떨어뜨리는 행위는 삼가야 한다. 설교자 자신조차 자신의 설교 내용을 기억할 수 없다면 어찌 청중들로 하여금 말씀을 품고 집에 가도록 만들 수 있겠는가!…… 사실 설교자의 원고는 화살의 전통과도 같은 것이다. 하나의 화살을 날린 뒤 전통에 손을 뻗쳐 화살을 잡듯 종종 눈을 떨구고 참고하며 원고를 활용할 수 있지만, 설교자의 시선은 최대한 청중들에게로 향해 있어야 한다. 그리하여 그 진리가 설교자의 목소리와 합일하여 전달되어야 하는 것이다." Cotton Mather, *Manuductio ad Ministerium: Directions for a Candidate of the Ministry*, Boston, 1726, ed. by Thomas J. Holmes and Kenneth B. Murdock(New York: Published for the Facsimile Text Society by Columbia University Press, 1938), pp. 105-6.

41. Murray, *Jonathan Edwards*, p. 169.
42. Henry Bamford Farkes, *Jonathan Edwards: The Fiery Puritan*(New York: Minton, Balch & Co., 1930).
43. Hopkins, *The Life and Character of the Late Reverend Mr. Jonathan Edwards*, pp. 46-47.
44. 같은 책, 48.
45. 같은 책, 48-49.
46. 다음 책을 참조하라. Westminster *Shorter Catechism*, Q. 89, in *Reformed Confessions Harmonized*, ed. Joel R. Beeke and Sinclair B. Ferguson(Grand Rapids: Baker, 1999), pp. 211; *Second Helvetic Confession*, in *The Creeds of Christendom*, ed. Philip Schaff, rev. by David S. Schaff, 3 vols., 6th ed.(Grand Rapids: Baker, 1983), 3:237(Latin), 3:832(English); Greg R. Scharf, "Was Bullinger Right about the Preached Word?" *Trinity Journal* 26(2005): 3-10; Chad B. Van Dixhoorn, *A Puritan Theology of Preaching*, St. Antholin's Lectureship Charity Lecture

2005(London: Pentecost Printing & Design, 2005), pp. 31-35.
47. 다음 책을 참조하라. Bernard, *The Faithfull Shepheard*, p. 4.
48. 다음 책을 참조하라. Wilson H. Kimnach, "General Introduction to the Sermons: Jonathan Edwards' Art of Prophesying," in Edwards, *Sermons and Discourses, 1720-723*, pp. 3-21.
49. William Perkins, *The Art of Prophesying, in The Work of William Perkins*, ed. Ian Breward(Abingdon, U.K.: Sutton Courtenay Press, 1970), p. 345. (「설교의 기술과 목사의 소명」부흥과개혁사)
50. 다음 책을 참조하라. Horton Davies, *Like Angels from a Cloud: The English Metaphysical Preachers, 1588-645*(San Marino, Calif.: Huntington Library, 1986).
51. John Calvin, *Institutes of the Christian Religion*, ed. John T. McNeill, 2 vols., The Library of Christian Classics(Louisville: Westminster John Knox, 1960), 1:80. (「기독교강요」기독교문사)
52. Perkins, *The Art of Prophesying*, p. 345.
53. Ames, *The Marrow of Theology*, p. 191.
54. *The Westminster Directory*, pp. 17-18.
55. 다음 책을 참조하라. John Carrick, *The Preaching of Jonathan Edwards* (Edinburgh: Banner of Truth Trust, 2008), pp. 409-30.

3장 | 성경을 연구하라

1. Samuel Hopkins, *The Life and Character of the Late Reverend Mr. Jonathan Edwards*(Boston: S. Kneeland, 1765), pp. 40-41; Gerald R. McDermott, ed., *Understanding Jonathan Edwards: An Introduction to America's Theologian*(New York: Oxford University Press, 2009).
2. Jonathan Edwards, "Resolutions" No. 28, in *Letters and Personal Writings*, ed. George S. Claghorn, WJE, vol. 16(1998), p. 755; Edwards, "Personal Narrative," in *Letters and Personal Writings*, p. 797; Sereno E. Dwight, "Memoirs of Jonathan Edwards, A.M.," in *The Works of Jonathan Edwards*, ed. Edward Hickman(1834; Edinburgh: Banner of Truth Trust, 1974), pp. clxxxvii-clxxxix.
3. Jonathan Edwards, "The Importance and Advantage of a Thorough Knowledge of Divine Truth(1739)," in *The Sermons of Jonathan Edwards: A*

Reader, ed. Wilson H. Kimnach, Kenneth P. Minkema and Douglas A. Sweeney(New Haven: Yale University Press, 1999), pp. 35-36.

4. 같은 책, 35, 38, 40, 43.

5. 다음 책을 참조하라. Jonathan Edwards, *Notes on Scripture*, ed. Stephen J. Stein, WJE, vol. 15(1998); Jonathan Edwards, *The Blank Bible*, ed. Stephen J. Stein, WJE, vol. 24(2006); Jonathan Edwards, "Notes on the Apocalypse," in *Apocalyptic Writings*, ed. Stephen J. Stein, WJE, vol. 5(1977); Jonathan Edwards, *Typological Writings*, ed. Wallace E. Anderson and Mason I. Lowance Jr., WJE, vol. 11(1993); Jonathan Edwards, *Writings on the Trinity, Grace, and Faith*, ed. Sang Hyun Lee, WJE, vol. 21(2003); Douglas A. Sweeney, "Edwards, Jonathan(1703-758)," in *Dictionary of Major Biblical Interpreters*, ed. Donald K. McKim(Downers Grove: InterVarsity Press, 2007), pp. 397-403.

6. 에드워즈가 뉴저지대학에 보낸 편지, 1757년 10월 19일, *Letters and Personal Writings*, 725-30.

7. 그의 사후 아들 조나단 에드워즈 주니어가 *A History of the Work of Redemption. Containing, The Outlines of a Body of Divinity, in a Method Entirely New*(Edinburgh: W. Gray, J. Buckland, and G. Keith, 1774)를 출판하게 된다. 다음 책을 참조하라. Jonathan Edwards, *A History of the Work of Redemption*, ed. John F. Wilson, WJE, vol. 9(1989). (『구속사』 부흥과개혁사)

8. 에드워즈가 뉴저지대학에 보낸 편지, 1757년 10월 19일, *Letters and Personal Writings*, pp. 728-29. 다음 책을 참조하라. Kenneth P. Minkema, "The Other Unfinished 'Great Work': Jonathan Edwards, Messianic Prophecy, and 'The Harmony of the Old and New Testament,'" in *Jonathan Edwards's Writings: Text, Context, Interpretation*, ed. Stephen J. Stein(Bloomington: Indiana University Press, 1996), pp. 52-65.

9. folder 1248, box 21, Jonathan Edwards Collection, Beinecke.

10. 다음 책을 참조하라. "Types of the Messiah," in *Typological Writings*, pp. 191-324.

11. "The Harmony of the Genius, Spirit, Doctrines, & Rules of the Old Testament & the New," folder 1210, box 15, Jonathan Edwards Collection, Beinecke.

12. Jonathan Edwards, sermon on Matthew 24:35, L 2r., folder 502, box 7,

Beinecke; Edwards, *A History of the Work of Redemption*, pp. 290-91; Jonathan Edwards, *Freedom of the Will*, ed. Paul Ramsey, WJE, vol. 1(1957), p. 438. (「의지의 자유」예일문화사); Jonathan Edwards, "Heeding the Word, and Losing It," in *Sermons and Discourses, 1734-738*, ed. M. X. Lesser, WJE, vol. 19(2001), p. 46; Jonathan Edwards, sermon on 1 Peter 2:2-3, L. 5r., L. 2v., folder 855, box 11, Beinecke.

13. Edwards, "Personal Narrative," in *Letters and Personal Writings*, p. 801; Jonathan Edwards, "Life Through Christ Alone," in Edwards, *Sermons and Discourses, 1720-723*, ed. Wilson H. Kimnach, WJE, vol. 10(1992), p. 526; Edwards, "The Way of Holiness," in *Sermons and Discourses, 1720-723*, p. 477; Jonathan Edwards, "Divine Love Alone Lasts Eternally," in *Ethical Writings*, ed. Paul Ramsey, WJE, vol. 8(1989), p. 363; Jonathan Edwards, sermon on Psalm 119:162, L. 1r., folder 189, box 3, Beinecke; Edwards, "The Importance and Advantage of a Thorough Knowledge of Divine Truth," pp. 38, 35; Jonathan Edwards, "Profitable Hearers of the Word," in *Sermons and Discourses, 1723-729*, ed. Kenneth P. Minkema, WJE, vol. 14(1997), pp. 265-66; Jonathan Edwards, sermon on 1 Corinthians 2:11-13, L. 3v., folder 719, box 10, Beinecke; Jonathan Edwards, sermon on Matthew 13:23, L. 22r., folder 473, box 6, Beinecke; Jonathan Edwards, *Religious Affections*, ed. John E. Smith, WJE, vol. 2(1959), p. 438. (「신앙감정론」부흥과개혁사); Jonathan Edwards, "Stupid as Stones," in *Sermons and Discourses, 1730-733*, ed. Mark Valeri, WJE, vol. 17(1999), p. 180; Jonathan Edwards, sermon on Luke 10:38-42, L. 6v., folder 560, box 7, Beinecke; Jonathan Edwards, *The "Miscellanies," a-500*, ed. Thomas A. Schafer, WJE, vol. 13(1994), p. 202.

14. Edwards, sermon on Luke 10:38-42, L. 3r.; Edwards, "Profitable Hearers of the Word," p. 266; Edwards, "Heeding the Word, and Losing It," p. 47; Jonathan Edwards, "Images of Divine Things," in *Typological Writings*, p. 93; Jonathan Edwards, sermon on Hebrews 6:7, L. 17r., folder 820, box 11, Beinecke.

15. 다음 책을 참조하라. Jonathan Edwards, *Concerning the End for Which God Created the World, in Ethical Writings*, pp. 419-20; Peter Harrison, *The Bible, Protestantism, and the Rise of Natural Science*(Cambridge:

Cambridge University Press, 1998). (「조나단 에드워즈가 본 천지창조의 목적」 솔로몬출판사)

16. Jonathan Edwards, *The Distinguishing Marks of a Work of the Spirit of God*, in *The Great Awakening*, ed. C. C. Goen, WJE, vol. 4(1972), p. 240. (「성령의 역사 분별 방법」 부흥과개혁사)
17. Jonathan Edwards, "Light in a Dark World, a Dark Heart," in *Sermons and Discourses, 1734-1738*, p. 720.
18. Edwards, *The "Miscellanies,"* a-500, p. 421(cf. pp. 422-26, 537; Jonathan Edwards, *The "Miscellanies,"* 501-832, ed. Ava Chamberlain, WJE, vol. 18[2000], p. 140; Jonathan Edwards, *The "Miscellanies,"* 833-1152, ed. Amy Plantinga Pauw, WJE, vol. 20[2002], pp. 52-53); Edwards, *A History of the Work of Redemption*, p. 520; Gerald R. McDermott, *Jonathan Edwards Confronts the Gods: Christian Theology, Enlightenment Religion, and Non-Christian Faiths*(New York: Oxford University Press, 2000).
19. Edwards, *The "Miscellanies,"* a-500, pp. 469-70.
20. Jonathan Edwards, sermon on Luke 11:27-28, L. 1v., L. 6v.-7r., folder 1065, box 14, Beinecke; Jonathan Edwards, "The Pure in Heart Blessed," in *Sermons and Discourses, 1730-1733*, pp. 65-66; Jonathan Edwards, "Treatise on Grace," in *Writings on the Trinity, Grace, and Faith*, pp. 178-80; *Religious Affections*, pp. 205-6, 225, 266-91 296-97, 301; Edwards, *The "Miscellanies,"* a-500, pp. 286-87, 297-98, 462-63; Edwards, *The "Miscellanies,"* 501-832, pp. 156-57, 245-48, 452-66; "A Divine and Supernatural Light," "A Spiritual Understanding of Divine Things Denied to the Unregenerate," in *Sermons and Discourses, 1723-1729*, pp. 70-96; "False Light and True," in *Sermons and Discourses 1734-738*, pp. 122-42.
21. 에드워즈의 역사 비평가로서의 연구에 대해 좀 더 알기 원하는 독자들은 다음 책을 참조하라. Robert E. Brown, *Jonathan Edwards and the Bible* (Bloomington: Indiana University Press, 2002).
22. 다음 책을 참조하라. Stephen J. Stein, "The Quest for the Spiritual Sense: The Biblical Hermeneutics of Jonathan Edwards," *Harvard Theological Review* 70(1977): 99-113.
23. Origen, *On First Principles*(*De Principiis* in Latin; in Greek, *Periarchon*; c. 230), 4.2.4, 9; English translation of G. W. Butterworth(1936; Gloucester,

Mass.: Peter Smith, 1973), pp. 275-87.
24. *De Doctrina Christiana*(*On Christian Doctrine*, completed in 426/27), 3.84-85. English translation from Augustine, *De Doctrina Christiana*, ed. and trans. R. P. H. Green, Oxford Early Christian Texts(Oxford: Clarendon, 1995), pp. 169-71.
25. 학자들은 종종 성경 주해에서 오리게네스의 알렉산드리아 학파와 좀 더 온건했던 안디옥 학파를 구별했다. 안디옥 학파의 학자들로는 안디옥의 루시안, 타수스의 디어도로서, 몹수에스티아의 디오도루스, 요한 크리소스톰이 있다. 학자들에 의하면 알렉산드리아 학파의 주해는 기상천외하면서도 비유적 표현들이 풍부한 반면, 안디옥 학파의 연구는 좀 더 신중하고 역사적이라고 평가한다. 그러나 이 두 학파의 차이점은 종종 과장되는 면이 있다. 사실 공식적인 의미에서 안디옥 학파는 존재하지 않았다. 또한 이 두 학파 간 주해의 방법에는 큰 차이가 없을 뿐만 아니라 오히려 많은 공통점들이 있었다. 그럼에도 불구하고 초기 교부들 중에는 알렉산드리아 학파의 수사적 저작들을 좋아하지 않는 학자들이 있었다. 타수스의 디어도로서와 몹수에스티아의 디오도루스, 그리고 현재에도 많은 설교와 주석들이 전해지는 요한 크리소스톰 등은 오리게네스의 주해 방법론과 자신들의 방법론 간에 거리를 두었다. 그들의 유명한 "theoria"(헬라어의 $\theta\epsilon\omega\rho\iota\alpha$, 비전, 영감, 혹은 묵상을 뜻함)의 원칙은 히브리 선지자들이 본 것을 기록함에 있어 역사적 현재와 기독론적 미래의 의미들을 함께 기록했던 것을 의미하며, 문자적 의미 위에 자리하고 있는 영적 의미들을 함께 기록했음을 의미한다. 이는 또한 구속사에 있어 예표들 간의 관계를 바로 잡았다. 이들 안디옥 학자들은 성경은 의미들이 숨겨져 있기 때문에 이해할 수 없는 신비라고 여겼던 알렉산드리아 학파의 견해와는 달리, 그 의미들을 분명하게 구별할 수 있다고 주장했다.
26. 대부분의 초기 교부들은 성경의 문자적 의미와 영적 의미의 차이에 대해 폭넓고 일반적인 접근을 시도했으나 그들 가운데 몇몇은 일곱 가지의 다른 의미를 제시하기도 했다. 존 카시안John Cassian은 중세 시대에 보편적인 방법론으로 대두되었던 사중적 주해 방법론을 도출해 냈다. John Cassian, *Conferences*, trans. Colm Luibheid, The Classics of Western Spirituality(New York: Paulist Press, 1985), pp. 159-66.
27. Thomas Aquinas, *Summa Theologiae* Ia.1.10. (「신학대전」두란노아카데미)
28. *Littera gesta docet, quid credas allegoria,*
    Moralis quid agas, quo tendas anagogia.
29. 다음 책을 참조하라. G. R. Evans, *The Language and Logic of the Bible: The*

Road to Reformation(Cambridge: Cambridge University Press, 1985).
30. Martin Luther, *Lectures on Galatians, 1519*, trans. Richard Jungkuntz, in *Luther's Works*, vol. 27, ed. Jaroslav Pelikan and Walter A. Hansen(St. Louis: Concordia, 1964), p. 311; *D. Martin Luthers Werke: Kritische Gesamtausgabe*(Weimar: Hermann Bolaus Nachfolger, 1883), 2:550.
31. The Westminster Confession of Faith(1647) 1.7.
32. *The Faithful Shepherd*의 저자인 리처드 버나드는 청교도들에게 성경의 영적 해석에 관한 여러 가지 원칙과 가이드라인을 제공해 주었다. "첫째, 모든 비유들을 수집해 문자적 의미를 이해할 것. 둘째, 이들의 의미를 해석함에 있어 지나치게 정도를 벗어나거나 애매모호한 것이 없도록 주의할 것. 셋째, 비유를 간단히 다루되 너무 자주 사용하지는 말 것. 넷째, 비유적 의미들은 교리를 뒷받침하기 위한 수단이 아닌 삶에 교훈을 주기 위한 방법으로 사용할 것. 다섯째, 이 일은 젊은 학자들 혹은 진리에 깊이 뿌리내리지 못한 이들에게 맡기지 말고 노련하고 숙련된 학자가 감당할 것. 비유를 연구하는 것은 재미있기 때문에 조만간 이에 지나치게 몰두할 가능성이 있으며 따라서 성경을 오용하거나 남용할 수 있다." Richard Bernard, *The Faithfull Shepheard: Or the Shepheards Faithfulnesse* (London: Printed by Arnold Hatfield for John Bill, 1607), pp. 53-54.
33. 다음 책을 참조하라. Daniel M. Doriani, *Getting the Message: A Plan for Interpreting and Applying the Bible*(Phillipsburg, N.J.: P & R, 1996); Dennis E. Johnson, *Him We Proclaim: Preaching Christ from All the Scriptures*(Phillipsburg, N.J.: P & R, 2007).
34. Edwards, "Types of the Messiah"(Miscellanies No. 1069), in *Typological Writings*, pp. 192-95.
35. Edwards, "Images of Divine Things," in *Typological Writings*, p. 114.
36. Edwards, "Types," in *Typological Writings*, p. 148.
37. 같은 책, 151.
38. Edwards, "Images of Divine Things," in *Typological Writings*, p. 59.
39. Edwards, "Types," in *Typological Writings*, p. 152.
40. Jonathan Edwards, "The Excellency of Christ(1738)," in *The Sermons of Jonathan Edwards*, pp. 163, 195-96.

4장 | 영들을 분별하라
1. Jonathan Edwards, *A Faithful Narrative*, in *The Great Awakening*, ed. C. C.

Goen, WJE, vol. 4(1972), pp. 146-47.
2. 같은 책, 147-48.
3. 같은 책, 148.
4. 청교도들은 예배에서 찬송가를 부르지 않았고 대신 시편을 반주가 없는 아카펠라로 불렀다. 그러나 18세기부터 이러한 관행에 변화가 일기 시작했다. 반주 없이 부르는 시편 찬양이 그리 듣기 좋은 음악이 아니기도 했지만, 다른 지역과 교단에서 예배 시작 전 사람들의 마음을 준비시키는 데 찬송가가 긍정적인 영향을 미치고 있다는 사실을 깨닫게 되었기 때문이기도 하다. 이후 뉴잉글랜드 내 많은 지역에서 성가대에 준하는 중창단이 조직되었고 심지어 성경의 내용을 직접적으로 담아내지 않은 가사의 찬송가들도 부르기 시작했다. 그중 영국의 목회자였던 아이작 와츠의 찬송가들이 가장 인기가 있었다. 에드워즈는 이러한 "새로운 방식"의 노래들을 지지하고 적극 권장한 뉴잉글랜드의 목회자들 가운데 가장 명망 있는 지도자였다. 다음 책을 참조하라. Laura L. Becker, "Ministers vs. Laymen: The Singing Controversy in Puritan New England, 1720-740," *New England Quarterly* 55(March 1982): 79-96; Mark A. Noll, Esther Rothenbusch Crookshank and Rochelle A. Stackhouse, in *Wonderful Words of Life: Hymns in American Protestant History and Theology*, ed. Richard J. Mouw and Mark A. Noll, Calvin Institute of Christian Worship Liturgical Studies Series(Grand Rapids: Eerdmans, 2004), pp. 3-66.
5. Edwards, *A Faithful Narrative*, in *The Great Awakening*, p. 151.
6. 같은 책, 197, 199.
7. 같은 책, 204-5.
8. 같은 책, 151.
9. 1741년 새뮤얼 부얼이 노샘프턴의 초청 설교자로 방문한 이후부터 에드워즈가 담임하던 교회의 회중들은 주일예배에서 시편 찬양을 부르기 시작했다. 에드워즈는 1744년 보스턴에서 사역하던 목회자 벤저민 콜먼에게 보낸 편지에서 시편 찬양에 대해 다음과 같이 설명했다. "우리 교회 회중들은 2년 전부터 매년 여름 주일 오후 예배 중 세 곡의 찬송을 부르는데, 그중 한 곡은 아이작 와츠가 지은 찬송가를 부르고 있습니다. 이렇게 하게 된 것은 성도들이 찬송가 부르는 것을 아주 좋아하기 때문인데, 사실 이 일은 내가 시작한 일은 아닙니다. 내가 여행으로 부재중일 때 시작되어 내가 돌아왔을 때는 이미 회중들이 시편 찬양은 아예 무시하고 찬송가만 부르고 있었지요. 내가 받아들일 수 없었던 것은 찬송가를 부르는 것이 문제라기보다는 시편 찬양을 아예 부르지 않는다는 것이었습니다. 그래서 찬송가 부르는

것을 허용하되 항상 시편 찬양을 중심으로 찬양하도록 지도하고 있습니다." 에드워즈가 벤저민 콜먼 목사에게 보낸 편지, 1744년 5월 22일. *Letters and Personal Writings*, ed. George S. Claghorn, WJE, vol. 16(1998), p. 144. 에드워즈가 대각성 기간 중 작성한 논문에는 찬송가의 사용에 대해 비판하는 보수적 비평가들에 대응해 이를 변호한 내용들이 기록되어 있다. "요즘 유행하는 찬송가를 부르는 것에 있어 가장 중요한 문제는 인간이 지어낸 가사를 찬송가로 부른다는 점이다. 시편 찬양을 거부하는 일부의 풍조에 대한 내 입장은 분명하다. 시편 찬양은 세상 끝날까지 불려야 한다. 그러나 우리가 시편 찬양에만 제한되어야 한다는 입장 또한 그 근거를 찾을 수 없는 주장이다. 적어도 내가 알고 있는 한, 성경의 어느 곳에도 우리가 우리의 생각으로 지어낸 말로 하나님을 찬양하고 기도하는 것이 잘못되었다는 가르침을 찾을 수 없다. 성경에서 찾을 수 있는 언어로만 우리의 찬양과 운율, 음악을 제한해야 한다는 것은 근거 없는 주장이다. 따라서 다윗이 작성한 시편 외에 우리가 만들어 낸 다른 찬양들도 함께 병용되어 불려야 한다는 점은 분명하다. …… 그러므로 예수 그리스도의 교회가 하나님을 찬양함에 있어 구약의 언어들에 제한되거나 가장 영광스러운 예수 그리스도의 복음이 베일에 가려진 상태로 높여져야 한다면 이는 분명 잘못된 것이다." Jonathan Edwards, *Some Thoughts Concerning the Present Revival of Religion in New-England, in The Great Awakening*, pp. 406-7.

10. 에드워즈가 벤저민 콜먼 목사에게 보낸 편지, 1735년 5월 30일. *Letters and Personal Writings*, pp. 48-58.

11. 다음 책을 참조하라. Douglas A. Sweeney, *The American Evangelical Story: A History of the Movement*(Grand Rapids: Baker Academic, 2005), pp. 27-51; Mark A. Noll, *The Rise of Evangelicalism: The Age of Edwards, Whitefield, and the Wesleys*, A History of Evangelicalism: People, Movements and Ideas in the English-Speaking World(Downers Grove: InterVarsity Press, 2003); Thomas S. Kidd, *The Great Awakening: The Roots of Evangelical Christianity in Colonial America*(New Haven: Yale University Press, 2007).

12. Jonathan Edwards, *An Humble Attempt to Promote Explicit Agreement and Visible Union of God's People in Extraordinary Prayer for the Revival of Religion and the Advancement of Christ's Kingdom on Earth, Pursuant to Scripture-Promises and Prophecies concerning the Last Time, in Apocalyptic Writings*, ed. Stephen J. Stein, WJE, vol. 5(1977), pp. 308-436.

(「기도합주회」 부흥과개혁사)

13. 에드워즈가 하나님의 섭리에 관한 칼뱅주의 교리를 지지하고 방어한 것은 사실이지만 기도가 역사를 바꾸는 힘이 있음을 가르친 것 또한 사실이다. 부흥의 불길이 일어나기 시작한 뒤 전해진 설교(1736년 1월 8일)에서 에드워즈는 "가장 높은 분이신 하나님은 기도를 들으시는 하나님"이심을 강조했다. 에드워즈는 자신의 회중들에게 "하나님께서는 인간의 말을 이해하시며 겸손하고 열정적인 기도에 설복되신다"라고 말한 바 있다. "아무도 기도를 통해 하나님의 마음을 바꾸거나 그분에게 새로운 정보를 전해드릴 수는 없다. 하나님은 전지하시며 그분의 지식은 변함이 없다.…… 그분은 우리가 무엇을 원하는지 잘 알고 계시며 우리가 기도하기 전부터 우리의 간구를 잘 알고 계신다." 그러나 하나님은 여전히 우리가 그분께만 의지하도록 하기 위해 기도를 원하신다. 하나님은 영원부터 영원까지 기도에 응답하기를 원하신다. Jonathan Edwards, "The Most High a Prayer-Hearing God," in *The Works of Jonathan Edwards*, ed. Edward Hickman, 2 vols (1834; Edinburgh: Banner of Truth Trust, 1974), 2:115. 다음 책을 참조하라. Glenn R. Kreider, "Jonathan Edwards's Theology of Prayer," *Bibliotheca Sacra* 160(November-December 2003): 434-56; Glenn R. Kreider, "'God Never Begrutches His People Anything They Desire': Jonathan Edwards and the Generosity of God," *Reformation & Revival Journal* 12(Summer 2003): 71-91; Donald S. Whitney, "Pursuing a Passion for God through Spiritual Disciplines: Learning from Jonathan Edwards," in *A God Entranced Vision of All Things: The Legacy of Jonathan Edwards*, ed. John Piper and Justin Taylor(Wheaton, Ill.: Crossway, 2004), pp. 109-28; W. Clark Gilpin, "'Inward, Sweet Delight in God': Solitude in the Career of Jonathan Edwards," *Journal of Religion* 82(October 2002): 523-38; Peter Beck, "The Voice of Faith: Jonathan Edwards's Theology of Prayer"(Ph.D. diss., The Southern Baptist Theological Seminary, 2007); Charles Hambrick-Stowe, *The Practice of Piety: Puritan Devotional Disciplines in Seventeenth-Century New England*(Chapel Hill: University of North Carolina Press, 1982); Richard Lovelace, *Dynamics of Spiritual Life: An Evangelical Theology of Renewal* (Downers Grove, Ill.: InterVarsity Press, 1979); Iain H. Murray, *The Puritan Hope: A Study in Revival and the Interpretation of Prophecy* (London: Banner of Truth Trust, 1971), pp. 99-103; Thomas S. Kidd, "'The Very Vital Breath of Christianity': Prayer and

Revival in Provincial New England," *Fides et Historia* 36(Summer/Fall 2004): 19-33.
14. Edwards, *A Faithful Narrative*, in *The Great Awakening*, p. 148.
15. Edwards, "Justification by Faith Alone," "Pressing into the Kingdom of God," "Ruth's Resolution," "The Justice of God in the Damnation of Sinners," "The Excellency of Jesus Christ" in *Sermons and Discourses, 1734-738*.
16. Edwards, *A Faithful Narrative*, in *The Great Awakening*, pp. 148-49.
17. "Appendix A: Preface to *Discourses on Various Important Subjects*," in *Sermons and Discourses, 1734-738*, p. 795.
18. Jonathan Edwards, "Justification by Faith Alone," in *Sermons and Discourses, 1734-738*, pp. 147, 149, 158.
19. 다음 책을 참조하라. Robert W. Caldwell III, *Communion in the Spirit: The Holy Spirit as the Bond of Union in the Theology of Jonathan Edwards*, Studies in Evangelical History and Thought(Carlisle, U.K.: Paternoster, 2006); Douglas A. Sweeney, "The Church," in *The Princeton Companion to Jonathan Edwards*, ed. Sang Hyun Lee(Princeton: Princeton University Press, 2005), pp. 167-89.
20. Jonathan Edwards, "The Reality of Conversion," in *The Sermons of Jonathan Edwards: A Reader*, ed. Wilson H. Kimnach, Kenneth P. Minkema and Douglas A. Sweeney(New Haven: Yale University Press, 1999), pp. 83, 92; Jonathan Edwards, sermon on 2 Timothy 3:5("True grace in the heart is a powerful thing"), folder 805, box 11, Beinecke.
21. Jonathan Edwards, "A Divine and Supernatural Light, Immediately Imparted to the Soul By the Spirit of God, Shown to Be both a Scriptural, and Rational Doctrine(1734)," in *The Sermons of Jonathan Edwards*, p. 126.
22. 다음 책을 참조하라. Norman Pettit, *The Heart Prepared: Grace and Conversion in Puritan Spiritual Life*(New Haven: Yale University Press, 1966); Edmund S. Morgan, *Visible Saints: The History of a Puritan Idea*(New York: New York University Press, 1963).
23. Jonathan Edwards, "Diary," in *Letters and Personal Writings*, p. 779.
24. 다음 책을 참조하라. Edwards, *A Faithful Narrative*, in *The Great*

Awakening, pp. 185-86; Jonathan Edwards, "Charity Contrary to a Censorious Spirit," in *Ethical Writings*, pp. 283-92.
25. 다음 책을 참조하라. Jonathan Edwards, *Religious Affections*, ed. John E. Smith, WJE, vol. 2(1959), pp. 95-96; Gerald R. McDermott, *Seeing God: Jonathan Edwards and Spiritual Discernment*(Vancouver: Regent College Publishing, 2000); Sam Storms, *Signs of the Spirit: An Interpretation of Jonathan Edwards' Religious Affections*(Wheaton, Ill.: Crossway, 2007). (「우리 세대를 위한 조나단 에드워즈 신앙감정론」 복 있는 사람)
26. Jonathan Edwards, *The Distinguishing Marks of a Work of the Spirit of God*, in *The Great Awakening*, pp. 253, 255; *Religious Affections*, pp. 383, 406.
27. Edwards, *A Faithful Narrative*, in *The Great Awakening*, pp. 205-6. 스테빈스는 결국 1752년 스스로 우물에 빠져 죽고 만다.
28. 같은 책, 206.
29. 같은 책, 206-7.
30. 벤저민 콜먼 목사에게 보낸 편지에서 에드워즈는 당시의 상황에 대해 다음과 같이 겸손히 진술하고 있다. "마을 내에서 하나님의 영의 역사가 서서히 줄어들면서 불평과 분열의 영들이 강하게 자리 잡기 시작했습니다. 사람들의 다툼과 분열이 걷잡을 수 없이 확대되면서 내가 할 수 있는 일이라고는 아무것도 없었습니다. 그러나 이런 상황을 겪으면서, 하나님께서 우리에게 얼마나 엄청난 일들을 해오셨는지에 대한 극명한 대비와 함께 우리에게 선한 일을 행하신 하나님에 대한 찬양을 그칠 수 없었습니다.…… 하나님께서 우리에게 하신 일들을 거두어 가시면서 그 일들이 얼마나 놀라운 것이었으며, 우리가 할 수 있는 일이 얼마나 제한되어 있는지를 명확하게 보게 되었고, 이런 배움들이 하나님을 기쁘게 하리라는 확신을 갖게 되었습니다." 에드워즈가 벤저민 콜먼 목사에게 보낸 편지, 1737년 5월 19일. *Letters and Personal Writings*, pp. 67-68.
31. 지역 역사가 제임스 트럼블은 76명의 남자와 49갤론의 럼주, 36파운드의 설탕이 새로운 골조를 세우는 데 필요했다고 말했다. 건축과정에서 술 취한 상태로 일한 이들이 분명히 있었을 것으로 보이지만 아무런 사고 없이 골조 공사가 마쳐졌다. James Russell Trumbull, *History of Northampton, Massachusetts, from Its Settlement in 1654*(Northampton: Press of Gazette Printing Co., 1902), 2:70-71.
32. 에드워즈가 벤저민 콜먼 목사에게 보낸 편지, 1737년 3월 19일. *Letters and Personal Writings*, pp. 65-66.

33. 다음 책을 참조하라. Joseph A. Conforti, *Imagining New England: Explorations of Regional Identity from the Pilgrims to the Mid-Twentieth Century*(Chapel Hill: University of North Carolina Press, 2001), p. 70.
34. Trumbull, *History of Northampton*, 2:77.
35. Jonathan Edwards, "The Many Mansions," in *Sermons and Discourses, 1734-738*, pp. 745-46.
36. Edwards, "Personal Narrative," in *Letters and Personal Writings*, p. 803.
37. 같은 책, 801.
38. 같은 책, 803-4.
39. 다음 책을 참조하라. Sweeney, *The American Evangelical Story*, pp. 27-51; Noll, *The Rise of Evangelicalism*; Frank Lambert, *Inventing the "Great Awakening"* (Princeton: Princeton University Press, 1999); W. R. Ward, *The Protestant Evangelical Awakening*(Cambridge: Cambridge University Press, 1992).
40. Iain H. Murray, *Jonathan Edwards: A New Biography*(Edinburgh: Banner of Truth Trust, 1987), p. 156.
41. 에드워즈가 조지 윗필드 목사에게 보낸 편지, 1740년 2월 12일. *Letters and Personal Writings*, p. 80.
42. 에드워즈가 토머스 프린스 목사에게 보낸 편지, 1743년 12월 12일. *Letters and Personal Writings*, pp. 115-27.
43. 같은 책, 116; *George Whitefield's Journals*, ed. Iain Murray(Edinburgh: Banner of Truth Trust, 1960), pp. 476-77; 사라 에드워즈가 제임스 피어폰트 목사에게 보낸 편지, 1740년 10월 24일. Luke Tyerman, *The Life of the Rev. George Whitefield*, vol. 1(New York: Anson D. F. Randolph & Co., 1877), p. 428.
44. 다음 책을 참조하라. Thomas Clap, *A Letter from the Rev. Mr. Thomas Clap to a Friend in Boston*(Boston: T. Fleet, 1745); Jonathan Edwards, *Copies of the Two Letters Cited by the Rev. Mr. Clap*(Boston: S. Kneeland and T. Green, 1745); Thomas Clap, *A Letter from the Rev. Mr. Thomas Clap to the Rev. Mr. Edwards*(Boston: T. Fleet, 1745); Jonathan Edwards, *An Expostulatory Letter from the Reverend Mr. Edwards to the Rev. Mr. Clap concerning the Rev. Mr. Whitefield*(Boston: S. Kneeland and T. Green, 1745); Edwards, *Letters and Personal Writings*, pp. 153-72, 174-79; Kidd,

The Great Awakening, pp. 169-73.
45. folders 462-63, 465-467, 469, box 6, Jonathan Edwards Collection, Beinecke; Ava Chamberlain, "The Grand Sower of the Seed: Jonathan Edwards's Critique of George Whitefield," *New England Quarterly* 70(September 1997): 368-85.
46. 에드워즈가 토머스 프린스 목사에게 보낸 편지, 1743년 12월 12일; 에드워즈가 조지 윗필드 목사에게 보낸 편지, 1740년 12월 14일. *Letters and Personal Writings*, pp. 116-17, 87.
47. 에드워즈가 토머스 프린스 목사에게 보낸 편지, 1743년 12월 12일. *Letters and Personal Writings*, p. 119. 윗필드가 방문했을 당시 에드워즈의 딸 사라는 12세, 제루샤는 10세, 에스더는 8세, 메리는 6세였다.
48. Jonathan Edwards, "Sinners in the Hands of an Angry God," in *The Sermons of Jonathan Edwards*, pp. 49-50, 56-57. (「진노하시는 하나님의 손 안에 있는 죄인」 부흥과개혁사)
49. Murray, *Jonathan Edwards*, p. 169.
50. 에스겔 33장을 함께 보라.
51. Jonathan Edwards, "The Great Concern of a Watchman for Souls," in *Sermons and Discourses, 1743-758*, p. 63; Edwards' ms. sermon on Hebrews 12:29, L. 3, r., folder 839, box 11, Jonathan Edwards Collection, Beinecke; *The Distinguishing Marks of a Work of the Spirit of God*, in *The Great Awakening*, pp. 246-47.
52. 다음 책을 참조하라. Stephen J. Nichols, *Heaven on Earth: Capturing Jonathan Edwards's Vision of Living in Between*(Wheaton, Ill.: Crossway, 2006). (「이 땅위의 천국」 살림)
53. Jonathan Edwards, *Distinguishing Marks of a Work of the Spirit of God*(Boston: S. Kneeland and T. Green, 1741).
54. 조셉 벨라미 목사는 1736-1737년, 새뮤얼 홉킨스 목사는 1741-1742년에 에드워즈와 함께 지냈다.
55. 에드워즈는 후천년주의자였다. 이 신학적 견해는 그리스도의 재림이 강력한 영적 부흥의 기간 이후에 이루어질 것이라고 본다. 그는 이때가 주후 2000년경 예루살렘에서부터 시작할 것으로 생각했으며, 전세계적인 영적 대각성의 불길이 일어날 것으로 믿었다. 다음 책을 참조하라. Brandon G. Withrow, "A Future of Hope: Jonathan Edwards and Millennial Expectations," *Trinity Journal*

22(Spring 2001): 75-98.
56. 가장 악명 높은 예로는 제임스 대븐포트James Davenport(결국 정신병을 앓고 있는 것으로 판명되었다), 앤드류 크로스웰Andrew Croswell(하버드대학 출신인 그는 노예와 아이들에게 강단에 서서 설교를 하도록 종용했던 목회자인데, 그가 죽기 전 그의 교회에 남은 성도는 일곱 명밖에 되지 않았다), 대니얼 로저스 Daniel Rogers(뉴튼 역사연구회에 그의 일기들이 대량 보존되어 있다) 등이 있었다.
57. Charles Chauncy, *Seasonable Thoughts on the State of Religion in New-England*(Boston: Printed by Rogers and Fowle, for Samuel Eliot, 1743).
58. 에드워즈가 토머스 프린스 목사에게 보낸 편지, 1743년 12월 12일, *Letters and Personal Writings*, pp. 121-25.
59. 1741년 에드워즈는 설교를 통해 그의 회중들에게 "하나님께서는 다른 이들을 돌아보아 돕는 이들에게 자신을 드러내는 분이심"을 가르쳤다. "Much in Deeds of Charity," in *The Sermons of Jonathan Edwards*, p. 210.
60. 이 시기 에드워즈가 경험했던 좌절이 그의 설교에 잘 드러난다. 1747년 7월 전한 그의 설교는 지옥불에 대한 가장 강력한 메시지였다. '하나님의 말씀에 순종하지 않으면 그분의 손에 의해 멸망당할 것입니다Yield to God's Word, or Be Broken by His Hand'라고 제목 붙여진 설교에서, 회개하지 않는 완고한 영혼들을 향해 그는 다음과 같이 말했다. "여러분의 상태가 영적으로 얼마나 심각한 상태인지를 알고나 있는지 저는 궁금합니다. 이 말씀을 준비하면서 저는 크나큰 낙담을 경험했습니다. 회개하고 하나님께로 돌아올 것을 수없이 가르치고 말씀을 전했건만, 변화하지 않는 영혼들을 보며 이제 더 이상 무엇을 가르칠 수 있을지 모르겠습니다. 그러나 저는 하나님 말씀의 대언자로서 여러분이 말씀을 듣고 회개하든 하지 않든 계속해서 전할 수밖에 없습니다. 다시 한번 회개하지 않는 심령들을 향한 하나님의 경고의 메시지를 전합니다. 여러분의 영적인 무지함이 지속되지 않기를 간절히 기도합니다." *Sermons and Discourses, 1743-758*, p. 220. 다음 책을 참조하라. "Living Unconverted under an Eminent Means of Grace," in *Sermons and Discourses, 1723-729*, ed. Kenneth P. Minkema, WJE, vol. 14(1997), pp. 365, 367.
61. 다음 책을 참조하라. *A Jonathan Edwards Reader*, ed. John E. Smith, Harry S. Stout and Kenneth P. Minkema(New Haven: Yale University Press, 1995), pp. 172-73; "Bad Books and Bad Boys: The Transformation of Gender in Eighteenth-Century Northampton, Massachusetts," in *Jonathan*

Edwards at Home and Abroad: Historical Memories, Cultural Movements, Global Horizons, ed. David W. Kling and Douglas A. Sweeney(Columbia: University of South Carolina Press, 2003), pp. 61-81.
62. 그럼에도 불구하고 에드워즈의 사례는 다시금 상향조정되어 1749년에는 170파 운드를 받게 된다. 1740년대 말 에드워즈가 받던 사례는 서부 뉴잉글랜드의 목회 자 가운데 그 누구보다 높은 것이었다. 에드워즈가 토머스 프린스 목사에게 보낸 편지, 1744년 11월 8일과 1745년 3월 4일. Letters and Personal Writings, pp. 149-51, 162-63; Trumbull, History of Northampton, 2:195-97.
63. 홀리는 수년 전 자살한 조셉 홀리의 아들로 에드워즈의 이종사촌이었다.
64. Trumbull, History of Northampton, 2:101.
65. 다음 책을 참조하라. "Colonial Wars," in George M. Marsden, Jonathan Edwards: A Life(New Haven: Yale University Press, 2003), pp. 306-19.
66. 스코틀랜드의 친구에게 보낸 편지에서 에드워즈는 딸 제루샤의 죽음에 대해 다음 과 같이 표현했다. "내 둘째 딸 제루샤가 열여덟의 나이에 세상을 떠난 일은 우리 가족에게 크나큰 아픔이 아닐 수 없다네.…… 그 아이는 온 가족들에게 꽃과 같았 지. 그 아이가 어릴 때부터 보여준 경건함과 아름다운 추억들은 이 크나큰 아픔 속 에서도 우리에게 위로가 되고 있다네. 이 슬픔 중에도 감사할 수 있는 이유가 되는 것이지. 이 아픔이 하나님으로 인해 치유되고 채워질 수 있도록 기도 부탁하네." 에드워즈가 존 어스킨 목사에게 보낸 편지, 1748년 8월 30일. Letters and Personal Writings, pp. 249-50.
67. 다음 책을 참조하라. Solomon Stoddard, The Doctrine of Instituted Churches Explained and Proved from the Word of God(London: Ralph Smith, 1700); The Inexcusableness of Neglecting the Worship of God, under a Pretence of Being in an Unconverted Condition(Boston: B. Green, 1708); An Appeal to the Learned: Being a Vindication of the Right of Visible Saints to the Lords Supper, Though They Be Destitute of a Saving Work of God's Spirit on Their Hearts(Boston: B. Green, 1709).
68. Jonathan Edwards, An Humble Inquiry into the Rules of the Word of God, Concerning the Qualifications Requisite to a Compleat Standing and Full Communion in the Visible Christian Church(1749), in Ecclesiastical Writings, ed. David D. Hall, WJE, vol. 12(1994), p. 169. 다음 책을 참조하라. E. Brooks Holifield, The Covenant Sealed: The Development of Puritan Sacramental Theology in Old and New England, 1570-720(New Haven:

Yale University Press, 1974).
69. 에드워즈는 웨스트민스터 신앙고백(1647년)에 기술된 성례의 정의를 확증한 바 있다. "성례는 은혜 언약의 거룩한 표요 인치심이며, 하나님께서 직접 제정하신 것이다. 성례는 그리스도와 그분의 은혜를 나타내고 그분 안에 거하는 우리의 유익을 확증하며, 교회에 속한 자들과 세상 사람들을 가시적으로 구별하고 그리스도의 말씀에 따라 그분 안에서 엄숙하게 하나님을 섬기도록 한다." 에드워즈는 장로교인이 되기를 권하는 스코틀랜드의 친구 존 어스킨 목사에게 보낸 편지(1750년 7월 5일)에서 "내가 웨스트민스터 신앙고백에 동의하는 만큼, 장로교인이 되기에 어려울 것이 전혀 없다"라고 말한 바 있다. *Letters and Personal Writings*, p. 355.
70. Jonathan Edwards "Lectures on the Qualifications for Full Communion in the Church of Christ," in *Sermons and Discourses, 1743-758*, p 354. 회심의 기준은 성찬에의 참여에만 국한되는 것이 아니다. 에드워즈는 오직 회심한 그리스도인에게만 세례뿐 아니라 교회의 등록도 허용된다고 믿었다. 한 걸음 더 나아가 회심을 통해 하나님과 은혜의 언약관계에 들어선 사람들만이 그들의 자녀들을 세례의 성례 앞에 세울 수 있다고 보았다.
71. Edwards, "Narrative of Communion Controversy," in *Ecclesiastical Writings*, pp. 507-619; *An Humble Inquiry into the Rules of the Word of God, Concerning the Qualifications Requisite to a Compleat Standing and Full Communion in the Visible Christian Church*(1749), in *Ecclesiastical Writings*, pp. 165-348; *Misrepresentations Corrected, and Truth Vindicated, in a Reply to the Rev. Mr. Solomon Williams's Book, intitled, The True State of the Question concerning the Qualifications Necessary to Lawful Communion in the Christian Sacraments*(1752), in *Ecclesiastical Writings*, pp. 350-503.
72. Kenneth P. Minkema, "Old Age and Religion in the Writings and Life of Jonathan Edwards," *Church History* 70(December 2001): 674-704. 다음 책을 참조하라. Collin Hansen, "Young, Restless, and Reformed: Calvinism Is Making a Comeback-and Shaking Up the Church," *Christianity Today*, September 2006, pp. 32-38.
73. 영국 국교회의 윗필드와 같은 대각성운동 지지자들은 에드워즈의 입장에 찬성했다. 18세기 말 대다수의 회중교회 지도자들 역시 에드워즈의 입장에 찬성하는 쪽으로 신학적 방향이 선회한 것은 주목할 만한 부분이다.

74. Jonathan Edwards, "A Farewell Sermon Preached at the First Precinct in Northampton, After the People's Public Rejection of Their Minister on June 22, 1750," in *The Sermons of Jonathan Edwards*, pp. 221, 231-33.

5장 | 네 마음을 다하여

1. Henry Scougal, *The Life of God in the Soul of Man: or The Nature and Excellency of the Christian Religion*(Boston: G. Rogers and D. Fowle, for H. Foster in Cornhill, 1741); Edwards, "Catalogue" in *Catalogues of Books*, ed. Peter J. Thuesen, WJE, vol. 26(2008), p. 219.
2. 다음 책을 참조하라. *Ecclesiastical Writings*, ed. David D. Hall, WJE, vol. 12(1994), pp. 350-503; Sweeney, "Editor's Introduction" to The "*Miscellanies*," 1153-1360, WJE, vol. 23(2003), pp. 4-9.
3. 두 저작은 본래 하나의 책으로 출판되었다. *Two Dissertations, I. Concerning the End for which God created the World. II. The Nature of True Virtue*(Boston: S. Kneeland, 1765).
4. Oliver Wendell Holmes, "Jonathan Edwards," *The International Review* 9(July 1880): 3.
5. 다음 책을 참조하라. Allen C. Guelzo, *Edwards on the Will: A Century of American Theological Debate*(Middletown, Conn.: Wesleyan University Press, 1989).
6. 다음 책을 참조하라. Douglas A. Sweeney and Allen C. Guelzo, eds., *The New England Theology: From Jonathan Edwards to Edwards Amasa Park*(Grand Rapids: Baker Academic, 2006).
7. Jonathan Edwards, *A Careful and Strict Enquiry into The modern prevailing Notions of That Freedom of Will, Which is supposed to be essential to Moral Agency, Vertue and Vice, Reward and Punishment, Praise and Blame* (Boston: S. Kneeland, 1754).
8. 엄밀한 의미에서 이 세 사람을 알미니안주의자로 보는 데는 많은 이견이 있다.
9. Edwards, *Freedom of the Will*, pp. 164-65.
10. 알미니안주의자들은 하나님께서 각 개인들이 내리는 모든 결정들에 대해 "예지 foreknowledge"를 갖고 계시기 때문에 이들을 도덕적 매개체로 사용하실 수 있다고 가르친다. 구원과 관련해 고려할 때 이 관점은, 하나님의 예정은 복음에 대해 각 개인들이 언제 어디에서 반응할지를 알고 계시기 때문에 가능하다고 보는

것이다. 하나님께서는 영원무궁토록 일하고 계시며 하나님의 지식은 역사적 결정들에 선행한다. 다시 말해 알미니안주의자들의 설명은, 세상의 모든 일이 일어나기 전에 그 일이 그렇게 되어 질 것을 하나님께서 미리 결정하신다는 의미다. 또한 하나님께서 성도를 택하시는 것은 그들이 하나님을 따르게 될 것을 미리 아시기 때문에 택하신다는 것이다. 이런 가르침은 하나님께서는 인간의 행위에 상관없이, 혹은 이에 제한되지 않고 무조건적으로 선택하신다는 칼뱅의 가르침과 반대된다. 에드워즈는 이 문제에 관해 「의지의 자유」에서 상세히 다루고 있으며, 알미니안주의자들의 "예지론"에 대해서 전혀 용납하지 않는 태도를 취하고 있다. 다음 책을 참조하라 Richard A. Muller, *God, Creation, and Providence in the Thought of Jacob Arminius: Sources and Directions of Scholastic Protestantism in the Era of Early Orthodoxy*(Grand Rapids: Baker, 1991); F. Stuart Clarke, *The Ground of Election: Jacobus Arminius' Doctrine of the Work and Person of Christ*, Studies in Christian History and Thought (Milton Keynes, U.K.: Paternoster, 2006); Roger E. Olson, *Arminian Theology: Myths and Realities*(Downers Grove: InterVarsity Press, 2006), pp. 179-99.

11. Edwards, *Freedom of the Will*, pp. 137, 163.
12. 같은 책, 142.
13. 에드워즈 이전 칼뱅주의 사상가 대부분이 "호환주의" 개념을 지지한 반면, "자연적 능력"의 교리를 인정한 이는 거의 없었다. 에드워즈가 존경한 신학자 가운데 하나인 프란시스 트레틴Francis Turretin(1623-1687년)은 프랑스 개혁주의 소뮈르Saumur 아카데미에서 자연적 능력의 교리를 강력하게 반대했으며, 1675년 출판된 스위스의 개혁주의 신앙고백서 '헬베틱 신앙고백'의 21조와 22조에서도 이를 부정하고 있음을 확증하고자 노력했다. 다음 책을 참조하라. Douglas A. Sweeney, *Nathaniel Taylor, New Haven Theology, and the Legacy of Jonathan Edwards*, Religion in America Series(New York: Oxford University Press 2003), pp. 73-74, 201-3; Jonathan Edwards to the Rev. Joseph Bellamy January 15, 1747, in *Letters and Personal Writings*, ed. George S. Claghorn, WJE, vol. 16(1998), p. 217; Jonathan Edwards, *Religious Affections*, ed. John E. Smith, WJE, vol. 2(1959), p. 289 n. 4; *Helvetic Formula Consensus* in Martin I. Klauber, "The Helvetic Formula Consensus(1675): An Introduction and Translation," *Trinity Journal* 11(Spring 1990): 103-23.

14. Edwards, *Freedom of the Will*, p. 362.
15. 같은 책, 362-63.
16. 알미니안주의자들은, 하나님께서는 선택된 죄인만을 구원하시지 모든 사람을 무조건적으로 구원하시지 않는다는 에드워즈와 칼뱅주의자들의 가르침에 반대했다. 반면 에드워즈는 하나님께서 영화롭게 하시는 이들만이 새 마음을 받고 하나님께로 돌아올 것이라고 강조했다. 인간의 자연적 능력에 대해 그가 어떻게 주장했는지와는 상관없이, 구원에 관한 그의 교리는 예정되지 못한 이들을 구원의 반열에서 제외시키는 것이 분명하다. 에드워즈의 견해에 의하면 구원이 예정되지 못한 이들은 스스로의 의지에 의해 죄를 짓게 되지만 이로부터 스스로를 개혁할 능력(혹은 도덕적 능력)이 없다.
17. 다음 책을 참조하라. Jonathan Edwards, "The Justice of God in the Damnation of Sinners," in *Sermons and Discourses, 1734-738*, ed. M. X. Lesser, WJE, vol. 19(2001), pp. 336-76; Jonathan Edwards to the Rev. John Erskine, August 3, 1757, in *Letters and Personal Writings*, pp. 718-24.
18. "무차별적인 전도"란, 하나님께서는 당신이 선택하신 사람들만 구원하신다는 것을 강조하지 않고 복음의 약속을 모든 사람에게 확대 적용해 가르치는 것을 의미한다. 반면 이에 반대하는 사람들은 "극단적 칼뱅주의자"라고 불렸다. 극단적 칼뱅주의자들은 오직 약속 있는 믿음의 공동체(각 구성원들이 구원을 확증하는 은혜의 징표를 받은 공동체) 내에서만 복음을 자유롭게 가르칠 수 있다고 주장했다. 극단적 칼뱅주의자들로는 토비아스 크리스프(1600-1643년), 리처드 데이비스(1658-1714년), 조셉 후시(1660-1726년), 존 길(1697-1771년), 존 브라인(1703-1765년) 등이 있다. 에드워즈와 같이 복음의 자유로운 전파를 주장했던 이들로는 침례교 지도자 앤드류 풀러(1754-1815년), 윌리엄 캐리(1761-1834년) 등이 있다. 다음 책을 참조하라. Andrew Fuller, *The Gospel of Christ Worthy of All Acceptation: or the Obligations of Men Fully to Credit, and Cordially to Approve, Whatever God Makes Known*(Northampton, U.K.: T. Dicey & Co., [1785]); William Carey, *Enquiry into the Obligations of Christians to Use Means for the Conversion of the Heathens*(Leicester, England: Ann Ireland, 1792); Sweeney, *Nathaniel Taylor, New Haven Theology*, pp. 124-25, 230-31.
19. Jonathan Edwards, *Original Sin*, ed. Clyde A. Holbrook, WJE, vol. 3(1970), p. 102. 존 테일러(1694-1761년)는 히브리어 학자이자 장로교 목사로서 영국 워링턴 아카데미에 가르쳤다. 조지 턴불(1698-1748년)은 스코틀랜드 출

신이나 영국 국교회에서 일했던 자유주의 철학자로 드러마초즈의 교구목사를 지냈다. 이 둘은 영국 계몽주의의 특징이라고 할 수 있는 인간의 도덕적 가능성에 대해 긍정적 접근을 시도했던 학자들이다.
20. 다음 책을 참조하라. H. Shelton Smith, *Changing Conceptions of Original Sin: A Study in American Theology Since 1750*(New York: Charles Scribner's Sons, 1955); C. Samuel Storms, *Tragedy in Eden: Original Sin in the Theology of Jonathan Edwards*(Lanham, Md.: University Press of America, 1985); Oliver D. Crisp, *Jonathan Edwards and the Metaphysics of Sin*(Aldershot, England: Ashgate, 2005).
21. John Taylor, *A Paraphrase with Notes on the Epistle to the Romans: To Which Is Prefix'd, a Key to the Apostolic Writings*(Dublin: A. Reilly, for John Smith at the Philosophers Heads on the Blind-quay, 1746); George Turnbull, *The Principles of Moral Philosophy*, 2 vols.(London: John Noon, 1740).
22. Edwards, *Original Sin*, p. 107.
23. 같은 책, 381-83. 하나님의 영의 빈 공간이라는 비유는 아우구스티누스 학파 신학자들이 흔히 사용하는 표현법이며 그중 가장 유명한 사람은 블레이즈 파스칼 Blaise Pascal(1623-1662년)이다. 이 표현은 아우구스티누스(354-430년)의 고백록 1장 1절에서 처음 등장한다. 에드워즈는 종종 다음의 질문에 충분히 답하지 않았다고 비판받는다. "아담 안에 성령이 거하셨다면 왜 그가 범죄하게 되었는가?" 에드워즈는 사실 이 질문에 대해 철저히 답하지 않았다. (성경에서 자세히 언급하지 않은 부분을 묻는 추론적 질문에 대해 과연 그 누가 제대로 답할 수 있단 말인가?) 그러나 에드워즈 신학의 흐름을 고려할 때, 그는 아마 이와 같이 답했을 것이다. "아담은 범죄하지 않을 수 있는 능력이 있었지만 그에 대한 시험의 시기가 끝나기까지 흠 없는 상태에 있지는 않았다." 아담과 하와에 대한 보호와 관찰의 시기 동안 그들은 하나님께 순종할 수도 순종하지 않을 수도 있는 진정한 자유를 누렸다. 그리고 성령의 보호하심의 축복 속에서도 사탄의 유혹에 빠질 수 있는 아주 민감한 영적 상태에 놓여 있었다. 노샘프턴에서 전한 메시지에서 에드워즈는 이 문제를 정확하게 다루고 있다. "타락하기 전 아담 안에는 하나님의 영이 자리하고 계셨다. 그가 범죄할 가능성이 전혀 없는 상태에 있는 것은 아니었지만 그가 범죄하지 않도록 적절한 돌봄과 경계가 주어져 있었던 것 또한 사실이다. 이 죄는 외적으로 드러나 행해지기 전에 이미 마음속에서 형성되었다. 죄에 대한 갈망의 상태에서 죄에 대한 의지의 상태로 전이되기 시작했으니, 이 죄의 문제는 외적

으로 드러나기까지 내면에서부터 한 단계 한 단계 진행되어 왔던 것이다. 외적으로 드러나기 전 이미 내적 행위로 시작된 인간의 죄는 외적 행위로 완결되었다." Jonathan Edwards, sermon on Genesis 3:11(February 1739), L. 20r., L. 24r-v., folder 2, box 1, Jonathan Edwards Collection, Beinecke.
24. Edwards, *Original Sin*, p. 383. 다음 책을 참조하라. David A. Weir, *The Origins of Federal Theology in Sixteenth-Century Reformation Thought*(New York: Oxford University Press, 1990).
25. 대부분의 개혁주의 사상가들은 에드워즈의 연합주의 입장을 지지했지만 실재론은 거부함으로써 아담을 근대적 의미의 연방대표(상원, 하원의원과 같은)와 같은 위치로 격하시켰다. 뿐만 아니라 이들은 존재론적 연결고리 없이 인류 전체가 타락에 책임이 있다고 주장한다. 아담의 죄를 아담 대신 인류 모두에게 돌리는 이 같은 입장은 많은 이들로 하여금 죄의 전가imputation에 대한 교리를 받아들이지 않게 하는 요인이 되었다. 다음 책을 참조하라. George Park Fisher, "The Augustinian and the Federal Theologies of Original Sin Compared," *New Englander* 27 (June 1868): 468-516.
26. 에드워즈에 따르면 하나님은 아담의 모든 죄에 대한 책임을 인류 전체에게 묻지는 않으신다. 그의 죄 가운데 일부는 인류의 선조로서 그에게만 책임이 있다. "하나님께서는 우리가 알지 못하고 알 수도 없는 죄에 대해 우리에게 책임을 묻지 않으신다.······ 따라서 아담의 죄 중에는 그에게만 책임이 있고 우리에게는 전가되지 않는 죄가 있다." Edwards, sermon on Genesis 3:11, L. 6r.
27. Edwards, *Original Sin*, p. 391. 다음 책을 참조하라. Stapfer, *Institutiones Theologiae Polemicae Universae*(Tiguri: Heideggerum and Socios, 1743-747), 1.3.856-57, 4.16.60, 61, 4.17.78.
28. 다음 책을 참조하라. D. D. Raphael, ed., *British Moralists, 1650-1800*, 2 vols.(Oxford: Clarendon, 1969).
29. 두 개의 논문은 에드워즈가 1738년 중반에 고린도전서 13장을 본문으로 노샘프턴에서 설교한 15편의 설교문에 기초해 작성되었다. 그 설교집은 1852년에 출판되었다. 다음 책을 참조하라. Paul Ramsey, "Editor's Introduction," in *Ethical Writings*, pp. 1-121; Roland Delattre, *Beauty and Sensibility in the Thought of Jonathan Edwards: An Essay in Aesthetics and Theological Ethics*(New Haven: Yale University Press, 1968); William J. Danaher, *The Trinitarian Ethics of Jonathan Edwards*(Louisville: Westminster John Knox, 2004); Norman Fiering, *Jonathan Edwards's Moral Thought and Its*

British Context(Chapel Hill: University of North Carolina Press, 1981); Gerald R. McDermott, *One Holy and Happy Society: The Public Theology of Jonathan Edwards*(University Park: Pennsylvania State University Press, 1992); John E. Smith, "Christian Virtue and Common Morality," in *The Princeton Companion to Jonathan Edwards*, ed. Sang Hyun Lee(Princeton: Princeton University Press, 2005), pp. 147-66.

30. Jonathan Edwards, *Dissertation Concerning the End for Which God Created the World*, in *Ethical Writings*, p. 435.
31. 같은 책, 447.
32. 같은 책, 531.
33. 그리스도인들은 하나님의 충만함을 확대할 수는 있으나 이를 증가시킬 수는 없다는 에드워즈의 말은 그가 남긴 여러 개의 역설 가운데 하나다(우리의 행위는 자유롭지만 동시에 도덕적 의무를 진다는 개념과, 죄인의 자발적 회심은 가능하지만 또한 불가능하다라는 개념 등). 그는 삶의 여러 가지 역설들을 설득력 있게 제시했던 사상가다.
34. 다음 책을 참조하라. Paul Ramsey, "Editor's Introduction," in *Ethical Writings*, pp. 33-55.
35. Edwards, *Dissertation Concerning the Nature of True Virtue*, in *Ethical Writings*, pp. 539-40, 559. (「참된 미덕의 본질」 부흥과개혁사) 다음 책을 참조하라. John Piper *Desiring God: Meditations of a Christian Hedonist* (Sisters, Ore.: Multnomah, 1986). (「하나님을 기뻐하라」 생명의말씀사); *The Pleasures of God*(Sisters, Ore.: Multnomah, 1991); *God's Passion for His Glory: Living the Vision of Jonathan Edwards*(Wheaton, Ill.: Crossway, 1998). (「하나님의 영광을 위한 하나님의 열심」 부흥과개혁사); Douglas A. Sweeney, "Expect Joy," *Christian History* 22, no. 1(2003): 42-43, reprinted in John Piper, ed., *1703-2003: Reflections on Jonathan Edwards 300 Years Later*(Minneapolis: Desiring God Ministries, 2003); Jonathan Edwards, "The Pleasantness of Religion," in *The Sermons of Jonathan Edwards: A Reader*, ed. Wilson H. Kimnach, Kenneth P. Minkema and Douglas A. Sweeney(New Haven: Yale University Press, 1999), pp. 13-25; Edwards, "Charity Contrary to a Selfish Spirit," in *Ethical Writings*, pp. 252-71; Sweeney, *Nathaniel Taylor, New Haven Theology*, pp. 115-123.

6장 | 물이 바다를 덮음 같이

1. 당시 뉴잉글랜드 주민들의 평균 수명에 대해서는 학자들 사이에 의견 차이가 있다. 수명에 관해서는 개인별로 많은 변수가 있다. 그러나 성인이 될 때까지 생존한 남자들은 대개 노인이 될 때까지 생존할 가능성이 많았다. 여자들의 평균 수명은 보통 남자들보다 조금 더 길었다. 다음 책을 참조하라. David J. Hacker, "Trends and Determinants of Adult Mortality in Early New England: Reconciling Old and New Evidence from the Long Eighteenth Century," *Social Science History* 21(Winter 1997): 481-519; John Demos, *Past, Present, and Personal: The Family and the Life Course in American History*(New York: Oxford University Press, 1986); David Hackett Fischer, *Growing Old in America*(New York: Oxford University Press, 1977).

2. 에드워즈에게는 1750년 6월에 생후 2개월 된 막내 피어폰트를 합쳐 모두 열한 명의 자녀가 있었다. 딸 제루샤는 1748년 2월에 죽었고, 첫째 사라는 에드워즈가 해임되기 불과 11일 전인 1750년 6월 11일에 결혼했다.

3. 에드워즈가 토머스 폭스크로프트 목사에게 보낸 편지, 1749년 5월 24일. *Letters and Personal Writings*, ed. George S. Claghorn, WJE, vol. 16(1998), p. 284. 폭스크로프트(1697-1769년)는 보스턴 제일교회의 목사로, 에드워즈를 도와 그의 저술들이 출판될 수 있도록 중개인 역할을 해주었다.

4. 다음 책을 참조하라. James Russell Trumbull, *History of Northampton, Massachusetts, from Its Settlement in 1654*, vol. 2(Northampton: Press of Gazette Printing Co., 1902), pp. 235-42.

5. 에드워즈가 토머스 폭스크로프트 목사에게 보낸 편지, 1750년 7월 31일. *Letters and Personal Writings*, p. 359.

6. Samuel Hopkins, *The Life and Character of the Late Reverend Mr. Jonathan Edwards*(Boston: S. Kneeland, 1765), p. 62; Trumbull, *History of Northampton*, 2:227, 236. 다음 책을 참조하라. "Appendix: Dated Sermons, January 1743-February 1758, Undated Sermons, and Sermon Fragments," in *Sermons and Discourses, 1743-758*, ed. Wilson H. Kimnach, WJE, vol. 25(2006), pp. 738-42.

7. 에드워즈가 어스킨에게 보낸 편지는 당시 정황에 대해 다음과 같이 전한다. "버지니아에 있는 친구들과 교인들이 (1751년) 늦여름 동안 버지니아에서 사역해 줄 것을 부탁해 왔지만, 정식으로 청빙 편지가 도착했을 때 나는 이미 스톡브리지의 담임

목사로 부임한 상태였네." 에드워즈가 존 어스킨 목사에게 보낸 편지, 1752년 7월 7일. *Letters and Personal Writings*, p. 492. 에드워즈에게 목회지를 주선하던 버지니아의 목회자들 가운데 가장 열심이었던 사람은 당시 지역 내 복음주의 장로교회들의 지도자였던 새뮤얼 데이비스Samuel Davies(1723-1761년)였다. 다음 책을 참조하라. Iain H. Murray, *Jonathan Edwards: A New Biography* (Edinburgh: Banner of Truth Trust, 1987), pp. 364-65.

8. 에드워즈가 존 어스킨 목사에게 보낸 편지, 1750년 7월 7일. *Letters and Personal Writings*, p. 355. 다음 책을 참조하라. Christopher W. Mitchell, "Jonathan Edwards's Scottish Connection," in *Jonathan Edwards at Home and Abroad: Historical Memories, Cultural Movements, Global Horizons*, ed. David W. Kling and Douglas A. Sweeney(Columbia: University of South Carolina Press, 2003), pp. 222-47.

9. 뉴욕에서 에드워즈의 청빙을 위해 물밑 작업을 벌였던 교회들 가운데 가장 활발했던 교회는 에드워즈가 잠시 일했던 교회로, 1754년에 에드워즈를 청빙했다. 그 교회는 처음에 에드워즈의 제자 조셉 벨라미를 고려했었다. 그러나 에드워즈의(그리고 벨라미의) 교회의 순결에 대한 타협 없는 원칙들이 가져올 교회 분열의 가능성에 대해서는 다들 염려하는 분위기였다. 벨라미나 에드워즈 모두 이 교회의 목회를 맡지 않았다.

10. Stuart Piggin, "The Expanding Knowledge of God: Jonathan Edwards's Influence on Missionary Thinking and Promotion," in *Jonathan Edwards at Home and Abroad: Historical Memories, Cultural Movements, Global Horizons*, ed. David W. Kling and Douglas A. Sweeney(Columbia: University of South Carolina Press, 2003), p. 266. 다음 책을 참조하라. Douglas A. Sweeney, *The American Evangelical Story: A History of the Movement*(Grand Rapids: Baker Academic, 2005), pp. 79-106; Martin Klauber and Scott M. Manetsch, eds., *The Great Commission: Evangelicals and the History of World Missions*(Nashville: Broadman & Holman, 2008).

11. 다음 책을 참조하라. Ronald E. Davies, *Jonathan Edwards and His Influence on the Development of the Missionary Movement from Britain*(Cambridge, U.K.: Currents in World Christianity Project, 1996); Andrew F. Walls, "Missions and Historical Memory: Jonathan Edwards and David Brainerd," in *Jonathan Edwards at Home and Abroad: Historical Memories, Cultural Movements, Global Horizons*, ed. David W. Kling and Douglas A.

Sweeney(Columbia: University of South Carolina Press, 2003), pp. 248-65; Douglas A. Sweeney, "Evangelical Tradition in America," in *The Cambridge Companion to Jonathan Edwards*, ed. Stephen J. Stein(New York: Cambridge University Press, 2007), pp. 222-25.
12. 에드워즈가 본문으로 사용한 말씀은 스가랴 8:20-22이다. "만군의 여호와가 이와 같이 말하노라. 다시 여러 백성과 많은 성읍의 주민이 올 것이라. 이 성읍 주민이 저 성읍에 가서 이르기를 우리가 속히 가서 만군의 여호와를 찾고 여호와께 은혜를 구하자 하면 나도 가겠노라 하겠으며 많은 백성과 강대한 나라들이 예루살렘으로 와서 만군의 여호와를 찾고 여호와께 은혜를 구하리라."
13. "후천년주의," "전천년주의," "무천년주의" 간의 구별은 에드워즈가 살던 시기에는 분명하지 않았고 19세기에 들어와서야 용어가 정립되며 서로 명확히 구별되기 시작했다. 에드워즈는 이런 용어들을 사용하지 않았다. 후천년주의는 이전에 없던 부흥과 사회적 개혁으로부터 시작된 황금기가 천 년 동안 지속된 이후 예수 그리스도의 임재가 있게 될 것이라는 견해다(계 20장). 반면 전천년주의는 마지막 심판 전에 예수 그리스도의 통치가 천 년 동안 지속될 것이라고 본다. 한편 무천년주의는 천 년의 기간을 영적인 의미로 이해하며 예수 그리스도께서 천국의 성도들과 더불어 지금도 통치하시는 하나님 나라를 의미한다고 가르친다. (무천년주의자들은 천 년의 기간을 문자적으로 이해하지 않으며 따라서 현재의 역사와 심판의 날 사이에 특별한 기간이 존재한다고 생각하지 않는다.) 다음 책을 참조하라. Brandon Withrow, "Jonathan Edwards: Revival, Millennial Expectations, and the Vials of Revelation," *Trinity Journal 22*(Spring 2001): 75-98.
14. 이와 관련된 성경의 예언들은 다섯 곳에서 발견된다. 민수기 14:21, 시편 72:19, 이사야 6:3; 11:9, 하박국 2:14.
15. Edwards, *An Humble Attempt*, in *Apocalyptic Writings*, p. 411.
16. 다음 책을 참조하라. Robert Millar, *The History of the Propagation of Christianity and Overthrow of Paganism*, 2 vols., 2nd ed.(London: G. Strahan, 1726).
17. Jonathan Edwards, *Some Thoughts Concerning the Present Revival of Religion in New England*, in *The Great Awakening*, ed. C. C. Goen, WJE, vol. 4(1972), pp. 353, 358; Jonathan Edwards to the Rev. William McCulloch, March 5, 1744, in *Letters and Personal Writings*, pp. 135-36; Gerald R. McDermott, *One Holy and Happy Society: The Public Theology of Jonathan Edwards*(University Park: Pennsylvania State University Press,

1992), pp. 37-92.
18. 다음 책을 참조하라. Joseph Conforti, "David Brainerd and the Nineteenth-Century Missionary Movement," *Journal of the Early Republic* 5(Fall 1985): 309-29.
19. Jonathan Edwards, *The Life of David Brainerd*, ed. Norman Pettit, WJE, vol. 7(1985), p. 155. 대각성운동이 절정에 다다른 1740년 9월, 예일대학의 이 사회는 "만일 학생이 특정한 교수나 이사를 '육신적이며 회심하지 않은 사람'이라고 직간접적으로 비난할 경우 이를 징계하되, 첫 번째 벌칙은 자신의 죄를 공개적으로 고백하는 것이도. 이런 일이 다시 한번 반복되면 퇴학에 처한다"라는 교칙을 제정, 통과시켰다. 다음 책을 참조하라. *Minutes of the Yale University Corporation and the Prudential Committee*(RU 307), 1716-760, Manuscripts and Archives, Yale University Library, as quoted and explained by John Grigg, "'A Principle of Spiritual Life': David Brainerd's Surviving Sermon," *New England Quarterly* 77(June 2004): 274-75; Douglas A. Sweeney and Allen C. Guelzo, eds., *The New England Theology: From Jonathan Edwards to Edwards Amasa Park*(Grand Rapids: Baker Academic, 2006), pp. 47-48.
20. 브레이너드의 죽음 이후 몇 년간 지속된 루머와는 달리, 브레이너드와 제루샤는 결코 약혼한 사이가 아니었다.
21. Edwards, *Life of David Brainerd*, pp. 91, 95.
22. 다음 책을 참조하라. Norman Pettit's "Editor's Introduction" to Edwards, *Life of David Brainerd* pp. 3-4, 55-56; Conforti, "David Brainerd and the Nineteenth-Century Missionary Movement," pp. 309-29; *The World of Hannah Heaton: The Diary of an Eighteenth-Century New England Farm Woman*, ed. Barbara E. Lacey(Dekalb: Northern Illinois University Press, 2003), pp. 84-85.
23. Edwards, *Life of Brainerd*, p. 95.
24. Jonathan Edwards, "True Saints, When Absent from the Body, Are Present with the Lord," in *Sermons and Discourses, 1743-758*, pp. 222-56.
25. 스프링필드의 새뮤얼 홉킨스(1693-1755년)는 에드워즈를 연구하고 그의 전기를 출판했던 사람과는 다른 사람으로, 에드워즈의 누나 에스더와 결혼한 사람이다.
26. 이 모임은 에드워즈의 외숙부이자 가장 큰 후원자였던 치안판사 존 스토다드 John Stoddard(1682-1748년)의 집에서 열렸다.

27. 다음 책을 참조하라. William Kellaway, *The New England Company, 1649-776: Missionary Society to the American Indians*(London: Longmans, 1961).
28. 다음 책을 참조하라. Kevin Michael Sweeney, "River Gods and Related Minor Deities: The Williams Family and the Connecticut River Valley, 1637-790"(Ph.D. diss., Yale University, 1986).
29. 다음 책을 참조하라. Frederick E. Hoxie, ed., *Encyclopedia of North American Indians*(Boston: Houghton Mifflin, 1996), pp. 390-91, 611; Samuel Hopkins, *Historical Memoirs, Relating to the Housatunnuk Indians: or, An account of the methods used, and pains taken, for the propagation of the Gospel among that heathenish-tribe, and the success thereof, under the ministry of the late Reverend Mr. John Sergeant*(Boston: S. Kneeland, 1753); Rachel Wheeler, *To Live Upon Hope: Mohicans and Missionaries in the Eighteenth-Century Northeast*(Ithaca, N.Y.: Cornell University Press, 2008); Daniel Richard Mandell, "Behind the Frontier: Indian Communities in Eighteenth-Century Massachusetts"(Ph.D. diss., University of Virginia, 1993); Patrick Frazier, *The Mohicans of Stockbridge*(Lincoln: University of Nebraska Press, 1992); Philip S. Colee, "The Housatonic-Stockbridge Indians: 1734-749"(Ph.D. diss., SUNY at Albany, 1977); Sarah Cabot Sedgwick and Christina Sedgwick Marquand, *Stockbridge: 1739-1974*(Stockbridge: Berkshire Traveler Press, 1974); Lion G. Miles, "The Red Man Dispossessed: The Williams Family and the Alienation of Indian Land in Stockbridge, Massachusetts, 1736-1818," *New England Quarterly* 67(March 1994): 45-76.
30. 늘 그랬듯 아내 사라가 이사를 도맡았다. 노샘프턴에 있는 에드워즈의 땅은 1752년 2월까지 팔지 않았다.
31. Charles Chauncy, *Seasonable Thoughts on the State of Religion in New-England*(Boston: Printed by Rogers and Fowle, for Samuel Eliot, 1743).
32. 다음 책을 참조하라. Rachel M. Wheeler, "Edwards as Missionary," in *The Cambridge Companion to Jonathan Edwards*, ed. Stephen J. Stein(New York: Cambridge University Press, 2007), pp. 196-214; Rachel Wheeler, "Lessons from Stockbridge: Jonathan Edwards and the Stockbridge Indians," in *Jonathan Edwards at 300: Essays on the Tercentenary of His*

Birth, ed. Harry S. Stout, Kenneth P. Minkema and Caleb J. D. Maskell(Lanham, Md.: University Press of America, 2005), pp. 131-40; Elizabeth George Speare, The Prospering(Boston: Houghton Mifflin, 1967).
33. 이 사람은 영국의 초례교 목회자이자 자선 사업가였던 아이작 홀리스Isaac Hollis(1699-1774년)였다. 홀리스의 열정적인 복음주의 운동은 에드워즈에게 다소 생소한 것이었다. R. E. Davies, "Missionary Benefactor and Strange Bedfellow: Isaac Hollis, Jonathan Edwards' English Correspondent," Baptist Quarterly 41 (January 2006): 263-80.
34. 아비가일의 두 번째 남편 조셉 드와이트Joseph Dwight는 1752년 11월부터 매사추세츠 주 총회에 편지를 보내 에드워즈를 몰아낼 것을 요구해 왔다.
35. 사실 '캐나다 인디언' 들은 이전에 살해당한 인디언과 같은 부족인 스카티코크스 족Schaghticokes이었다. Sedgwick and Marquand, Stockbridge, pp. 73-75.
36. 에드워즈가 존 어스킨 목사에게 보낸 편지, 1755년 4월 15일. Letters and Personal Writings, pp. 662-63.
37. 에드워즈가 토머스 폭스크로프트 목사에게 보낸 편지, 1755년 6월 3일. Letters and Personal Writings, p. 668.
38. Jonathan Edwards "True Grace, Distinguished from the Experience of Devils," in Sermons and Discourses, 1743-758, pp. 608-9, 613-17(orig. New York: James Parker, 1753).
39. 에드워즈가 뉴저지대학에 보낸 편지, 1757년 10월 19일. Letters and Personal Writings, pp. 726, 729.
40. 에드워즈가 기드온 홀리 목사에게 보낸 편지, 1758년 1월 14일. Letters and Personal Writings, p. 737.
41. 같은 책, 737.
42. Hopkins, The Life and Character of the Late Reverend Mr. Jonathan Edwards, p. 79.

7장 | 오직 주의 말씀은 세세토록 있도다

1. 다음 책을 참조하라. Sweeney, "Editor's Introduction" to The "Miscellanies," 1153-1360, WJE, vol 23(2003), pp. 9-33.
2. Samuel Hopkins, The Life and Character of the Late Reverend Mr. Jonathan Edwards(Boston: S. Kneeland, 1765), p. 79. 뉴저지대학의 초대 학장은 조나단

디킨슨Jonathan Dickinson 목사였고(1746-1747년), 두 번째 학장이 애론 버였다.
3. 루시는 당시 스물한 살의 독신이었는데 6년 후 결혼해 스톡브리지에 정착했다.
4. 1756년 뉴저지대학이 프린스턴으로 옮겼을 때 두 개의 건물을 지었다. 하나는 영국 왕 윌리엄 3세의 이름을 딴 나소 홀Nassau Hall이고 다른 하나는 1968년 맥클린 하우스Maclean House로 이름 붙여진 건물이다. 후자는 학장의 관사로 사용되었으며 에드워즈가 세상을 떠난 곳이기도 하다. 이 두 건물은 아직도 사용되고 있다.
5. 에드워즈가 프린스턴에 도착했을 당시 프린스턴에는 세 명의 교수들이 재직하고 있었다.
6. Hopkins, *Life and Character of the Late Reverend Mr. Jonathan Edwards*, p. 79.
7. 같은 책, 80.
8. Patricia A. Watson, *The Angelical Conjunction: The Preacher-Physicians of Colonial New England*(Knoxville: University of Tennessee Press, 1991).
9. Hopkins, *The Life and Character of the Late Reverend Mr. Jonathan Edwards*, p. 80. 시편은 목회자는 아니었다. 그는 미국의 의학이 발달하기 시작하던 초기 단계에 일한 의사였다.
10. Jonathan Edwards, "Heaven Is a World of Love," in *Ethical Writings*, ed. Paul Ramsey, WJE, vol. 8(1989), p. 385.
11. 시편은 에드워즈의 아내 사라에게 1758년 3월 22일에 보낸 편지를 통해 다음과 같이 에드워즈의 죽음을 전했다. "오늘 오후 두세 시 즈음 하나님께서 그를 주 예수의 품에서 안식하게 하셨습니다." 에드워즈와 사라는 프린스턴 공동묘지의 학장 구역에 장사되었다.
12. 다음 책을 참조하라. Henry D. Rack, "Evangelical Endings: Death-Beds in Evangelical Biography," *Bulletin of the John Rylands University Library of Manchester* 74(Spring 1992): 39-56; R. Cecil, "Holy Dying: Evangelical Attitudes to Death," *History Today* 32(August 1982): 30-34; Richard Bell, "'Our People Die Well': Deathbed Scenes in John Wesley's Arminian Magazine," *Mortality* 10(August 2005): 210-23; David E. Stannard, *The Puritan Way of Death: A Study in Religion, Culture, and Social Change*(New York: Oxford University Press, 1977); Ralph Houlbrooke, *Death, Religion, and the Family in England, 1480-1750*, Oxford Studies in

Social History(Oxford: Clarendon, 1998); John McManners, *Death and the Enlightenment: Changing Attitudes to Death among Christians and Unbelievers in Eighteenth-Century France*(Oxford: Clarendon, 1981).
13. 시편이 에드워즈의 아내 사라에게 보낸 편지, 1758년 3월 22일. folder 1756-59C, #1-2, Franklin Trask Library, Andover-Newton Theological School, Newton Centre, Massachusetts.
14. Hopkins, *The Life and Character of the Late Reverend Mr. Jonathan Edwards*, pp. 80-81.
15. 시편이 에드워즈의 아내 사라에게 보낸 편지, 1758년 3월 22일. folder 1756-59C, #1-2, Franklin Trask Library, Andover-Newton Theological School.
16. Hopkins, *The Life and Character of the Late Reverend Mr. Jonathan Edwards*, p. 81.
17. Albert E. Winship, *Jukes-Edwards: A Study in Education and Heredity*(Harrisburg, Penn.: R. L. Myers and Co., 1900).
18. 다음 책을 참조하라. Douglas A. Sweeney and Allen C. Guelzo, eds., *The New England Theology: From Jonathan Edwards to Edwards Amasa Park*(Grand Rapids: Baker Academic, 2006).
19. 다음 책을 참조하라. Douglas A. Sweeney, "Evangelical Tradition in America," in *The Cambridge Companion to Jonathan Edwards*, ed. Stephen J. Stein(New York: Cambridge University Press, 2007), pp. 217-38; Douglas A. Sweeney, *Nathaniel Taylor, New Haven Theology, and the Legacy of Jonathan Edwards*, Religion in America Series(New York: Oxford University Press, 2003).
20. 미국의 2차 대각성운동은 첫 번째보다 그 규모가 컸으며 1790년대 후반에 시작되어 1830년대 초반까지 계속되었다. 다음 책을 참조하라. Douglas A. Sweeney, *The American Evangelical Story: A History of the Movement*(Grand Rapids: Baker Academic, 2005), pp. 66-78.
21. Allen C. Guelzo, "An Heir or a Rebel? Charles Grandison Finney and the New England Theology," *Journal of the Early Republic* 17(Spring 1997): 61-94; Allen C. Guelzo, "Oberlin Perfectionism and Its Edwardsian Origins, 1835-1870," in *Jonathan Edwards's Writings: Text, Context, Interpretation*, ed. Stephen J. Stein(Bloomington: Indiana University Press, 1996), pp. 159-74.

22. 다음 책을 참조하라. Zebulon Crocker, *The Catastrophe of the Presbyterian Church, in 1837, Including a Full View of the Recent Theological Controversies in New England*(New Haven: B. and W. Noyes, 1838); Earl Pope, *New England Calvinism and the Disruption of the Presbyterian Church*(1962; New York: Garland, 1987); Sean Michael Lucas, "He Cuts up Edwardsism by the Roots': Robert Lewis Dabney and the Edwardsian Legacy in the Nineteenth-Century South," in *The Legacy of Jonathan Edwards: American Religion and the Evangelical Tradition*, ed. D. G. Hart, Sean Michael Lucas and Stephen J. Nichols(Grand Rapids: Baker Academic, 2003), pp. 200-214; George M. Marsden, *The Evangelical Mind and the New School Presbyterian Experience: A Case Study of Thought and Theology in Nineteenth-Century America*(New Haven: Yale University Press, 1970); Mark A. Noll, *America's God: From Jonathan Edwards to Abraham Lincoln*(New York: Oxford University Press, 2002).

23. 다음 책을 참조하라. Anthony L. Chute, *A Piety Above the Common Standard: Jesse Mercer and Evangelistic Calvinism*(Macon, Ga.: Mercer University Press, 2004); Robert Snyder, "William T. Brantly (1787-1845): A Southern Unionist and the Breakup of the Triennial Convention" (Ph.D. diss., Southern Baptist Theological Seminary, 2005); Tom J. Nettles, "Edwards and His Impact on Baptists," *Founders Journal* 53(Summer 2003): 1-18.

24. Conrad Cherry, *Nature and Religious Imagination: From Edwards to Bushnell*(Philadelphia: Fortress, 1980); Sharon Y. Kim, "Beyond the Men in Black: Jonathan Edwards and Nineteenth-Century Woman's Fiction," in *Jonathan Edwards at Home and Abroad: Historical Memories, Cultural Movements, Global Horizons*, ed. David W. Kling and Douglas A. Sweeney(Columbia: University of South Carolina Press, 2003), pp. 137-53; Charles H. Foster, *The Rungless Ladder: Harriet Beecher Stowe and New England Puritanism*(Durham, N.C.: Duke University Press, 1954); Gayle Kimball, *The Religious Ideas of Harriet Beecher Stowe: Her Gospel of Womanhood*(Lewiston, N.Y.: Edwin Mellen, 1982); Lawrence E. Buell, "Calvinism Romanticized: Harriet Beecher Stowe, Samuel Hopkins, and *The Minister's Wooing*," *Emerson Society Quarterly* 24(1978): 119-32.

25. Anthony C. Cecil Jr., *The Theological Development of Edwards Amasa Park: Last of the "Consistent Calvinists"* (Missoula, Mont.: Scholars Press, 1974); Sweeney, *Nathaniel Taylor, New England Theology*, pp. 144-53, 242-49; Sweeney, "Evangelical Tradition in America," pp. 229-32, 236-38; Collin Hansen, *Young, Restless, Reformed: A Journalist's Journey with the New Calvinists*(Wheaton, Ill.: Crossway, 2008).
26. 다음 책을 참조하라. Debby Applegate, *The Most Famous Man in America: The Biography of Henry Ward Beecher*(New York: Doubleday, 2006).
27. Henry Ward Beecher, *Norwood: Or, Village Life in New England*(1867; New York: Fords, Howard, & Hulbert, 1887), pp. 133-34.

찾아보기

ㄱ

감정(affections) 41, 137, 140
강단(pulpit) 30
거듭남(regeneration) 126, 178, 204
   또한 '회심'을 보라.
계몽주의(Enlightenment) 36, 45, 110, 120, 168, 175, 261 주19
계시(revelation) '성경', '영적인 빛'을 보라.
교육(education) 33, 43, 75, 200, 232 주2
교회 회원권(church membership) 159-161
구속의 역사(salvation history) 102
그리스도(Christ)
   성경의 중심 120-122
   연합 122, 133-134
   탁월함 49, 81, 121, 144
극단적 칼뱅주의자(hyper-Calvinists) 260 주18
   또한 '칼뱅주의'를 보라.
기도(prayer) 125, 130, 192-193
기드온 홀리(Gideon Hawley) 203, 208

ㄴ

너새니얼 테일러(Nathaniel W. Taylor) 218
'네 마리 말'(four-horse chariot) '성경 해석'을 보라.
노샘프턴(Northampton)
   대각성운동 145-150
   부흥 123-130
   새 예배당 140-143
   영적 쇠퇴 123, 138-140
   존 후커 청빙 189
뉴잉글랜드 회사(New England Company) 198, 202
뉴잉글랜드(New England)
   교육 33, 40 43-45
   달력 31-32

성경과 설교 30, 32-35
예배당 29-30
인구 28
평균 수명 188, 264 주1
또한 '청교도'를 보라.
뉴저지대학(College of New Jersey)
'프린스턴대학'을 보라.

ㄷ

대각성운동(Great Awakening)
  극단적 현상 156
  노샘프턴 145-150
  비판 156, 201
  윗필드 146-150
  인구 66
  천년왕국 156, 193
대니얼 휘트비(Daniel Whitby) 169
데이비드 브레이너드(David Brainerd) 37-38, 195-198
도덕적 의미(moral sense) '성경 해석'을 보라.

ㄹ

랄프 왈도 에머슨(Ralph Waldo Emerson) 219
레오나드 스위트(Leonard Sweet) 74
로버트 브렉(Robert Breck) 131, 189
로버트 트리트(Robert Treat) 60
리처드 니버(Richard Niebuhr) 219
리처드 버나드(Richard Bernard) 236 주4, 247 주32

ㅁ

마틴 루터(Martin Luther) 114-117
「목회 후보자를 위한 지침서」(Directions for a Candidate of the Ministry) 234 주23, 241 주40
목회자(pastors)
  교육 40, 45-46
  병 61
  신학 35, 224
  조언과 격려 207-208, 225
'무차별적인 전도'(indiscriminate evangelism) 174, 192, 260 주18
문자적 의미(literal sense) '성경 해석'을 보라.
미덕(virtue) 180-184
믿음(faith) 130-133, 204-205

ㅂ

벤저민 콜먼(Benjamin Colman) 141, 248 주9, 252 주30
벤저민 피어폰트(Benjamin Pierpont, 에드워즈의 자형) 84, 100
부패(depravity) '원죄', '의지의 자유'를 보라.
부흥(revival)
  스토다드와 부흥 123
  에드워즈와 부흥 124-130, 143-150
  또한 '대각성운동'을 보라.
'북아메리카 인디언 선교회'(Society for Propagating the Gospel among the Indians of North America) '뉴잉글

랜드 회사'를 보라.
불온서적 논쟁(Bad Book Controversy) 157
블레이즈 파스칼(Blaise Pascal) 261 주23
비유(allegory) '성경 해석'을 보라.
비유적 의미(tropological sense) '성경 해석'을 보라.

ㅅ

사라 피어폰트 에드워즈(Sarah Pierpont Edwards, 에드워즈의 아내) 70-74, 77, 79-82, 129, 148, 215-217, 270 주11
「사람의 영혼 속에 존재하는 하나님의 생명」(The Life of God in the Soul of Man) 166
새뮤얼 부얼(Samuel Buell) 81, 239 주30, 248 주9
새뮤얼 존슨(Samuel Johnson) 44, 58
새뮤얼 홉킨스(Samuel Hopkins, 에드워즈의 자형) 198, 267 주25
새뮤얼 홉킨스(Samuel Hopkins, 에드워즈의 제자) 55, 73, 77, 89, 190, 218, 254 주54
선교(missions) '전도'를 보라.
설교(preaching) 150-155, 220
　말씀과 성령에 의존 91-95
　설교문 작성과 연설 85-94
　설교 지침 92-95, 236 주4, 240 주40
「설교의 기술」(The Art of Prophesying) 92
성경 비평(biblical criticism) 110-112

성경 해석(interpretation of Scripture) 112-117
성경(Bible) 67-68, 92-93
　뉴잉글랜드와 성경 30, 32-35
　설교 91-94, 111
　성경 연구 97-101, 224-226
　성경의 우월함 98-100, 104-106
　성경 해석 109-121
　초자연적 계시 104-109
성공회(Anglicanism) 44, 50, 233 주6
성공회왕립대학(King's College) '컬럼비아대학'을 보라.
성령(Holy Spirit) 27, 42, 79-81, 91-93, 108, 134-135
　부흥 137, 156
　성령과 타락 177-178
　에드워즈의 체험 53, 149-150, 185
　참된 미덕 181, 813
성령론(pneumatology) 184
　또한 '성령'을 보라.
성령에 사로잡힘(slain in the Spirit) 81
세레노 에드워즈 드와이트(Sereno E. Dwight, 에드워즈의 증손자) 81
솔로몬 스토다드(Solomon Stoddard, 에드워즈의 외조부) 40, 62-63, 66-67, 73, 82-83, 123, 159, 240 주40
수잔 워너(Susan Warner) 219
수재너 스미스(Smith, Susanna) 51
'스코틀랜드 선교회'(Society in Scotland for Propagating Christian Knowledge) 195
스튜어트 피긴(Stuart Piggin) 192
스티븐 웨스트(Stephen West) 77

스티븐 윌리엄스(Stephen Williams) 152
스프라울(R. C. Sproul) 219
시어도어 멍거(Theodore Munger) 219
신학(theology)
    교육 45
    뉴잉글랜드 34-35
    목회자 35, 224-225
「신학의 정수」(The Marrow of Theology) 45

ㅇ

아담(Adam) 176-180
아비가일 윌리엄스(Abigail Williams) 200-201, 269 주34
아비가일 허친슨(Abigail Hutchinson) 126
아우구스티누스(Augustine) 113, 261 주23
아이작 백커스(Isaac Backus) 218
아이작 스타일즈(Isaac Stiles) 62, 235 주31
아이작 와츠(Isaac Watts) 169, 248 주4, 248 주9
아이작 홀리스(Isaac Hollis) 269 주33
안디옥 학파(Antiochenes) 246 주25
안식일(sabbath) 31-32
    또한 '주일'을 보라.
알렉산드리아 학파(Alexandrian school) 246 주25
알미니안주의(Arminianism) 44, 57, 130-131, 169, 232 주5

애론 버 주니어(Aaron Burr Jr., 에드워즈의 손자) 206, 213
애론 버(Aaron Burr, 에드워즈의 사위) 41, 42, 52, 143, 204, 206, 215, 270 주2
앤드류 풀러(Andrew Fuller) 218, 260 주18
에드워즈 아마사 파크(Edwards Amasa Park) 219
에스더 스토다드 에드워즈(Esther Stoddard Edwards, 에드워즈의 어머니) 39, 139, 217, 232 주2
에스더 에드워즈 버(Esther Edwards Burr, 에드워즈의 딸) 39, 204, 211, 213, 217, 237 주15, 254 주47
연합주의(federalism) 178-180
영적인 빛(divine light) 108, 185
예배 음악(music in the church) 30-31, 125, 128, 248 주4, 248 주9
예배(worship) 30-31, 67-68, 128
    또한 '예배 음악'을 보라.
예배당(meeting house) 29-31
    무너짐 141
    새 예배당 140-143
예일대학(Yale University) 40, 43-46, 57-62, 70, 87, 155, 195, 218
예정론(predestination) 170, 174, 232 주5, 233 주10, 258 주10, 260 주16
오리게네스(Origen) 113, 246 주25
올리버 웬들 홈스(Oliver Wendell Holmes) 168
요하네스 볼레비우스(Johannes

Wollebius) 45
요한 크리소스톰(John Chrysostom) 246 주25
워필드(B. B. Warfield) 219
원죄(original sin) 174-180
「웨스트민스터 소요리문답」(Westminster Shorter Catechism) 75, 91
'웨스트민스터 신앙고백'(Westminster Confession of Faith) 191, 257 주69
「웨스트민스터 예배모범」(Westminster Directory) 85, 94
위선(hypocrisy) 36, 94, 137, 156, 197
윌리엄 랜드(William Rand) 131
윌리엄 블레인 존슨(William Bullein Johnson) 219
윌리엄 시펀(William Shippen) 213, 215-217, 270 주9
윌리엄 에드워즈 파크(William Edwards Park) 87
윌리엄 에임스(William Ames) 45, 85, 93
윌리엄 윌리엄스(William Williams) 69, 82, 94
윌리엄 제임스(William James) 219
윌리엄 캐리(William Carey) 218, 260 주18
윌리엄 퍼킨스(William Perkins) 92
율리우스 카이사르(Julius Caesar) 31
은혜의 신호(signs of grace) 137-138
의지의 자유(freedom of will) 169-174
이성(reason) 47, 107, 131, 176
이신론자(deists) 107, 205
이즈리얼 촌시(Israel Chauncy) 63

2차 대각성운동(Second Great Awakening) 218
일라이셔 윌리엄스(Elisha Williams) 43, 62, 69

ㅈ

자선(benevolence) 76, 127
'자연적 능력'(natural ability) 171-174
자연적 원칙(natural principles) 177, 181, 183
장 칼뱅(John Calvin) 93, 117, 175, 232 주5, 233 주10, 259 주10
전도 174, 192, 129
'제2헬베틱 신앙고백'(Second Helvetic Confession) 91
제러마이어 더머(Jeremiah Dummer) 45
제루샤 에드워즈(Jerusha Edwards, 에드워즈의 딸) 158, 196, 237 주15, 254 주47, 256 주66, 264 주2, 265 주20
제임스 앤더슨(James Anderson) 50
조나단 디킨슨(Jonathan Dickinson) 196, 269 주2
조나단 맥시(Jonathan Maxcy) 218
조나단 에드워즈 주니어(Jonathan Edwards Jr., 에드워즈의 아들) 78, 237 주15, 243 주7
조나단 에드워즈(Jonathan Edwards) 오늘날의 영향력 25, 35-37, 217-227
조나단 에드워즈의 일생(life) 성장과 학업 39-46

회심 47-50
뉴욕에서의 첫 목회 50-52, 56
예일대학 졸업 연설 58-59
볼튼에서의 목회 59-60
예일대학 개인교수 60-62
노샘프턴 교회 62-63, 65-66
목사 안수 69
결혼 70-72
스토다드의 죽음과 담임목사 부임
　82-84
하버드대학 졸업 연설 84-87
첫 번째 부흥 124-130
칭의 논쟁 130-138
대각성운동 143-150
노샘프턴에서의 해임 157-163,
　187-188
스톡브리지 선교 198-203
프린스턴대학 학장 206-212
죽음 213-217
조나단 에드워즈의 삶과 사역(private
life and work)
　가정 70-82
　교제 73, 75
　병 60-62, 84, 203-204, 207
　산책 51, 52, 76, 144
　설교 84-95, 150-155, 189-190
　연구 45-46, 55-56, 97-100,
　　165-166, 185
　영적 위기 52, 53, 62, 167
　자선 76
　저술 56, 100-103, 167-168
　전도와 선교 192-194, 198-202, 218
　죄 42, 52, 64, 77-79

조나단 에드워즈의 사상(thought)
　기도 192-193, 250 주13
　믿음 91, 93, 204-205
　부흥 124-130, 139-140
　성경과 계시 97-99, 104-106, 108-121
　성령 133-137, 177, 183, 184-185
　예표 101, 103, 117-120
　박애 77, 183-184
　죽음과 천국 55, 162, 213-216
　칭의 58, 130-133
　칼뱅주의 44, 58-59, 87, 106,
　　169-180, 232 주5
　하나님을 체험 48-50, 52, 69-72,
　　144-145
　하나님의 영광 85-87, 144, 181-184
　회심 135-137, 185
　후천년주의 193, 254 주55, 266 주13
조나단 에드워즈의 편지(letters)
　기드온 홀리에게 203, 208
　뉴저지대학에 61, 101, 207
　벤저민 콜먼에게 141, 248 주9,
　　252 주30
　조지 윗필드에게 147, 149
　존 어스킨에게 36, 203, 256 주66,
　　257 주69, 264 주7
　토머스 폭스크로프트에게 190
　토머스 프린스에게 239 주30
조나단 에드워즈의 개인적 기록
　(personal writings)
　'결심문' 52-55, 98
　'독서 카탈로그' 56
　'마음' 56
　'모세오경과 구약 이야기들의 진정성

에 대한 변론' 101
「묵상글 모음」 56, 103, 107
'사라에게 보낸 헌시' 71-72
'성경 주해' 56, 100
「신앙고백」 41, 48, 98, 143, 145, 233 주10
「신적인 일들의 형상」 101, 103
「여백 성경」 56, 100
「예표론」 101, 103
'요한계시록 주해' 56, 101
'일기' 52, 62
'히브리어 숙어집' 101
조나단 에드워즈의 출간 저서(published books)
　「구속의 역사」 102
　「구약과 신약의 조화」 102
　「기도합주회」 193
　「놀라운 부흥과 회심 이야기」 79, 129
　「뉴잉글랜드의 신앙 부흥에 대한 몇 가지 생각」 79, 137
　「데이비드 브레이너드 생애와 일기」 37, 192, 195
　「사탄에 의한 경험과 구별되는 참된 은혜」 137, 205
　「신앙감정론」 137
　「원죄론」 167, 174-180
　「의지의 자유」 167, 169-174, 180, 192, 258 주10
　「인간의 의존을 통해 영광 받으시는 하나님」 87
　「중요한 여러 가지 주제들에 관한 소고, 특히 영혼 구원의 문제에 관하여」 131

「참된 미덕의 본질」 168, 183-184
「하나님의 성령의 역사의 두드러진 표증들」 106, 137
「하나님의 천지창조의 목적」 167, 181-183
조나단 에드워즈의 설교(sermons)
　'기도를 들으시는 하나님' 250 주13
　'노샘프턴 교회 고별설교' 161
　'신적이고 초자연적인 빛' 135
　'예수 그리스도의 탁월성' 121
　'이신칭의 설교' 130-133
　'졸업 토론' 58-59
　'진노하시는 하나님의 손 안에 있는 죄인' 88, 152
　'탁월한 은혜의 방편 아래서 회심하지 않은 채 살기' 82
　'하나님의 말씀에 순종치 않으면 그분의 손에 의해 멸망당할 것입니다' 255 주60
조셉 드와이트(Joseph Dwight) 269 주34
조셉 벨라미(Joseph Bellamy) 218, 254 주54, 265 주9
조셉 홀리(Joseph Hawley) 139
조지 윗필드(George Whitefield) 66, 73, 78, 88, 129, 146-149, 257 주73
조지 턴불(George Turnbull) 175, 260 주19
존 듀이(John Dewey) 219
존 서전트(John Sergeant) 195, 198-201
존 스미스(John Smith) 51
존 스토다드(John Stoddard, 에드워즈의 외숙부) 267 주26
존 어스킨(John Erskine) 36, 203,

256 주66, 257 주69, 264 주7
존 웨슬리(John Wesley) 73, 129, 130
존 테일러(John Taylor) 175, 260 주19
존 파이퍼(John Piper) 219
존 후커(John Hooker) 189
종교개혁(Reformation) 27, 112, 114, 117, 131
   또한 '칼뱅주의', '청교도'를 보라.
주일(Lord's Day) 67-68, 75
   또한 '안식일'을 보라.
준비론(preparationism) 136

ㅊ

찰스 그랜디슨 피니(Charles Grandison Finney) 218
찰스 촌시(Charles Chauncy) 157, 201
찰스 하지(Charles Hodge) 219
천국(heaven) 213-214, 223
청교도(Puritanism) 27-34, 57
   설교 85, 91-95, 153, 236 주4
   성경 해석 116-117
   음악 248 주4, 248 주9
   회심의 유형론 136-137
   또한 '뉴잉글랜드'를 보라.
칭의(justification) 58-59, 130-133

ㅋ

칼뱅주의(Calvinism) 232 주5
   성경 93, 106
   에드워즈와 칼뱅주의 44, 58-59, 87, 106, 169-180

전도 174, 192
컬럼비아대학(Columbia University) 44
코네티컷대학(Connecticut Collegiate School) '예일대학'을 보라.
코튼 매더(Cotton Mather) 234 주23, 241 주40

ㅌ

토마스 아퀴나스(Thomas Aquinas) 114
토머스 첩(Thomas Chubb) 169
토머스 폭스크로프트(Thomas Foxcroft) 190, 264 주3
토머스 프린스(Thomas Prince) 239 주30
토머스 화이트(Thomas White) 60
티모시 에드워즈(Timothy Edwards, 에드워즈의 아들) 206, 209, 237 주15
티모시 에드워즈(Timothy Edwards, 에드워즈의 아버지) 39-40, 217, 232 주2, 240 주40
티모시 우드브리지(Timothy Woodbridge) 198
티모시 커틀러(Timothy Cutler) 44, 57-58

ㅍ

프란시스 투레틴(Francis Turretin) 259 주13
프랭크 휴 포스터(Frank Hugh Foster) 219
프렌치-인디언 전쟁(French and Indian War) 202

프린스턴대학(Princeton University)
61, 101, 196, 204-213
피비 바틀릿(Phebe Bartlet) 126-127

254 주55, 266 주13

ㅎ

하나님(God)
   영광 48-49, 54, 86-87, 144,
      181-183, 224
   주권 130, 135, 144, 169, 232 주5,
      233 주10
   하나님을 체험 48-51, 71-72, 79-82,
      144-145
   활동하심 185
하버드대학(Harvard) 40, 84, 130
해리엇 비처 스토(Harriet Beecher
   Stowe) 34, 217
헨리 스쿠걸(Henry Scougal) 166
헨리 워드 비처(Henry Ward Beecher)
   220
호환주의(compatibilism) 171
회심(conversion)
   교인의 기준 32, 159-161
   말씀 설교에 의한 회심 88-89, 91-92,
      94-95
   목회자의 회심 148-149
   부흥과 회심 125-127, 162, 239 주30
   에드워즈의 견해 135-138, 160, 185
   에드워즈의 회심 48-50
   청교도적 유형론 136-137
   칼뱅주의와 알미니안주의 논쟁
      232 주5
후천년주의(postmillennialism) 193,